질문으로 배우는
중국어 문법

上

질문으로 배우는
중국어 문법

上

陆俭明 편찬
杨玉玲 · 应晨锦 저
김미순 · 정인정 · 고은미 편역

한국문화사

© 北京大学出版社 2011
本作品中文版由北京大学出版社出版。
此译本经北京大学出版社授权出版发行。
保留一切权利。未经许可，任何人不得复制、发行。

© Peking University Press 2011
The Chinese edition is originally published by Peking University Press.
This translation is published by arrangement with Peking University Press, Beijing, China.
All rights reserved. No reproduction and distribution without permission.

이 책의 한국어 출판권은 북경대학교출판부를 통해 저작권자와 독점 계약한 한국문화사에 있습니다.
신 저작권법에 의해 한국 내에서 보호를 받는 저작물이므로 무단 전재와 무단 복제를 금합니다.

총서 서문

중국어 교육은 중국 언어학, 응용 언어학, 교육학, 심리학, 문학 그리고 문화와 예술 등 다양한 분야를 아우르는 학문이지만 핵심은 중국 언어와 문자를 가르치는 것이며, 그 목적은 중국어 학습자가 중국어를 제대로 습득하는 데 있습니다. 따라서 중국어 교사는 중국어와 중국 문자에 대해 해박한 지식이 있어야 중국어를 잘 가르칠 수 있습니다.

그런데 중국어 교사는 특이하게도 다른 교과의 교사와는 달리, 학과 전공이 매우 다양합니다. 중국어 교육이 융합 학문이기 때문에 이는 장점이기도 하지만, 교사의 중국 언어학 지식이 부족하여 중국어 교수·학습 과정에서 나타나는 질문들을 답변하기에는 역부족일 수 있습니다. 중문학을 전공한 교사여서 중국 언어학 지식에 해박할지라도, 중문학은 중국어 모국어 화자를 위한 학문이기 때문에 중국어 교육에 필요한 지식을 갖추기에는 한계가 있습니다. 따라서 중국어 교사기 전공과 관계 없이 중국어 교육에 필요한 중국 언어학 지식을 갖추는 데 도움을 주고자, 본 총서를 편찬하게 되었습니다.

본 총서는 '博雅对外汉语知识丛书'로 불리며, 현재『现代汉语语音答问』,『现代汉语语法答问』,『现代汉语词汇答问』,『现代汉语修辞答问』,『现代汉语文字答问』,『现代汉语规范化答问』 등의 저서가 출간되었습니다. 본 총서의 주요 특징은 다음과 같습니다.

(1) 본 총서는 주로 중국어 교사, 특히 교육 경험이 부족한 현직 교사와 예비 교사를 대상으로 합니다.

(2) 본 총서는 중국어 교사가 수시로 참고할 수 있도록 편찬한 도서입니

다. 중국어 교육에 필요한 기본적인 중국 언어학 지식, 그리고 중국어 교육에서 직면하는 다양한 문제를 해결할 지식과 능력을 전수하는 데 목적이 있습니다.

(3) 본 총서는 이론에 기반하였으며 적합성, 포괄성, 실용성을 모두 고려하여 집필되었습니다. 또한, 저자의 개인적인 경험들도 반영하였습니다.

(4) 본 총서는 전통적인 편찬 방식에서 벗어나 문답 형식으로 구성하였습니다. 각 장절은 주요 내용에 대표 질문들을 연계하여 설계하고, '일문일답'의 방식을 채택하여 실제 교육 현장에서 직면할 수 있는 질문들을 분석, 설명하였습니다. 질문은 신임 교사가 가질 수 있는 궁금증에서 출발하였으며, 해설은 핵심적인 내용을 포함하여 독자의 궁금증이 해소될 수 있도록 하였습니다.

(5) 본 총서의 각 장은 주요 내용 소개로 시작하고, 본문은 해당 장의 내용을 포괄하는 다양한 질문과 답변으로 구성되었습니다.

(6) 본 총서는 심도 있는 내용을 쉽게 풀어내고, 전문 용어의 사용을 자제하여 누구나 이해하기 쉽도록 저술하였습니다.

본 총서는 편집 방식을 최대한 통일하였습니다. 그러나 분권마다 내용이 다르므로 무리하게 통일하지는 않았습니다. 그래서 저서마다 제시어의 상세함, 문제 설계 규모, 해설의 깊이, 참고문헌 배치 등에서 다소 차이가 있을 수 있습니다.

독자 여러분, 특히 중국어 선생님들께서 귀한 의견을 주시면 향후 본 총서를 개정할 때 반영하여 책의 완성도를 높임으로써, 여러분의 요구에 더 부합할 수 있도록 노력하겠습니다.

陆俭明

2010年 5月 5日

북경대학교 蓝旗营 숙소에서

서문

　외국어 교육에서 문법의 중요성은 언급할 여지도 없습니다. 단어를 한 사람의 피와 살에 비유한다면, 문법은 뼈대입니다. 뼈대가 튼튼하지 않다면, 피와 살이 아무리 건강해도 사람은 자유자재로 움직일 수 없습니다. 그래서 외국어 교사는 문법 교육을 매우 중시하며, 어떤 학파를 막론하고 명시적으로 암묵적으로 문법 교육을 하게 됩니다. 그러나 문법은 복잡하고 추상적이어서 많은 외국어 교사가 문법 교육을 부담스럽게 생각합니다. 문법을 복잡하고 추상적이지 않게 설명하여 중국어 학습자의 불필요한 오류를 줄이고자 『现代汉语语法答问』을 저술하게 되었습니다.
　이 책은 주로 다음과 같은 원칙을 반영하였습니다.
　첫째, 실용성 원칙.
　내용 선정과 중점, 그리고 편집 방식의 두 가지 측면에서 드러나는데, 이 책은 현대중국어 문법의 모든 것들을 다루지 않고, 중국어 교육에서 어려운 항목들을 다루었습니다. 즉 학습자가 이해하기 어려워서 자주 오류를 범하거나 사용을 회피하는 문법 현상들을 중점적으로 선정하였습니다. 예를 들어 학습자가 왜 자주 "我要见面一个朋友", "我做作业完了", "我从爷爷知道这件事", "她是一个美美丽丽的公主", "她病了病, 很快就好了", "我们的老师40岁多了", "她是最好学生" 등의 오류문을 말하는지에 대해 실용적 측면에서 자세히 설명했습니다. 외국어 학습자가 틀리지 않는 문법 현상들에 대해서는 간략하게 설명하거나 언급하지 않았습니다.
　다음으로 선정한 문법 현상에 대해 구체적으로 설명하고, 중국어 교육에서 쉽게 발생하는 문제와 해결 방안도 제시하였는데, 이것이 일반 문법 교재와 다른 점 중 하나입니다. 문법 체계의 틀 안에서 문법 현상과 규칙들을 구체적으로 설명하여, 중국어 교수·학습에 도움이 되고자 하였습니다.

둘째, 체계성 원칙.

이 책은 먼저 특정 문법 항목을 간단히 설명한 후에, 몇 개의 질문을 설계하여 관련 문법 현상을 자세히 다루었습니다. 예를 들어 동사의 경우, 동사의 문법 기능과 분류에 관해 설명한 후, 동사 유형의 하위 분류에 있어 중국어 교육에서 자주 발생하는 문제를 다루었습니다. 이러한 방식은 독자가 현대중국어 문법 체계를 이해하고, 더 나아가 특정 문법 현상에 대해서도 숙지하여 중국어 교육에 효과적으로 적용할 수 있도록 돕습니다. 문법 체계가 은으로 된 실이라면 중국어 교육에서 발생하는 문제들은 한 알 한 알의 진주여서, 이 둘은 유기적으로 연결된 완성체를 이룹니다. 은실이 없다면 수많은 문법 문제는 흩어진 진주와 같아, 아름다운 목걸이로 만들 수 없을 것입니다.

셋째, 세분화 원칙.

이 책은 기초 학습자도 이해할 수 있도록 문법 설명이 매우 상세합니다. 예를 들어 다른 문법책은 '能'와 '숲'의 차이를 자세히 설명하지 않습니다. 또 다른 예로, 형용사 중첩과 동사 중첩을 언급하지만, 어떤 형용사나 동사가 중첩될 수 있는지, 어떤 형용사나 동사가 중첩될 수 없는지는 설명하지 않습니다. 그러나 이 책은 이것들에 대해 자세히 다루었습니다. 문법 규칙을 세부적으로 나누어 설명하며, 문법 형식 외에 의미와 용법 설명에도 주의를 기울여 '문법, 의미, 용법' 세 가지 측면을 모두 고려하였습니다. 설명이 자세해서 자칫 사전처럼 보일 수도 있지만, 중국어 교육에서의 어려운 점이나 핵심 내용이라면 번거로움을 감수하고 모두 자세히 설명하여 실용성을 높이고자 하였습니다.

물론, 인간은 기억에 한계가 있어서, 규칙이 너무 많고 복잡하면 기억하기 어려울 수 있습니다. 그래서 문법 규칙을 설명할 때 간결함과 복잡함 사이의 적절한 균형을 찾으려고 노력했습니다. 균형의 적절성에 관한 판단은 독자분들께 맡기고자 합니다.

이 부분도 이 책이 다른 문법서와 차별화되는 점입니다.

넷째, 대조 원칙과 오류 분석 원칙.

이 책은 주로 세 가지 유형의 대조를 진행하였습니다. 첫째는 언어 간 대조이고, 둘째는 언어 내부 대조, 즉 중국어 내에서 유사하거나 혼동하기 쉬운 문법 현상들을 비교하는 것입니다. 그리고 셋째는 학습자의 오류문과 적격문(올바른 문장)에 대한 대조입니다. 이를 통해 중국어 교육에서 모국어의 부정적 전이로 인한 오류와 과잉 일반화로 인한 오류를 최대한 예방하고자 했습니다.

이 책의 출간을 맞이하여 지도교수님이신 陆俭明 교수님, 북경대학교 출판사 沈浦娜 선생님, 편집자 李凌 선생님께 깊은 감사의 말씀을 드립니다. 陆 교수님과 沈 선생님의 독보적인 안목 덕분에 이 책이 탄생할 수 있었습니다. 陆 교수님께서 중국어 교육 기초 연구의 중요성을 강조하시며 격려해 주셔서 제가 '보잘것없는 재주'지만 최선을 다할 수 있었습니다. 또한 교수님의 후학 육성을 위한 마음 덕분에 지희가 이 귀중한 기회를 얻게 되었고, 교수님의 '비공개 감수' 덕분에 이 책의 완성도를 더 높일 수 있었습니다. 이 자리를 빌려 교수님께 진심으로 감사의 인사를 전하고 싶습니다. 陆 교수님과 沈 선생님의 독보적인 안목이 이 책의 탄생을 가능하게 했다면, 李凌 선생님의 책임감 있는 태도와 뛰어난 중국어 실력 덕분에 이 책이 풍성한 결실을 보게 되었습니다. 그리고, 여러 차례 감수해 주신 선생님들께도 특별히 감사드립니다. 그분들의 고견과 제안으로 인하여 이 책이 더욱 빛을 발하게 되었습니다. 이 자리를 빌려 모든 분께 감사의 말씀을 드립니다.

이 책이 모쪼록 중국어 교육에 뜻이 있는 분들이 문법 교육의 묘미를 경험하고 즐기는 데 도움이 되기를 바랍니다.

  이 책은 교육적 목적에서 출발하였으며, 향후 지속적으로 교육 현장의 고견을 반영하고자 합니다. 경험에 한계가 있고, 일부 문법 현상에 대한 연구와 선행 연구에 대한 배움이 깊지 못해 부족한 점이 있으리라 생각합니다. 더 나은 저서를 위하여 독자 여러분의 비평과 고견을 부탁드립니다.

저자
2011년 7월 미국 Middlebury College에서

역자의 말

이 중국어 원서를 처음 접했을 때 굉장히 반가웠습니다. 그동안 중국어 학습자의 오류를 해결하기 위한 문법 연구가 상당히 진행되었음에도 관련 연구 성과를 반영한 문법서를 찾아보기 어려웠기 때문입니다. 이 중국어 원서는 중국어 교사나 학습자가 한 번쯤은 고민했을 질문을 던지고, 최근의 연구 성과를 적용하여 그 해법을 매우 명쾌하게 제시하고 있습니다. 게다가 중국어 문법 학계의 저명 학자이신 陆俭明 교수님의 감수를 거쳐, 여러 문법책을 집필한 杨玉玲, 应晨锦 교수님께서 출간한 저서이기에 원서에 대한 믿음과 신뢰가 더욱 컸습니다.

중국어의 문법 구조를 주로 소개하는 기존 문법서와 다르게, 중국어의 사용 관점에서 출발한다는 점 또한 이 중국어 원서가 반가운 이유입니다. 학습자의 입장에서 "중국어는 왜 이렇게 말하는지? 왜 이렇게 말하면 안 되는지?", 교사의 입장에서 "학습자는 왜 이렇게 잘못 말하는지? 그러면 어떻게 가르쳐야 되는지?" 등의 다양한 질문을 던집니다. 이어서 '구조, 의미, 용법'의 세 가지 측면을 고려한 설명과 교수 방안을 제시합니다.

국내 중국어 교사와 학습자도 이렇게 참신한 구성과 내용의 문법서를 접했으면 하는 마음에 편역하게 되었습니다. 중국어 원서의 내용을 최대한 유지하되, 주요 독자가 한국어 모국어 화자라는 점을 중점적으로 고려하여 편역을 진행하였습니다. 지나치게 어렵거나 앞뒤 맥락을 이해하기 어려운 예문은 배제하고, 설명 순서에 맞게 재배치하였습니다. 다양한 유형의 오류문들은 중국어 교수·학습에 도움이 되기 때문에 중국어 원서에 수록된 분량을 그대로 제시하였습니다. 이와 함께 한국어 모국어 화자가 이해하기 쉽도록 중국어 문법을 설명하고, 중국어 교육 현장에서 자주 접하는 학습자의 오류 유형 및 교수 방안을 제시하였습니다.

이 책이 국내 중국어 교사, 학습자, 연구자들에게 유용하게 활용되기를 바랍니다. 그리고 중국어 문법 교육이 단순히 문법 구조를 가르치는 것이 아니라, 중국어를 제대로 사용하는 방법을 가르치는 것이라는 점을 다시 한번 일깨우는 좋은 기회가 되었으면 하는 바람입니다.

다음은 이 책을 읽는 독자들을 위한 일러두기입니다.

(1) 예문 앞에 있는 '*'는 오류문을 의미
(2) 예문 앞에 있는 '?'는 문법적 오류는 없으나 부자연스러운 문장을 의미

마지막으로 이 자리를 빌려 편역을 허락해 주신 저자분들과 북경대학교 출판사, 그리고 출간을 위해 애써주신 한국문화사 관계자 여러분께 감사의 말씀을 전합니다.

역자 일동
2025년 서울에서

목차

총서 서문 5
서문 7
역자의 말 11

CHAPTER 1 문법과 문법단위　　　　　　　　　　　　　　1

1. 현대중국어 문법 ···3
   1.1 문법이란? ···3
   1.2 현대중국어 문법의 특징은? ···3
   1.3 문법의 특징을 가르칠 때 유의할 점은? ···5
2. 현대중국어의 문법단위 ··7
   2.1 '문법단위'란? ···7
   2.2 형태소는 어떻게 구분할까? ···8
   2.3 형태소와 한자는 어떤 관계일까? ···9
   2.4 '菠菜'의 '菠', '奥运会'의 '奥'도 형태소일까? ······························10
   2.5 단어는 어떻게 구분할까? ···11
   2.6 구는 어떻게 구분할까? ··12
   2.7 '白菜'와 '白马'는 단어일까 구일까? ···12
   2.8 문장이란? ···13
   2.9 '谁?' '我。'는 형태소일까 단어일까 문장일까? ····························14

CHAPTER 2 품사

I. 현대중국어 품사 개요 — 17
1. 품사란? ··17
2. 품사를 분류해야 하는 이유는? ··18
3. 품사 분류의 근거는? ··18
4. 의미에 따른 품사 분류가 가능할까? ··19
5. 단어는 몇 개 품사로 분류할 수 있을까? ······································20
6. 실사란? 허사란? ··21
7. 체언이란? 용언이란? ··21

II. 명사 — 22
1. 명사 및 명사의 문법 기능 ··22
   1.1 명사의 문법 기능은? ··22
   1.2 '巴掌大的地方'이 가능하다면 명사는 자유롭게 부사어가
       될 수 있을까? ···25
   1.3 '很中国'에서 '中国'는 명사일까? ··26
   1.4 "他很有经历"는 왜 잘못된 문장일까? ······································27
2. 명사의 유형 ··28
   2.1 명사는 몇 개의 유형으로 나누어질까? ····································28
   2.2 가산명사와 불가산명사: "教室里充满了学生"은 왜 잘못된
       문장일까? ···28
   2.3 추상명사와 구체명사: 왜 '很有能力'는 맞는 표현인데 '很有书'는
       잘못된 표현일까? ···29
   2.4 개체명사와 집합명사: '词'와 '词汇'는 어떤 차이가 있을까? ·············31
   2.5 시간명사란? 시간명사의 문법 기능은? ····································32
   2.6 시점과 시구간: "我在北京生活六月了"는 왜 잘못된 문장일까? ····33
   2.7 장소명사: "从朋友借钱"은 왜 잘못된 표현일까? ························35

2.8 '房子'와 '房间'은 어떤 차이가 있을까? ·······················37
2.9 방위명사: "以后他结婚就出国了"는 왜 잘못된 문장일까? ···········38
2.10 명사의 오류 분석: "这本书很趣味"는 왜 잘못된 문장일까? ········39

III. 동사 ──────────────────────────── 42

1. 동사 및 문법 기능 ···43
1.1 동사란? 동사의 문법 기능은? ······································43
1.2 동사는 몇 개의 유형으로 나누어질까? ·····························45
1.3. 심리동사와 심리동사 교육: 왜 '很喜欢物理'는 맞는 표현인데
   '很钻研物理'는 잘못된 표현일까? ··································47

2. 능원동사와 능원동사 교육 ··48
2.1 능원동사란? 능원동사의 문법 기능은? ·····························48
2.2 능원동사를 학습할 때 자주 출현하는 오류는? ·······················49
2.3 '能'의 용법은? ···51
2.4 '要'의 용법은? ···51
2.5 능력의 '能'과 '会': "我会游泳了"와 "我能游泳了"는 같을까? ······53
2.6 가능성의 '能'과 '会': "他能帮你"와 "他会帮你"는 같을까? ········54
2.7 '会'와 '허가'의 '能': "他现在不会出来"와 "他现在不能出来"는
   어떤 차이가 있을까? ··55
2.8 '想'과 '要'는 어떤 차이가 있을까? ··································56
2.9 '愿意'와 '肯': "他愿意去吗?"와 "他肯去吗?"는 어떤 차이가
   있을까? ··57
2.10 '应该'와 '必须': "你应该去"와 "你必须去"는 같을까? ············58

3. 타동사와 자동사 ···59
3.1 타동사란? 자동사란? ···59
3.2 "见面一个中国朋友"는 왜 잘못된 표현일까? ·······················60
3.3 타동사 교육에서 유의할 점은? ····································61

4. 지속동사와 비지속동사 ··63
4.1 지속동사와 비지속동사: 왜 '看着'는 맞는 표현인데 '死着'는

목차 xv

　　　　잘못된 표현일까? ··63
　　4.2 왜 "看了两个小时书了"는 맞는 표현인데 "来了两个月中国了"는
　　　　잘못된 표현일까? ··63
5. 자주동사와 비자주동사 ··65
6. 체언성 목적어 동사와 용언성 목적어 동사 ···66
　6.1 학습자는 왜 "这件衣服值得500块"라고 말할까? ·································66
　6.2 왜 '讨厌他'는 맞는 표현이고, '嫌他'는 잘못된 표현일까? ················67
7. 동사 중첩과 동사 중첩 교육 ··68
　7.1 동사 중첩의 형식은? 동사 중첩의 문법 의미는? ·······························68
　7.2 동사 중첩의 범위: 왜 '看看'은 맞는 표현인데 '死死'는 잘못된
　　　표현일까? ··71
　7.3 "我看了看"과 "我看一看"은 어떤 차이가 있을까? ····························72
　7.4 동사 중첩 교육에서 유의할 점은? ··72
　　8. 동사의 문장 성립 요건 ··75
9. 동사 교육 ··76
　9.1 동사 용법에 대한 구체적인 설명 ··76
　9.2 동사의 유의어 구별 ··78
　9.3 동사 중첩 교육 ··78

IV. 형용사 ——————————————————————— 79

1. 형용사 및 문법 기능 ··79
　1.1 형용사란? 형용사의 문법 기능은? ···79
　1.2 "她很友好我们"은 왜 잘못된 문장일까? ···81
　1.3 '方便群众'과 '很方便'에서 '方便'은 모두 형용사일까? ······················81
　1.4 왜 '难题'는 맞는 표현인데 '难问题'는 잘못된 표현일까? ··················82
　1.5 "他哥哥高"는 맞는 문장일까? ··83
2. 형용사의 분류 ··84
　2.1 플러스 형용사와 마이너스 형용사: "我不如姐姐懒惰"는 왜
　　　잘못된 문장일까? ··84

    2.2 일가형용사와 이가형용사: 왜 "对人很友好"는 맞는 표현인데
        "对人很聪明"은 잘못된 표현일까? ·································· 86

  3. 형용사 중첩 ·· 87
    3.1 형용사의 중첩 형식: "她打扮得漂亮漂亮的"는 왜 잘못된
        문장일까? ··· 87
    3.2 형용사 중첩의 문법 의미는? ··· 88
    3.3 형용사 중첩의 범위: "打扮得美美丽丽的"는 왜 잘못된
        표현일까? ··· 89
    3.4 "咱们也高兴高兴去"에서 '高兴高兴'은 형용사 중첩일까? ········· 90
    3.5 '糊涂'는 '糊里糊涂'로 중첩할 수 있는데 왜 '干净'은
        '干里干净'으로 중첩하면 잘못된 표현일까? ························· 90
    3.6 형용사 중첩의 오류 분석: "他个子高高"는 왜 잘못된 문장일까? ··· 91

  4. 형용사의 오류 분석 ·· 93
  5. 형용사 교육 ·· 96

V. 상태사 ─────────────────────── 99

  1. 상태사 및 문법 기능 ··· 99
    1.1 '红'과 '通红'은 모두 형용사일까? ································· 99
    1.2 상태사는 몇 개의 유형으로 나누어질까? ·························· 100
    1.3 상태사의 문법 기능은? ··· 101
    1.4 "墙壁雪雪白白"는 왜 잘못된 표현일까? ·························· 102

  2. 상태사의 오류 분석 ·· 102
  3. 상태사 교육 ·· 104

VI. 구별사 ─────────────────────── 105

  1. 구별사 및 문법 기능 ··· 105
  2. 구별사의 오류 분석 ·· 107
  3. 구별사 교육 ·· 109

VII. 부사 — 110

1. 부사 및 문법 기능 — 111
- 1.1 부사란? 부사의 문법 기능은? — 111
- 1.2 부사어에 출현하는 단어는 모두 부사일까? — 112
- 1.3 부사는 실사일까 허사일까? — 113
- 1.4 부사와 형용사의 구별: '突然'과 '忽然'은 어떤 차이가 있을까? — 113
- 1.5 시간부사와 시간명사의 구별: '刚才'와 '刚'은 같을까? — 114

2. 부사의 유형 — 115
- 2.1 부사는 몇 개의 유형으로 나누어질까? — 115
- 2.2 "他比你还高", "他还没来呀", "你还老师呢"에서 '还'는 같을까? — 115

3. 부사의 유의어 구별 — 116
- 3.1 부사의 유의어는 어떻게 구별할 수 있을까? — 116
- 3.2 '偷偷', '悄悄'와 '暗暗'은 어떤 차이가 있을까? — 116
- 3.3 '竟然'과 '果然'은 어떤 차이가 있을까? — 117
- 3.4 '赶忙'과 '赶紧'은 어떤 차이가 있을까? — 118
- 3.5 '互'와 '互相'은 어떤 차이가 있을까? — 118
- 3.6 '千万'과 '万万'은 어떤 차이가 있을까? — 119
- 3.7 '明'과 '明明'은 어떤 차이가 있을까? — 121
- 3.8 '再'와 '还': "我再想看一次"는 왜 잘못된 문장일까? — 122
- 3.9 왜 "请你稍等"은 맞는 문장인데 "请你稍微等"은 잘못된 문장일까? — 122
- 3.10 왜 '白干'은 맞는 표현인데 '白白干'은 잘못된 표현일까? — 123
- 3.11 왜 "你们立刻准备"는 맞는 문장인데 "你们顿时准备"는 잘못된 문장일까? — 123
- 3.12 왜 "她常常去跳舞"는 맞는 문장인데 "她往往去跳舞"는 잘못된 문장일까? — 124
- 3.13 '已经'과 '曾经'은 어떤 차이가 있을까? — 125

3.14 "再唱一首"와 "又唱了一首"는 어떤 차이가 있을까? ·············127
3.15 "这件衬衫很大"와 "这件衬衫太大了"는 어떤 차이가
    있을까? ··128
3.16 '不'는 과거에 사용할 수 없고 '没(有)'는 미래에 사용할 수 없는
    것일까? ··129
3.17 왜 '有点儿长'은 맞는 표현인데 '一点儿长'은 잘못된
    표현일까? ··132

4. 부사 사례 해설 ···133
  4.1 '都'의 문법 의미와 용법은? ··133
  4.2 '才'는 수량 성분과 함께 쓰일 때 어떤 의미를 나타낼까?
    '就, 都'와는 어떤 차이가 있을까? ··137
  4.3 왜 '差点儿哭了'와 '差点没哭'의 의미는 같은데 '差点儿考上'과
    '差点没考上'은 다를까? ··138
  4.4 "明天再去", "说完再干"과 "再贵也要买"에서 '再'의 의미는
    같을까? ··139

5. 부사 교육 ···141

VIII. 수사 ──────────────────────────── 150

1. 기수사 ···150
  1.1 기수사와 기수사 읽는 법 ··150
  1.2 '二'과 '两'은 어떤 차이가 있을까? ··152
  1.3 '半'의 용법: 학습자는 왜 자주 '一半个小时'라고 말할까? ·······152
  1.4 '一'의 용법: "一本书多少钱?"에서 '一'는 생략 가능할까? ········153

2. 서수사 ···155

3. 어림수 표현법 ··156
  3.1 어림수를 표현하는 방법은? 어림수 교육에서 유의할 점은? ····156
  3.2 '前后'와 '左右': 왜 '春节前后'는 맞는 표현인데 '春节左右'는
    잘못된 표현일까? ··160

4. 수사의 활용 ···161

IX. 양사 — 162

1. 양사 및 유형 — 162
2. 명량사 — 163
2.1 명량사는 몇 개의 유형으로 나누어질까? — 163
2.2 '一脸汗'과 '一碗饭'은 어떤 차이가 있을까? — 165
2.3 부정양사 '一点儿': "我今天一点儿头疼"은 왜 잘못된 문장일까? — 166
2.4 왜 '一伙人'은 맞는 표현인데 '一伙姑娘'은 잘못된 표현일까? — 169

3. 동량사 — 170
3.1 전용 동량사란? — 170
3.2 '次'와 '回'는 어떤 차이가 있을까? — 171
3.3 '遍'과 '次'는 어떤 차이가 있을까? — 171
3.4 동량사 '下, 场, 阵, 趟, 顿, 番'의 용법은? — 172
3.5 차용 동량사란? — 174

4. 시량사 — 174
4.1 시량사란? — 174
4.2 '星期'와 '周'는 어떤 차이가 있을까? — 175

5. 양사 중첩 — 175
6. 양사의 오류 분석 — 177
7. 양사 교육 — 178

X. 대체사 — 182

1. 대체사 및 문법 기능, 유형 — 183
1.1 대체사란? — 183
1.2 대체사는 몇 개의 유형으로 나누어질까? — 184

2. 인칭대체사 — 184
2.1 '咱们'과 '我们'은 어떤 차이가 있을까? — 185
2.2 "人家能去, 我怎么就不能去?"와

      "不嘛，人家就喜欢这个。"에서 '人家'는 같을까? ·························185
    2.3 "张华对张华不满意"는 왜 잘못된 문장일까? ·····················186
  3. 지시대체사 ··189
    3.1 학습자는 왜 "我不喜欢这"라고 잘못 말할까? ·····················189
    3.2 학습자는 왜 "姚明是篮球运动员，那谁都知道"라고
        잘못 말할까? ··190
    3.3 왜 "今天那么热"는 잘못된 문장인데 "今天这么热"는 맞는
        문장일까? ···190
    3.4 "你别说这样"은 왜 잘못된 문장일까? ···························191
  4. 의문대체사 ··192
    4.1 의문대체사란? 의문대체사는 몇 개의 유형으로 나누어질까? ·········192
    4.2 의문대체사의 비의문용법: "我哪儿知道他去哪儿了"에서
        두 개의 '哪儿'은 같을까? ···192
    4.3 학습자는 왜 자주 "我们哪儿也想去"라고 말할까? ·················195
    4.4 "你怎么来的?"와 "你怎么来了?"에서 '怎么'의 의미는 같을까? ···196
  5. 대체사의 오류 분석 ··197
  6. 대체사 교육 ···199

XI. 전치사 ——————————————————————— 201

  1. 전치사 및 문법 기능 ··201
    1.1 전치사란? 전치사의 문법 기능은? ·······························201
    1.2 전치사는 몇 개의 유형으로 나누어질까? ··························203
    1.3 전치사와 동사의 차이: "我在教室"와 "我在教室上课"에서
        '在'는 같을까? ···204
  2. 전치사 용법 예시 ···205
    2.1 전치사 '从'의 용법은? ···205
    2.2 전치사 '在'의 용법은? ···208
    2.3 전치사 '凭'의 용법은? ···211
  3. 상용 전치사 분석 ···212

    3.1 '对'와 '对于'는 어떤 차이가 있을까? ·· 212
    3.2 '对于'와 '关于'는 어떤 차이가 있을까? ·· 214
    3.3 '朝', '向', '往'은 어떤 차이가 있을까? ·· 215
    3.4 '从'과 '离'는 어떤 차이가 있을까? ·· 218
    3.5 '据'와 '根据'는 어떤 차이가 있을까? ·· 219
    3.6 '按'과 '按照'는 어떤 차이가 있을까? ·· 220
    3.7 '凭'과 '根据'는 어떤 차이가 있을까? ·· 220
  4. 전치사의 오류 분석 ·· 221
  5. 전치사 교육 ··· 224

XII. 접속사 ─────────────────────────── 226

  1. 접속사 및 유형 ··· 226
    1.1 접속사란? 접속사는 몇 개의 유형으로 나누어질까? ····································· 226
    1.2 접속사와 전치사의 차이: "我和她是好朋友"와
        "我和她说过这事"에서 '和'는 같을까? ·· 227
  2. 상용 접속사 분석 ·· 229
    2.1 '或者'와 '还是'는 어떤 차이가 있을까? ·· 229
    2.2 '因为', '由于', '为了'는 어떤 차이가 있을까? ··· 230
    2.3 '和', '而', '并': "我们唱歌和跳舞了"는 왜 잘못된 문장일까? ·············· 231
  3. 접속사의 오류 분석 ·· 234

XIII. 조사 ─────────────────────────── 236

  1. 조사 및 유형 ··· 237
    1.1 조사란? 조사의 문법 기능은? ·· 237
    1.2 조사는 몇 개의 유형으로 나누어질까? ·· 238
  2. 구조조사 ·· 238
    2.1 구조조사 '的' ·· 238
        2.1.1 구조조사 '的'의 용법은? ··· 238
        2.1.2 '的'를 학습할 때 자주 출현하는 오류는? ······································· 241

2.2 구조조사 '地' ······243
2.3 구조조사 '得' ······244
    2.3.1 구조조사 '得'의 용법은? ······244
    2.3.2 '得'를 학습할 때 자주 출현하는 오류는? ······245
2.4 '的', '地', '得' 교육에서 유의할 점은? ······246
2.5 구조조사 '所' ······247

3. 동태조사 ······248

3.1 동태조사 '了₁' ······249
    3.1.1 '了₁'과 '了₂': "我下了课就去"와 "苹果红了"의 '了'는
        같을까? ······249
    3.1.2 '了₁'의 문법 의미와 용법은? ······250
    3.1.3 '了₁'의 문장을 완결시키지 못하는 성질:
        "我昨天看了书"는 단독으로 문장이 될 수 있을까? ······252
    3.1.4 '了₁'은 한국어의 '았/었'일까? ······254
    3.1.5 '了₁'을 학습할 때 자주 출현하는 오류는? ······256
    3.1.6 '了₁' 교육에서 유의할 점은? ······263

3.2 동태조사 '着' ······265
    3.2.1. '着'의 문법 의미와 용법은? ······265
    3.2.2 "她穿着一条裙子"와 "她正在穿裙子"는 같을까? ······269
    3.2.3 '着'를 학습할 때 자주 출현하는 오류는? ······270
    3.2.4 '着' 교육에서 유의할 점은? ······271

3.3 동태조사 '过' ······272
    3.3.1 '过'의 문법 의미: "他来了"와 "他来过"는
        어떤 차이가 있을까? ······272
    3.3.2 '过'를 학습할 때 자주 출현하는 오류는? ······273
    3.3.3 '过' 교육에서 유의할 점은? ······275

3.4 동태조사 '来着' ······277
    3.4.1. 어떤 상황에서 '来着'를 사용할까? ······277
    3.4.2 '来着' 교육에서 유의할 점은? ······277

  4. 조사 '们' ··278

XIV. 어기사, 감탄사, 의성사 ─────────────────── 280

 1. 어기사 ···280
  1.1 어기사 및 유형 ··280
  1.2 어기사 '了₂' ··281
   1.2.1 '了₂'의 문법 의미: "她不参加"와 "她不参加了"는
      어떤 차이가 있을까? ··282
   1.2.2 '了₂'의 화용 기능 ···284
   1.2.3 "他走了一天了"와 "他走了一天"은 같을까? ····································289
  1.3 '的, 了, 呢, 嘛, 罢了, 着呢'는 어떤 차이가 있을까? ·····································290
  1.4 의문 어기사 '吗, 呢, 吧, 啊'는 어떤 차이가 있을까? ·································292
 2. 감탄사 ···293
 3. 의성사 ···294

XV. 겹품사 ─────────────────────────── 296

 1. 겹품사란? ··296
 2. 겹품사와 동음사: '很方便', '方便群众'에서 '方便'은
   겹품사일까? ··297
 3. '红花', '花钱'에서 '花'는 겹품사일까? ···297
 4. 상용 겹품사에는 어떤 단어가 있을까? ··298
 5. '去香港', "你这样太香港了"에서 '香港'은 겹품사일까? ·····························299

CHAPTER 3 구   301

I. 구의 유형 ─────────────────────────── 303

II. 기본구의 유형 ──────────────────────── 306

 1. 수식구란? 수식구의 구조적 특징은? ···306

2. 복잡한 수식구란? 복잡한 수식구는 몇 개의 유형으로
   나누어질까? ··308
3. 술목구란? 술목구의 구조적 특징은? ·······························310
4. 술보구란? 술보구의 구조적 특징은? ·······························311
5. 술보구는 몇 개의 유형으로 나누어질까? ························312
6. 주술구란? 주술구의 구조적 특징은? ·······························313
7. 연합구란? 연합구의 구조적 특징은? ·······························314
8. '努力学习'와 '学习努力'는 같은 구조일까? ······················314
9. '仔细看'과 '看仔细'는 같은 구조일까? ····························315
10. '浙江杭州'와 '苏州杭州'는 같은 구조일까? ····················316
11. '今天下雨'는 수식구일까 주술구일까? ··························316

III. 기타 구 유형 ─────────────────── 318

1. 수량구란? 수량구의 문법 기능은? ····································318
2. 방위구란? 방위구 교육에서 유의할 점은? ·······················320
3. 전치사구란? ··320
4. '的'자구란? '的'자구 교육에서 유의할 점은? ···················321
5. 왜 '吃饭的人'과 '吃饭的'의 의미는 같은데 '吃饭的地方'과
   '吃饭的'는 다를까? ··323
6. 동위구란? ···324
7. 왜 '『英雄』电影'은 맞는 표현인데 '电影『英雄』'은
   잘못된 표현일까? ··325
8. '女王伊丽莎白'와 '伊丽莎白女王'의 의미는 같을까? ·······326
9. '小明哥哥'는 왜 중의가 있을까? ······································326
10. 비유구란? ···327
11. 다중동사구란? 다중동사구는 몇 개의 유형으로 나누어질까? ·······327
12. 연동구는 몇 개의 유형으로 나누어질까? ······················329

목차 xxv

13. '去超市买东西'는 연합구일까? ································· 331
14. '躺着看书'는 수식구일까? ······································· 332
15. 겸어구란? 겸어구는 몇 개의 유형으로 나누어질까? ········ 332
16. '请他来'와 '希望他来'는 같을까? ······························ 333
17. 연쇄구란? ··· 334
18. 복잡한 다중동사구란? 복잡한 다중동사구는 몇 개 유형으로
    나눌 수 있을까? ··· 335

IV. 복잡구의 층위분석법 ——————————————— 337

1. 복잡구 ·· 337
2. 층위분석법 ·· 337
   2.1 층위분석법이란? ··· 337
   2.2 층위분석법의 기능은? ·· 338
   2.3 '很有能力'는 어떻게 잘라야 할까? ························ 339
   2.4 특수 구조는 어떻게 잘라야 할까? ························· 341

V. 중의 현상 ————————————————————— 342

1. 중의 현상이란? 중의 발생의 원인은? ························· 342
2. 통사적 중의 현상이 발생하는 요인은? ························ 344
3. 통사 중의 구조는 어떤 방법으로 해소할 수 있을까? ········ 347

参考文献 351

CHAPTER 1
문법과 문법단위

▌주요 내용 ▌

이 장에서는 문법의 개념, 현대중국어 문법의 특징, 문법 교육과 연구에서 사용하는 문법단위, 즉 형태소, 단어, 구, 문장의 특징과 상호 관계를 살펴본다.

---

1. 현대중국어 문법
   1.1 문법이란?
   1.2 현대중국어 문법의 특징은?
   1.3 문법의 특징을 가르칠 때 유의할 점은?
2. 현대중국어의 문법단위
   2.1 '문법단위'란?
   2.2 형태소는 어떻게 구분할까?
   2.3 형태소와 한자는 어떤 관계일까?
   2.4 '菠菜'의 '菠', '奥运会'의 '奥'도 형태소일까?
   2.5 단어는 어떻게 구분할까?
   2.6 구는 어떻게 구분할까?
   2.7 '白菜', '白马'는 단어일까 구일까?
   2.8 문장이란?
   2.9 '谁?', '我。'는 형태소일까 단어일까 문장일까?

1. 현대중국어 문법

1.1 문법이란?

문법은 단어와 문장을 만드는 규칙이다. 다시 말해 "문법은 언어에서 '음성-의미'의 작은 결합 형태를 더 큰 의미의 결합 형태로 만들기 위한 규칙이다(陆俭明 2003)". 그래서 중국어는 단어의 구조 규칙보다 문장의 구조 규칙을 공부하는 것이 훨씬 중요하다. 실용적인 측면에서, 중국어 문법 학습은 '문장 만드는 법(造句法)'을 배우는 일이다. 따라서 이 책에서는 주로 현대중국어의 문장 만드는 법을 다룰 것이다.

1.2 현대중국어 문법의 특징은?

중국어를 배우거나 가르칠 때, 먼저 중국어의 특징을 이해할 필요가 있다. 현대중국어 문법은 다음과 같은 특징을 지닌다.

(1) 형태 표지와 형태 변화가 결여되어 있다.

중국어의 명사, 동사 등은 문장에 출현할 때 형태의 변화가 없다. 동사 '开'의 예를 보자.

  ① 我开车。
     나는 차를 운전한다.
  ② 开车很容易。
     차를 운전하는 것은 매우 쉽다.

(2) 어순과 허사(기능어)를 통해 문법 의미와 관계를 표현한다.

중국어는 어순이 고정되어 있는데, 기본 어순이 '주어-동사-목적어'와 '수식어-중심어'이다. 예를 들어 '我读书'의 어순만 가능하고 '读书我', '我书读'는 허용하지 않는다.

중국어는 허사가 많아서, 다양한 문법 의미를 나타낼 수 있다.

① 我吃了一只烤鸭。['了'는 완료를 나타냄]
   나는 烤鸭 한 마리를 먹었다.
② 我吃着烤鸭呢。['着'는 동작의 지속을 나타냄]
   나는 烤鸭를 먹고 있다.
③ 我吃过一只烤鸭。['过'는 경험을 나타냄]
   나는 烤鸭 한 마리를 먹은 적이 있다.

(3) 품사와 문장 성분이 일대다(一对多)의 대응 관계이다.
중국어는 품사 배열이 동일하더라도, 서로 다른 통사 관계를 나타낼 수 있다. '동사+명사'의 예를 보자.

① 复习材料 [명사 수식 관계]
   복습 자료
② 复习功课 [술목 관계]
   수업을 복습하다

심지어 동일한 품사 배열에서 같은 단어가 출현해도, 통사 관계는 다르게 해석될 수 있다.

③ 进口机器 [술목 관계 / 명사 수식 관계]
   기계를 수입하다 / 수입 기계

(4) 문장의 구성 규칙은 구의 구성 규칙에 대응한다.
중국어는 형태 변화가 결여되어 있어 동사(구조)가 어떤 통사 위치에 출현하더라도, 그 형태가 동일하다. 또 중국어의 주술 구조는 구에 속해서 다른 구와 동일하게 취급된다. 즉 문장의 억양을 붙이면 그 자체로 문장이 될 수 있고, 다른 구와 결합한 후에 문장을 만들 수도 있다.
(5) 맥락이 주어진다면 문장 성분은 생략될 수 있다.
중국어는 허사가 중요하지만, 맥락이 주어진다면 생략될 수도 있다.

① 我没时间就不去看电影了。[如果我没时间就不去看电影了]
나는 시간이 없으면 영화 보러 가지 않겠습니다. [만일 내가 시간이 없으면 영화를 보러 가지 않겠습니다.]

(6) 양사가 풍부하다.
중국어는 양사가 많다. 사물의 수량을 말할 때 '수사+명사'의 형식으로 결합할 수 없으며, 반드시 중간에 양사를 삽입해야 한다. 명사마다 함께 사용하는 양사도 다르다. 예:

| 一本书 | 一支笔 | 一条裤子 | 一件衣服 |
| 책 한 권 | 펜 한 자루 | 바지 한 벌 | 옷 한 벌 |

1.3 문법의 특징을 가르칠 때 유의할 점은?
(1) 어순
학습자의 모국어와 중국어의 어순 차이에 유의해야 한다. 예를 들어 중국어와 영어는 '주어+동사+목적어'의 어순이지만, 한국어와 일본어는 '주어+목적어+동사'의 어순이다. 교사가 이러한 차이를 다루지 않으면 한국, 일본 학습자에게서 아래와 같은 오류가 발생할 수 있다.

① *他汉语学习。
② *你学生是吗?

또 중국어의 어순은 고정되어 있어서, 같은 단어가 쓰였어도 어순이 다르면 의미가 달라질 수 있다.

③ a. 他们都不是留学生。
　　그들은 모두 유학생이 아니다.
　b. 他们不都是留学生。
　　그들이 모두 유학생인 것은 아니다.

예문③의 a와 b는 동일한 단어가 쓰였으나, '都'와 '不'의 위치가 달라지면서 문장의 의미도 달라졌다. a는 "그들 중에 아무도 유학생이 없다"는 의미이고, b는 "그들 중 일부는 유학생이며, 일부는 그렇지 않다"는 뜻이다. 다시 아래 예문을 보자.

④ a. 我买衣服了。
　　나는 옷을 샀다.
　b. 衣服我买了。
　　(그) 옷을 내가 샀다.

두 문장의 기본 의미는 동일하지만 청자가 들을 때는 차이가 있다. a에서 '衣服'는 대상을 특정할 수 없는 새로운 정보이다. 그러나 b에서 '衣服'는 특정한 사물로, 청자가 이미 알고 있는 정보에 해당한다.

(2) 허사

중국어는 허사가 매우 중요하다. 허사의 사용 여부, 어떤 허사를 사용하는지 등이 문장 전체의 구조와 의미에 영향을 줄 수 있다.

① a. 那个人对我很感兴趣。
　　그 사람은 내게 관심이 많다.
　b. 那个人我很感兴趣。
　　그 사람한테 나는 관심이 많다.

② a. 小偷把他杀死了。
   도둑이 그를 죽였다.
   b. 小偷被他杀死了。
   도둑이 그에게 죽임을 당했다.

예문①의 두 문장을 비교하면 b는 전치사 '对'가 빠졌을 뿐인데 문장의미가 "내가 그 사람에게 관심이 많은 것"이 되어, a와 상반된 의미를 나타낸다. 예문②의 두 문장은 '把', '被'의 다른 전치사를 사용해서 상반된 의미가 되었다. a는 "도둑이 그를 죽인 것"이고, b는 "그가 도둑을 죽인 것"이다.

2. 현대중국어의 문법단위

2.1 '문법단위'란?

문법 연구에서 사용하는 단위를 '문법단위'라고 하며, 모든 문법단위는 소리와 의미가 결합한 성분, 즉 '음성-의미'의 결합체이다. 문법단위는 일반적으로 형태소, 단어, 구와 문장을 포함한다.

① 那个学生不吃巧克力。
   그 학생은 초콜릿을 먹지 않는다.

위 문장은 '那', '个', '学生', '不', '吃', '巧克力'의 6개 단어로 이루어져 있다. 이 중에서 '学生'은 '学'와 '生'의 2개 형태소로 이루어진 것이다. '巧克力'는 음역어로, 3음절이지만 형태소 1개로 이루어진 단어이다. '那个学生'과 '不吃巧克力'는 모두 구이다.

2.2 형태소는 어떻게 구분할까?

형태소는 가장 작은 음성-의미의 결합체로 최소 문법단위이다. 예를 들어 '人, 吃, 民, 玻璃, 巧克力' 등이 모두 형태소이다. 형태소의 특징은 첫째, '음성-의미' 결합체이며 둘째, '최소'의 음성-의미 결합체라는 것이다.

여기에서 말하는 '의미'란 형태소의 어휘 의미뿐만 아니라 문법 기능을 나타내는 문법 의미도 포함한다. 예를 들어 '吗'나 '吧'의 구체적인 의미는 설명하기 어렵지만, "你去吗"와 "你去吧"의 의미는 매우 다르다. 이러한 차이는 '吗'와 '吧'의 문법 의미에서 비롯되었기 때문에 '吗'와 '吧'도 의미를 지닌다고 할 수 있다.

'최소'라는 것은 형태소가 더 작은 음성-의미 결합체로 더 이상 쪼개질 수 없음을 뜻한다. 예를 들어 '哥'는 음성적으로 3개의 더 작은 단위로 분석될 수 있는데 성모(g), 운모(e)와 성조(1성)이다. 그러나 이 3개 단위는 의미를 나타낼 수 없으므로, 모두 형태소가 아니다. '哥'를 의미상 더 작은 단위로도 표시할 수 있는데, [+생명], [+사람], [+남성] 등이다. 그러나 대응하는 음성 형식이 없으므로 이들도 형태소가 아니다. 이렇게 음성-의미 결합체의 측면에서 '哥'는 더 이상 작은 단위로 쪼개질 수 없으므로 1개의 형태소이다. 다른 예로 '玻璃'는 형태적으로 '玻'와 '璃'로 쪼개지는 것처럼 보이지만, 쪼개진 후에 각각의 의미는 없기 때문에 역시 1개 형태소이다.

형태소의 기능은 단어를 만드는 것으로, 단어의 건축재료이다. 일부 형태소는 단독으로 단어가 될 수 있다. 예를 들어 "我写汉字"에서 '写'는 형태소가 그 자체로 단어가 된 것이다. 형태소는 또 일정한 규칙에 따라 다른 형태소와 결합하여 단어를 이룬다. '写意', '写生', '写实', '描写', '速写', '写字台' 등은 형태소 '写'가 다른 형태소와 결합한 예라고 할 수 있다. '写字台'는 3개의 형태소로 이루어졌다. 내부 구조를 보면 '写'와 '字'가 먼저 결합한 후에, '写字'와 '台'가 결합한다. '写字'와 같은 결합을 '형태소 결합(语素组)'이라고 한다. 형태소 결합은 단어가 되는 성분을 포함하는 형태소의 결합을 가리킨다. '洗衣机'에서 '洗衣', '止痛膏'에서 '止痛', '快车道'에서 '车道'가 모두 형태소 결합이다.

2.3 형태소와 한자는 어떤 관계일까?

형태소와 한자는 서로 다른 층위의 개념이라 성격이 다르다. '형태소'는 언어에서 최소의 음성-의미 결합체로, 가장 작은 문법단위이다. '한자'는 서면으로 중국어를 기록하는 쓰기 단위이다. 따라서 모든 형태소는 의미를 지니지만, 모든 한자가 의미가 있는 것은 아니다. 예를 들어 '垃'와 '圾'는 의미가 없고, 결합했을 때 의미를 가진다('쓰레기'). '垃'와 '圾'는 한자이지만 형태소는 아니고, '垃圾'가 형태소이다.

한자와 형태소의 관계는 매우 복잡하다. 이해를 돕기 위해, 아래 몇 가지 경우로 나누어 살펴보자.

첫째, 1개 한자 = 1개 형태소. 하나의 한자가 하나의 형태소인 경우이다. 이 경우가 가장 많은데, '人', '民', '吗' 등이 있다.

둘째, 1개 한자 〈 1개 형태소. 하나의 한자가 하나의 형태소는 아닌 경우이다. 이들 자체는 의미를 지니지 않고, 다른 한자와 결합해 의미를 가졌을 때 형태소가 된다. 예를 들어 '玻'는 한자이지만 형태소는 아니다. '璃'와 결합한 '玻璃'가 형태소이다.

셋째, 1개 한자 〉 1개 형태소. 하나의 한자에 여러 의미가 있어 여러 개의 형태소가 되는 경우이다. 예를 들어 '米'는 최소 2개의 형태소가 될 수 있다. '米$_1$'은 '쌀'을 뜻하며 '米饭(쌀밥)' 등으로 쓰인다. '米$_2$'는 길이 단위(미터)로, '跑五十米(50미터를 달리다)' 등으로 쓰인다.

넷째, 1개 한자 = 2개 형태소. 하나의 한자가 2개 형태소를 포함하는 경우인데, 2개 형태소의 소리가 합쳐진 결과물이다. 예를 들어 '俩'는 '两

个', '仨'는 '三个', '甭'은 '不用'의 의미이다.

다섯째, 일부 한자는 어떤 경우에 형태소이지만 그렇지 않을 수도 있다. 예를 들어 '沙土'와 '巧遇'에서 '沙', '巧'는 모두 의미를 지닌 형태소인 반면, '沙发', '巧克力'에서는 의미를 나타내는 음절이 아니므로 이때는 형태소로 볼 수 없다.

2.4 '菠菜'의 '菠', '奥运会'의 '奥'도 형태소일까?

형태소는 언어의 최소 '음성-의미' 결합체로, '소리와 의미를 지닌 것'과 '더 이상 더 작게 나눌 수 없는 음성-의미 결합체'라는 2개 기준에 따라 특정 성분이 형태소인지를 판단한다.

형태소는 "계열 관계를 통해 추출한 것(陈保亚 1997)"이다. 예를 들어 '树苗'라는 언어 조각은 다음과 같이 교체될 수 있다. 예:

树苗 树枝 树干 树根 ……
树苗 秧苗 菜苗 花苗 ……

먼저, '树'와 '苗'는 모두 음성 형식이 있고(shù와 miáo) 의미도 있다. 다음으로, 이들은 더 작은 단위에서 '음성-의미'의 결합체로 쪼개질 수 없으므로 모두 형태소이다.

'菠菜'도 아래와 같이 비교해 보자.

白菜 生菜 油菜 ……
菠菜   -   -

'菜'는 위와 같이 교체될 수 있고 음성 형식과 의미가 있으며, 더 작은 '음성-의미' 결합체로 나누어질 수 없으므로 형태소이다. 반면 '菠'는 음성 형식과 의미가 있으며 더 작은 '음성-의미' 결합체로 나누어질 수 없지만, 교체는 될 수 없기 때문에 보통은 '잉여 형태소'로 분류된다(陈保亚 1997).

'奥林匹克'는 영어 'Olympic'의 음역어이다. '奥'는 음성 형식은 있지만 의미가 없으므로 형태소가 아니다. '奥林匹克'만 의미가 있으므로 형태소가 된다. '奥运会'는 '奥林匹克运动会'의 약칭으로, '奥运会'의 '奥'는 사실 '奥林匹克'를 축약하여 나타내는 것이다. 따라서 음성 형식과 의미가 있으므로, 하나의 형태소라고 할 수 있다.

2.5 단어는 어떻게 구분할까?

단어는 최소의 자립성 문법단위이다. 단어는 형태소로 구성되며, 형태소보다 상위의 문법단위이다.

'최소'는 단어가 더 작은 자립성 문법단위로 쪼개지지 않는다는 뜻이다. 예를 들어 '人民'은 단독으로 사용할 수 있어, "人民管理国家", "我爱人民" 등과 같이 쓰인다. 그리고 구성 성분인 '人'은 단독 사용이 가능하지만 '民'은 불가능하다. 그러므로 '人民'은 단어라고 할 수 있다.

'단독 사용 여부'는 단어와 형태소의 차이가 된다. 예를 들어 '桌'는 '桌子'의 의미를 나타내며 '음성-의미'의 결합체이지만 단독으로 사용할 수 없다. "我买了一张桌"라든가 "桌很干净"이라고 하지 않고 "我买了一张桌子", "桌子很干净"이라고 한다. 따라서 '桌子'는 단어이고, '桌'는 형태소이다.

그러나 '단독 사용'이 단독으로 문장이 된다는 뜻은 아니다. 예를 들어 '被', '了', '吗' 등은 자립성이 낮아서 단독으로 문장이 될 수는 없고, 다른 단어와 결합하여 구나 문장을 이룬다. 따라서 한 문장에서 단독으로 문장이 될 수 있는 단어를 제외한, 나머지 성분들도 단어가 될 수 있다. 예를 들어 "明天再来"는 '明天', '再', '来'의 3개 단어로 나누어진다. "学生都走了"는 '学生', '都', '走', '了'의 4개 단어로 나누어진다.

단어는 '白衬衫', '不抽烟' 등과 같이 구를 구성할 수 있으며, 아래와 같이 단독으로 문장이 될 수도 있다.

① A: 你什么时候来北京?
　　당신은 언제 北京에 옵니까?
　B: <u>明天</u>。
　　내일(이요).

2.6 구는 어떻게 구분할까?

구는 단어와 단어가 일정한 통사적 규칙에 따라 결합한 더 큰 문법단위를 말한다. '白衬衫', '马上回来', '喝咖啡', '北京上海' 등은 모두 구이다.

구는 다른 단어나 구와 결합하여, 더 복잡한 구로 확장될 수 있다. 예를 들어 '白衬衫'은 '买白衬衫', '一件白衬衫', "那件白衬衫很漂亮" 등의 복잡한 구로 확장된다. 그리고 단독으로 문장이 될 수도 있다.

① A: 你买什么了?
　　무엇을 샀나요?
　B: <u>白衬衫</u>。
　　흰 셔츠(요).

2.7 '白菜'와 '白马'는 단어일까 구일까?

중국어는 문자가 쓰기 단위이므로, 단어와 단순구의 경계가 모호하다. 아래 기준에 따라 단어와 구를 구분할 수 있는데, 2개의 형태소로 이루어진 구조로 예를 들면 다음과 같다.

(1) 구성 성분의 단독 사용 가능 여부: 구성 성분 중 하나라도 단독으로 단어가 될 수 없는 형태소이면, 그 구조는 단어이다. 예를 들어 '人民'에서 '人'은 단독으로 사용되나 '民'은 그렇지 못하므로, '人民'은 구가 아닌 단어

이다. 유사한 예로 '权利, 剪子, 近视, 化妆, 企图' 등이 있다.

(2) 구성 성분 간 결합의 밀접성 여부(다른 성분의 삽입 가능 여부): 음절 사이에 다른 성분을 삽입할 수 있으면 구이고, 삽입할 수 없으면 단어이다. '白菜'는 '白'와 '菜'가 자유롭게 분리되거나 다른 성분을 삽입할 수 없다. '白菜(배추)'를 '白的菜(흰색 채소)'라고 말할 수 없으므로, '白菜'는 단어이다. 반면 '白马'는 '白'와 '马'의 결합이 느슨하여 다른 성분을 삽입할 수 있다. 예를 들어 '白马(백마)'를 '白的马(흰색 말)'라고 할 수 있으므로, '白马'는 구이다.

(3) 구성 성분의 문법 의미로 전체 의미 유추 가능 여부: 구성 성분의 의미와 구조의 문법 의미를 가지고 전체 의미를 알 수 있으면 구이고, 알 수 없으면 단어이다. 예를 들어 '白马'는 '白'와 '马'의 의미로, '白色的马'라는 전체 의미를 유추할 수 있다. 그러나 '白菜'는 '白'와 '菜'의 의미 결합이 아니라 특정 채소의 명칭이다. 그러므로 '白马'는 구이고, '白菜'는 단어이다.

2.8 문장이란?

문장은 단어나 구가 일정한 규칙에 따라 결합하여 완전한 의미를 표현하는 문법단위이다. 문장 앞뒤에 큰 휴지와 억양이 있으며 글로 쓸 때는 마침표(。), 의문부호(？), 감탄부호(！) 등으로 표시한다.

① 我是北京人。
　 나는 北京 사람이다.
② 你喝咖啡吗?
　 커피 마시겠습니까?
③ 太好了!
　 정말 좋습니다!

문장은 언어에서 가장 큰 문법단위로, 의사소통의 기본 단위이다. 문법 연구의 범위는 주로 문장까지로 국한된다. 단락, 담화 등의 연구는 작문법의 영역에 속한다.

2.9 '谁?' '我。'는 형태소일까 단어일까 문장일까?

① A: 谁?
　　　누구?
　B: 我。
　　　나.

위의 대화는 모두 억양이 있으며, 의문문과 평서문을 나타낸다. 또한 맥락에서 완전한 의미를 전달하여 의사소통 목적에도 부합한다. 그래서 위의 질문과 대답은 모두 문장에 해당한다. 구성 성분으로 보면 두 개 문장 모두 1개 단어로 이루어졌으며, 두 단어 모두 1개 형태소로 이루어졌다.

CHAPTER 2

품사

｜주요 내용｜

이 장에서는 현대중국어 품사의 개요와 각 품사의 문법 기능, 품사별로 중국어 교육에서 자주 출현하는 오류와 유의사항을 소개한다. 특히 중국어 교육에서 중요한 동사, 형용사, 부사, 전치사, 조사에 중점을 두어 설명한다. 그리고 중국어 교육에서 자주 출현하는 문제와 해결 방안을 제시한다.

Ⅰ. 현대중국어 품사 개요
  1. 품사란?
  2. 품사를 분류해야 하는 이유는?
  3. 품사 분류의 근거는?
  4. 의미에 따른 품사 분류가 가능할까?
  5. 단어는 몇 개 품사로 분류할 수 있을까?
  6. 실사란? 허사란?
  7. 체언이란? 용언이란?

I. 현대중국어 품사 개요

1. 품사란?

단어는 수천, 수만 개에 달하며 문장을 만들 때 담당하는 기능들도 다르다. 예:

    a. 不   常常   马上
    b. 买   修   介绍
    c. 笔   汽车   姓名

위 3개 조의 단어 가운데 a와 b를 결합할 수 있는데 '不买', '常常修' 등이다(a+b). b와 c도 결합할 수 있는데 '买笔', '介绍姓名' 등이다(b+c). 또 '汽车修(了)'도 가능하다(c+b). 그러나 a와 c는 결합할 수 없어서, '不笔', '常常汽车'는 성립하지 않는다. 따라서 문법을 학습하거나 연구할 때는 단어의 분류가 반드시 필요하다. 분류 목적에 따라 다르게 나눠질 수 있는데, 음절 개수에 따라 단음절어, 이음절어와 다음절어로 분류한다. 단어가 포함하는 형태소의 수에 따라 단일어와 합성어로 나눌 수도 있다. 여기에서는 문법 학습 및 연구의 필요에 따라 단어를 분류할 것이다. 문법 연구에서 정의하는 품사는 단어의 문법적 분류를 가리키는데, 즉 문법 기능이 동일하거나 유사한 단어를 함께 모아 놓은 것이 바로 '품사'이다.

2. 품사를 분류해야 하는 이유는?

　단어의 문법적 분류는 언어 사실을 기술하는 데 도움이 되며, 문법 규칙을 효과적으로 만들 수 있다. 위에서 예로 든 3개 조의 단어를 유형별로 분류하면 a는 부사, b는 동사, c는 명사이며, '买笔', '修汽车'와 같은 '구(b+c)'는 "동사와 명사가 지배 관계로서 술목구를 이룬다"라고 기술할 수 있다. 품사의 개념이 없다면 이 같은 문법 기술은 매우 번거로울 것이다.
　단어의 문법적 분류는 여러 유형의 단어가 지닌 문법적 특징을 더 잘 파악할 수 있게 도와준다. 단어의 문법적 성격을 이해하지 못하면, 다른 유형의 단어로 잘못 사용할 수도 있다.

　　① *老人家很感触地说: "这就是小柱儿的爷爷当年扛过的红缨枪。"
　　② *他很热情朋友。

　예문①은 명사 '感触'를 형용사로 잘못 쓴 것으로, '感触'는 동사 '说'를 수식할 수 없고 '很'의 수식을 받을 수 없다. 따라서 '感触'를 '感慨'로 바꾸거나, '很有感触'로 수정해야 한다. 예문②에서 '热情'은 형용사여서 목적어를 수식할 수 없으므로, '很热情朋友'를 '对朋友很热情'으로 바꾸어야 한다.

3. 품사 분류의 근거는?

　품사는 단어의 문법 기능에 대한 분류이다. 품사 분류의 목적은 문장의 구조와 단어의 유형별 용법을 기술하는 것으로, 이 때문에 품사 분류의 기준이 단어의 문법 기능이 된 것이다. 아래에서 구체적으로 살펴보자.
　(1) 단어가 문장에서 통사 성분을 담당하는 능력은, 통사 성분을 담당할

수 있는가와 어떤 통사 성분을 담당하는가에서 드러난다. 단독으로 통사 성분을 담당할 수 있으면 '실사(내용어)'이고, 단독으로 통사 성분을 담당할 수 없으면 '허사'로 분류한다.

(2) 실사의 문법 기능은 주로 다른 단어와의 결합 능력을 말한다. 어떤 단어가 어떤 단어와 결합할 수 있는지, 어떻게 결합하는지, 결합했을 때 어떤 관계가 발생하는지, 어떤 단어와 결합할 수 없는지 등을 기준으로 실사의 하위 유형을 분류한다.

(3) 허사의 문법 기능은 실사, 절과의 관계에서 드러난다. 어떤 실사나 절과 결합하는지, 결합할 때 문장 내 어디에 위치하는지, 결합 후에는 어떤 관계가 발생하는지 등을 기준으로 허사의 하위 유형을 분류한다.

4. 의미에 따른 품사 분류가 가능할까?

품사는 단어의 문법 기능에 의해 분류된 유형이나, 각 유형의 단어들은 의미상으로도 유사성을 나타낸다. 예를 들어 명사는 사물의 명칭이고, 수사는 숫자를 나타내며, 양사는 사물의 단위를 나타낸다. 그러나 품사의 분류 기준은 여전히 문법 기능이고, 의미는 참고사항일 뿐이다. 의미는 매우 복잡하기 때문에, 단어 의미로만 품사를 분류하면 아래 두 가지 문제가 발생할 수 있다.

(1) 의미가 유사한 단어의 문법 기능이 다를 수 있다. 예를 들어 '忽然'과 '突然'은 의미가 유사하고 모두 부사어로 쓰일 수 있다('忽然下雨了", "突然下雨了'). 그러나 '突然'은 '很'의 수식을 받을 수 있고('很突然'), 명사 관형어가 될 수도 있다('突然事故'). 반면, '忽然'은 그러한 용법이 없다. 또 다른 예로 의미가 유사한 '战争'과 '打仗'의 문법 기능을 살펴보면, '战争'은 명사로 수량사 '一场'의 수식을 받으며 주어나 목적어로 출현한다. 반면 '打仗'은 동사라서 '了', '着', '过' 등을 수반하며 서술어를 담당한다. 이와 같이 의미에

따라 단어를 분류하면, 문법적 분류 조건에는 맞지 않을 수 있다.

(2) 동일한 개념 유형을 나타내는 단어의 문법 기능이 다를 수 있다. 예를 들어 '金', '银', '铜', '铁'는 모두 금속을 나타내나 '铜', '铁'는 주어("<u>铜/铁</u>买来了"), 목적어("这是<u>铜/铁</u>")가 될 수 있고 수량사의 수식을 받는다('一块<u>铜/铁</u>'). 그러나 '金', '银'은 이러한 문법 기능이 없어, 관형어('<u>金/银</u>戒指')나 '的자구'만 가능하다('<u>金/银的</u>').

5. 단어는 몇 개 품사로 분류할 수 있을까?

단어는 보통 아래 15개 유형으로 분류된다.

명사: 人, 书, 中国, 北京, 人民, 思想, 友谊, 教室, 前天 등
동사: 看, 坐, 是, 姓, 研究, 愿意, 可以, 喜欢, 洗澡, 离婚 등
형용사: 新, 大, 甜, 累, 漂亮, 干净, 优秀, 认真, 快乐 등
상태사: 雪白, 蜡黄, 冷冰冰, 红通通, 黑不溜秋, 白不呲咧 등
구별사: 男, 女, 金, 银, 彩色, 黑白, 国营, 私立, 急性, 慢性 등
수사: 一, 六, 十, 百, 千, 万, 亿 / 第一, 第二 등
양사: 个, 条, 双, 副, 米, 斤 / 次, 遍, 回 / 分钟, 天, 周, 年 등
대체사: 你, 我, 他们 / 这, 那, 这样, 那么 / 谁, 什么, 怎么, 哪儿 등
부사: 才, 就, 刚, 常常, 总是, 已经, 简直, 竟然, 重新, 正在 등
전치사(개사): 对, 对于, 从, 往, 向, 离, 把, 按照, 自从, 根据, 至于 등
접속사: 而, 并, 和, 或者, 然后, 如果, 不但, 于是, 因为, 所以 등
조사: 的, 地, 得 / 了, 着, 过 / 似的, 等等 등
어기사: 呢, 吗, 吧, 啊, 罢了 등
감탄사: 唉, 咦, 哦, 哼, 嗯, 哎呀 등
의성사: 咚, 哗, 吱, 叮当, 轰隆, 噼里啪啦, 丁零当啷 등

이들 품사는 단어의 문법 기능에 따라 분류한 것인데, 의미상 공통점도 있다. 예를 들어 명사는 사물의 명칭을 나타내고 수사는 숫자를 나타내며, 대체사는 지시 기능을 가진다.

6. 실사란? 허사란?

연구의 편의를 위해, 특정한 속성에 따라 일부 품사를 상위 유형으로 묶을 수도 있다. 명사, 동사, 형용사, 상태사, 구별사, 수사, 양사 및 대체사 등 8개 품사를 '실사'라고 한다. 의미상 이들은 대부분 실재 의미를 나타낸다. 문법적으로는 모두 문장의 주요 통사 성분, 즉 주어, 서술어, 목적어, 중심어 등에 위치한다. 부사, 전치사, 접속사, 조사, 어기사 등 5개 품사는 '허사'라고 한다. 허사는 추상적인 문법 의미만을 나타내어 주어, 서술어, 목적어, 중심어 등 주요 통사 성분을 담당할 수 없다(하권 CHAPTER 4. 문장 성분 참고).

7. 체언이란? 용언이란?

문법 기능이 주어나 목적어를 담당하는지 또는 서술어를 담당하는지에 따라, 품사를 크게 체언과 용언의 두 부류로 나눌 수도 있다.

체언의 주요 문법 기능은 주어와 목적어이며, 보통 서술어는 될 수 없다. 용언의 주요 기능은 서술어가 되는 것이나 주어, 목적어가 될 수도 있다. 체언은 명사, 구별사, 수사와 양사를 포함하며, 용언은 동사, 형용사와 상태사를 포함한다. 대체사 중 다수가 체언에 속하는데 인칭대체사, 지시대체사 '这'와 '那', 의문대체사 '谁'와 '什么' 등이다. 한편, '这样, 那样, 这么, 那么, 怎么, 怎么样' 등은 용언류에 속한다.

II. 명사

> 1. 명사 및 명사의 문법 기능
>   1.1 명사의 문법 기능은?
>   1.2 '巴掌大的地方'이 가능하다면 명사는 자유롭게 부사어가 될 수 있을까?
>   1.3 '很中国'에서 '中国'는 명사일까?
>   1.4 "他很有经历"는 왜 잘못된 문장일까?
> 2. 명사의 유형
>   2.1 명사는 몇 개의 유형으로 나누어질까?
>   2.2 가산명사와 불가산명사: "教室里充满了学生"은 왜 잘못된 문장일까?
>   2.3 추상명사와 구체명사: 왜 "很有能力"는 맞는 표현인데 "很有书"는 잘못된 표현일까?
>   2.4 개체명사와 집합명사: '词'와 '词汇'는 어떤 차이가 있을까?
>   2.5 시간명사란? 시간명사의 문법 기능은?
>   2.6 시점과 시구간: "我在北京生活六月了"는 왜 잘못된 문장일까?
>   2.7 장소명사: '从朋友借钱'은 왜 잘못된 표현일까?
>   2.8 '房子'와 '房间'은 어떤 차이가 있을까?
>   2.9 방위명사: "以后他结婚就出国了"는 왜 잘못된 문장일까?
>   2.10 명사의 오류분석: "这本书很趣味"는 왜 잘못된 문장일까?

1. 명사 및 명사의 문법 기능

1.1 명사의 문법 기능은?

의미로 봤을 때 명사는 모두 사물을 나타낸다. 구체적인 사물로 '书, 学生, 水' 등이 있고, 추상적인 사물로 '思想, 感觉, 友谊' 등이 있다. 또 시간, 장소를 나타내는 '今天, 去年, 上海, 前边' 등도 있다.

명사의 문법 기능은 다음과 같다.
(1) 명사는 주어, 목적어를 담당하며 서술어나 부사어로는 쓰이지 않는다.

   ① 这个<u>孩子</u>很可爱。[주어]
       이 아이는 귀엽다.
   ② 她在喝<u>啤酒</u>。[목적어]
       그녀는 맥주를 마시고 있다.
   ③ *我很<u>兴趣</u>中国文化。[서술어]

날씨, 날짜, 본적, 외모, 신분, 성격, 직업이나 순서 의미를 나타내는 명사(구)는 서술어가 될 수 있다(하권 CHAPTER 5.Ⅱ.2.명사서술어문 참고).

   ④ 今天<u>晴天</u>。
       오늘은 맑은 날이다.
   ⑤ 昨天<u>星期天</u>。
       어제는 일요일이었다.
   ⑥ 他<u>北京人</u>。
       그는 北京 사람이다.
   ⑦ 老张都<u>师长</u>了。
       老张은 벌써 사단장이다.

구어체에서는, 주어가 '的자구'일 때 명사도 서술어가 될 수 있다.

   ⑧ 她买的<u>裙子</u>, 我买的<u>T恤衫</u>。
       그녀가 산 치마고, 내가 산 티셔츠이다.

(2) 명사는 수사의 직접 수식을 받을 수 없고, 그 뒤에 양사를 더해

'수량구'로 만든 후에 명사를 수식할 수 있다. 예:

*三书	*五马	*十苹果
三<u>本</u>书	五<u>匹</u>马	十<u>个</u>苹果
책 세 권	말 다섯 필	사과 열 개

(3) 명사는 형용사, 상태사, 구별사, 명사 등 관형어의 수식을 받을 수 있다.

① <u>新</u>学生已经报到了。[형용사 관형어 수식]
  신입생들이 모두 등록했다.
② <u>红通通</u>的苹果。[상태사 관형어 수식]
  새빨간 사과.
③ 我买了一本<u>语法</u>书。[명사 관형어 수식]
  나는 문법책 한 권을 샀다.

명사는 직접 명사의 수식을 받거나 수식할 수 있는데, 이때 어떠한 형태 변화도 발생하지 않는다.

④ <u>汉语语法</u>其实并不难。[명사 '语法'가 명사 '汉语'의 직접 수식을 받음]
  중국어 문법은 사실 전혀 어렵지 않다.
⑤ 我买了一本<u>语法教材</u> [명사 '语法'가 관형어로, 명사 '教材'를 수식]
  나는 문법 교재 한 권을 샀다.

(4) 명사는 보통 '不'의 수식을 받을 수 없다. 예를 들어 아래와 같이 말할 수 없다.

*不学生   *不钢笔

1.2 '巴掌大的地方'이 가능하다면 명사는 자유롭게 부사어가 될 수 있을까?

부사어가 될 수 있는 명사는 극히 제한적이다. 주로 뒤에 동작동사가 출현하는데, 아래 4개 유형의 명사가 해당된다.

(1) 장소를 나타내는 명사.

① 大家客厅坐吧。
모두 거실에 앉아요.

(2) 시간을 나타내는 명사.

① 我们将来还要发展新的领域。
우리는 향후 새로운 분야도 발전시킬 것이다.

(3) 비유 의미를 나타내는 명사.

① 他那心眼针尖细。
그의 마음씨는 바늘만큼 세심하다.
② 巴掌大的地盘, 你还能干什么。
손바닥만한 구역에서 당신이 뭘 할 수 있겠어요.

(4) 방식, 도구 의미를 나타내는 명사.

① 双方已经口头达成了协议。
양측이 이미 구두로 합의에 도달했다.
③ 那我们就电话联系吧。
그러면 우리 전화로 연락합시다.

첫 번째 유형은 '장소명사+동사'구조로, 장소명사는 동작 행위가 발생하는 장소를 나타낸다. 앞에 '在'를 추가해도 의미가 변하지 않는데, 예를 들어 '客厅坐'는 '在客厅坐'이다. 두 번째 유형은 '시간명사+동사'구조이다. 세 번째는 '명사+형용사'구조로, 이때 명사는 비유 의미를 나타내어 형용사가 가진 성질 상태를 묘사한다. 예를 들어 '巴掌大'의 의미는 '像巴掌一样大(손바닥만큼 크다)'이다. 네 번째는 '명사+동사'구조이다. 동사는 동작 행위를 나타내고, 명사는 그 동작을 진행하는 도구나 수단을 표현한다. 예를 들어 '电话联系'는 '用电话联系(전화로 연락하다)'의 의미이다.

이 같은 구조는 많지 않고 '부사어+중심어' 수식 구조의 전형적인 용례도 아니다. 위의 예를 봐도 구조의 유추성과 확장성이 떨어진다. 예를 들어 '在宿舍睡觉'를 '宿舍睡觉'로 쓸 수 없고 '像西湖一样美丽'는 '西湖美丽'라고 할 수 없으며, '用手吃饭'을 '手吃饭'으로 쓸 수 없다. 따라서 명사는 일반적으로 부사어로 쓰일 수 없고, 그같은 경우도 극히 드물다.

1.3 '很中国'에서 '中国'는 명사일까?

명사는 '很'의 수식을 받을 수 없기 때문에, '很学生', '很馒头'는 잘못된 표현이다. '很'의 수식을 받는 것은 형용사의 문법 기능인데, 최근에 '很+명사'구조가 다량으로 출현하고 있다. 예:

> 很贵族, 很青春, 很农民, 很中国, 很西方, 很淑女, 很女人, 很香港

여기서 명사는 이미 형용사가 된 것이 아닐까? 이때 명사는 아직 형용사로 볼 수 없다. 왜냐하면 일부 명사만 '很~'구조에 출현할 수 있기 때문이다. '很农民'은 가능하나, 같은 유형의 '工人, 教师, 医生' 등은 아직 '很~구조'에 출현할 수 없다. 예:

> *很工人 *很教师 *很医生

'很+명사'와 같은 구조는 명사가 사물 자체를 지시하기 보다는, 특정한 사회문화적 배경에서 그 사물의 전형적인 특징을 강조하게 된다. 이렇게 새로 출현한 의미 항목은 아직 고정되지 않은 상태로, 다른 유형의 단어와 자유롭게 결합할 수 없다.

1.4 "他很有经历"는 왜 잘못된 문장일까?

'经验'은 명사이고, '经历'는 명사 겸 동사이다.

经验: [명사]사람+경험이 많다/경험 많은+사람/사람의 경험이 풍부하다.
예: 她在这方面很有经验。그녀는 이 분야에 경험이 많다.
他是一位很有经验的老师。그는 경험 많은 선생님이다.
他的经验很丰富。그의 경험은 매우 풍부하다.

经历: [명사] 어떤 사람이 ……한 경험이 있다/없다.
예: 我没有一个人旅游的经历。나는 혼자서 여행한 경험이 없다.
[동사] 어떤 사람이 ……를 경험했(었)다.
예: 我也经历过这样的事情。나도 이런 일을 겪었었다.

두 단어는 모두 명사지만, 의미는 다르다. '经验'은 한 사람이 어떤 분야에서 종사한 시간이 길기 때문에 잘하는 것을 뜻하고, '经历'는 자신이 어떤 일을 겪었으면 모두 '有……的经历(……한 경험이 있다)'라고 말할 수 있다.

중국어를 가르칠 때 학습자에게 명사, 동사와 같은 문법 용어를 알려줄 필요는 없으나, 위와 같이 구조화해서 용법상의 차이를 이해시켜야 한다.

2. 명사의 유형

2.1 명사는 몇 개의 유형으로 나누어질까?

명사는 아래 유형으로 나눌 수 있다.

```
           ┌ 고유명사: 中国, 孔子, 长城, 颐和园, 故宫, 美国 등
           │                    ┌ 개체명사: 书, 树, 人, 椅子, 扇子, 朋友 등
           │         ┌ 가산명사 ┤
           │ 일반명사 ┤          └ 집합명사: 书籍, 车辆, 枪支, 船只, 马匹, 纸张 등
명사 ──────┤         │
           │         └ 불가산명사: 经验, 人民, 希望, 精神, 意识, 观念, 能力 등
           │ 방위명사: 上(面), 下(面), 左边, 前边, 里面, 外面 등
           │ 시간명사: 将来, 今天, 早上, 星期一, 现在, 目前 등
           └ 장소명사: 学校, 郊区, 图书馆, 邮局 등
```

2.2 가산명사와 불가산명사: "教室里充满了学生"은 왜 잘못된 문장일까?

자연 사물 가운데 일부는 1, 2, 3, 4와 같이 셀 수 있는 것들로, '书, 苹果, 桌子' 등이 있다. 셀 수 없는 것으로는 '水, 阳光, 欢声笑语, 烟味, 希望' 등이 있다. 전자를 '가산명사', 후자를 '불가산명사'라고 한다. 일부 동사는 목적어가 반드시 가산명사여야 하며, 어떤 경우에는 반드시 불가산명사여야 한다. 예를 들어, '充满'의 목적어는 불가산명사가 온다.

① 他的眼里充满了<u>泪花</u>。
   그의 눈은 눈물로 가득했다.
② 他的父母和老师都对他充满了<u>希望</u>。
   그의 부모와 선생님은 그에게 기대가 가득했다.

'充满'의 목적어로 가산명사는 쓰일 수 없다.

③ *教室里充满了学生。(教室里坐满了学生。)
   (교실에는 학생들이 가득 앉았다.)
④ *晚会后，操场上充满了垃圾。(晚会后，操场上到处都是垃圾。)
   (저녁 모임이 끝나자, 운동장 곳곳이 쓰레기였다.)

명사에 특수한 제약이 있는 단어나 구조에 대해서는, 예문을 통해 가르치지 않으면 학습자에게 오류가 발생할 수 있다.

2.3 추상명사와 구체명사: 왜 '很有能力'는 맞는 표현인데 '很有书'는 잘못된 표현일까?

명사는 사물의 특성에 따라 추상명사와 구체명사로도 나눌 수 있다. 이 개념은 교육문법에서 자주 출현하는데, 일부 단어/구조가 앞뒤 명사에 대해 이와 관련한 제약이 있기 때문이다. 예를 들어 '很+有+명사'구조에 출현하는 명사는 반드시 추상명사이다.

① 他很有能力，刚工作一年就被提拔为科长。
   그는 매우 유능하여, 일한 지 일 년 만에 과장으로 승진했다.
② 这孩子从小就很有理想。
   이 아이는 어릴 때부터 꿈이 컸다.
③ 我们的汉语老师很有经验。
   우리 중국어 선생님은 경험이 많으시다.

'有+추상명사'는 추상적인 의미를 가지며, 형용사 성격을 지닌다. 예를 들어 '很有能力'의 의미는 "능력이 뛰어나다", '很有经验'은 "경험이 풍부하다"의 뜻이다. 일반명사는 '很+有+명사'구조에 들어갈 수 없으므로, 아래는 모두 잘못된 문장이다.

④ *我很有书。(我有很多书。)
　　(나는 책을 많이 가지고 있다.)
⑤ *妈妈很有衣服。(妈妈有很多衣服。)
　　(엄마는 옷을 많이 가지고 계신다.)

다시 아래 두 예문을 보자.

⑥ 她对此毫无办法，只好袖手旁观。
　　그녀는 이에 대해 전혀 방법이 없어, 수수방관할 수밖에 없었다.
⑦ *她在北京毫无朋友。(她在北京一个朋友也没有。)
　　(그녀는 北京에 친구가 한 명도 없다.)

예문⑥은 자연스럽지만, ⑦은 잘못된 문장이다. '毫无' 뒤의 명사가 추상명사여야 하기 때문이다. 유사한 예로 '兴趣, 共同语言, 感情, 感觉, 爱心, 志向, 眼光, 办法, 同情心' 등이 있다. '朋友'는 구체명사이지 추상명사가 아니다.

⑧ 我对运动毫无兴趣。
　　나는 운동에 아무런 흥미가 없다.
⑨ 他和媒妁之言定下的妻子毫无共同语言。
　　그와 중매로 맺어진 아내 사이에는 아무런 공동 관심사가 없었다.

형용사 '宝贵'와 '珍贵'는 모두 '가치가 있음'을 의미하지만, 함께 출현하는 명사에 대한 제약이 다르다. '宝贵'는 매우 얻기 어려운 것들에 쓰이며, 대부분 추상명사가 온다. '珍贵'는 소장할 가치가 있는 실재 물건을 가리키며, 대부분 구체명사가 온다. 비교하면 다음과 같다.

宝贵: ~的财富, ~的经验, ~的时间, ~的意见, ~的精神, ~的生命, ~的文化遗产

珍贵: ~的礼物, ~的邮票, ~的书籍, ~的衣服, ~的动物, ~的书画, ~的纪念品

⑩ *请您提出珍贵的意见。(请您提出宝贵的意见。)
   (귀중한 의견을 주시기 바랍니다.)
⑪ *他收藏了很多宝贵的邮票。(他收藏了很多珍贵的邮票。)
   (그는 많은 귀한 우표를 모았다.)

이렇게 명사에 특수한 제약이 있는 단어/구조가 출현하면, 교사는 예시를 드는 방법으로 교육해야 한다.

2.4 개체명사와 집합명사: '词'와 '词汇'는 어떤 차이가 있을까?

'词'와 '词汇', '马'와 '马匹'의 뜻은 비슷해 보이지만 다르다. 우선 용법상의 차이를 살펴보자. 예:

一个词　　一些词　　一部分词
*一个词汇　一些词汇　一部分词汇

一匹马　　一些马　　一部分马
*一匹马匹　一些马匹　一部分马匹

'词', '马'는 개체를 나타내는 '一个', '一匹'와 결합하며, 집합을 나타내는 '一些', '一部分'과도 결합한다. 그러나 '词汇', '马匹'는 '一些', '一部分'과만 결합한다. '词汇', '马匹'와 같은 명사는 사물의 집합을 나타내므로, '집합명사'라고 부른다. 집합명사에는 '人民, 书籍, 纸张, 书本, 人口, 布匹, 枪支, 船只' 등도 있다. '词', '马'와 같은 명사는 '개체명사'라고 한다.

2.5 시간명사란? 시간명사의 문법 기능은?

시간명사는 시간을 나타내며, '이때'나 '그때'로 지칭할 수 있는 명사이다. '去年, 星期一, 今天, 凌晨, 早上, 中午, 晚上, 周末, 现在, 刚才, 过去, 从前, 将来, 春节, 圣诞节' 등이 있다. 시간명사가 나타내는 것은 시점이다.

(1) 일반명사와 동일하게, 시간명사는 주어, 목적어, 관형어가 될 수 있다.

① 昨天没下雨。　　　　　[주어]
　 어제는 비가 오지 않았다.
② 从早上到晚上　　　　　[(전치사의) 목적어]
　 아침부터 저녁까지
③ 今天的报纸来了吗?　　 [관형어]
　 오늘 신문이 왔습니까?

(2) 일반명사와 다르게, 공휴일, 주, 월 등의 시간명사는 그 자체로 서술어가 될 수 있다.

① 昨天星期天。
　 어제는 일요일이다.

시간명사는 '在', '到'의 목적어로 출현할 수 있으나, 일반명사는 이 같은 용법이 없다. 예:

在过去　　在星期一　　到现在　　到周末
*在桌子　*在学生　　*到面包　*到苹果

(3) 일반명사와 가장 큰 차이로, 시간명사는 부사어가 될 수 있다.

① 我们明天去吧。
　　우리 내일 갑시다.

2.6 시점과 시구간: "我在北京生活六月了"는 왜 잘못된 문장일까?

시간축에서 시점이나 시구간을 표시할 수 있다. 시간의 좌표 지점, 즉 시점을 나타내는 어휘를 '시점 어휘'라고 하며 시간의 길이, 즉 시구간을 나타내는 어휘를 '시구간 어휘'라고 한다. 그림으로 나타내면 다음과 같다.

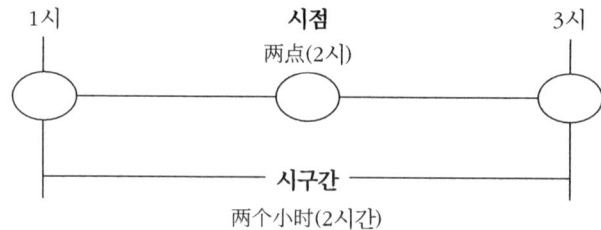

시점: 三点, 今天, 星期一, 四月, 春节, 初五, 年初, 21世纪 등
시구간: 三个小时, 一天, 一个星期, 四个月, 一年, 一个世纪 등

시점 어휘는 문장에서 부사어로 쓰여, 동작 발생의 시간을 나타낸다.

① 我爷爷天天都是五点起床。
　　우리 할아버지는 날마다 5시에 일어나신다.
② 她父母五月要来北京旅游。
　　그녀의 부모님은 5월에 北京에 여행차 오실 예정이다.

이때 시간은 시간축에서의 작은 점일 수도, 큰 점일 수도 있다. 위 예문에서 5시는 작은 시점, 5월은 큰 시점에 해당한다.

시구간은 문장에서 보어로 쓰여, 동작의 지속 시간을 나타낸다.

③ 我在北京生活三年了。
　　나는 北京에서 생활한 지 3년이 되었다.
④ 我只看半分钟就还回去。
　　나는 30초만 보고 다시 돌려보냈다.

시구간 어휘는 부사어로 쓰여, 뒤의 동작 행위가 걸린 시간을 나타내기도 한다.

⑤ 她三天没来上课了。
　　그녀는 3일간 수업에 오지 않았다.

시점 어휘가 큰 시점을 나타낼 수 있는 것과 마찬가지로, 시구간 어휘도 긴 구간을 나타낼 수도, 짧은 구간을 나타낼 수도 있다. 위 예문의 '一辈子'와 '二十年'은 긴 시구간이고, '半分钟'은 짧은 시구간이다.

학습자는 시점과 시구간을 구별하지 못해, 오류를 범하기도 한다.

⑥ *我在北京生活六月了。[시구간 '六个月'를 시점 '六月'로 잘못 사용]
⑦ *我们今天学习三点钟了。[시구간 '三个钟头', '三个小时'를 시점 '三点钟'으로 잘못 사용]
⑧ *我在门口等了他一刻。[시구간 '一刻钟'을 시점 '一刻'로 잘못 사용]
⑨ *我是七天来北京的。[시점 '七日/号'를 시구간 '七天'으로 잘못 사용]

시점과 시구간의 차이는 '질문-대답' 형식으로 가르칠 수 있다. '什么时候'는 시점으로 답하고, '多长时间'은 시구간으로 답해야 한다. 비교하면 다음과 같다.

질문	대답
A: 你打算<u>什么时候</u>起床? 　　당신은 언제 일어날 예정인가요?	B: 我打算<u>七点</u>起床。 　　저는 7시에 일어날 예정입니다.
A: 你在北京住了<u>多长时间</u>了? 　　당신은 北京에 얼마나 살았나요?	B: 我在北京住了<u>七个月</u>了。 　　저는 北京에서 7개월째 살고 있습니다.

아래와 같이 구조화하는 방법으로 연습을 진행하면, 학습자가 차이를 이해하고 오류를 범하지 않을 수 있다. 예:

주어 + 시점 + 동사
她　　七点　　起床。　그녀는 7시에 일어난다.
我们　明天　　出发。　우리는 내일 출발한다.

주어 + 동사 + 了 + 시구간
她　　睡　　了　　十个小时。　그녀는 10시간을 잤다.
他　　看　　了　　一个星期。　그는 1주일을 보았다.

2.7 장소명사: "从朋友借钱"은 왜 잘못된 표현일까?

장소명사는 장소를 나타내는데, 2개 유형으로 나눌 수 있다.
(1) 지명: 亚洲, 中国, 北京, 海淀, 中关村
(2) 지역 기관/단위로 볼 수 있는 명사: 学校, 图书馆, 教室, 宿舍, 邮局, 银行, 餐厅

일부 명사는 장소명사로 볼 수도 있고, 일반명사로도 볼 수 있다.

① a. 我们要去<u>学校</u>上课。[장소]
　　　우리는 학교에 가서 수업을 할 것이다.

b. 他们计划明年捐建一百所学校。[일반 사물]
　　　그들은 내년에 100개 학교를 기부 받아 지을 계획이다.
② a. 他在房间看书。[장소]
　　　그는 방에서 책을 본다.
　　b. 我们家只有两个房间。[일반 사물]
　　　우리 집은 방이 두 개뿐이다.

장소명사는 '在, 从, 到'의 목적어가 될 수 있다.

③ 他们在教室上课。
　　그는 교실에서 수업을 한다.
④ 他从北京出发。
　　그는 北京에서 출발한다.
⑤ 我到邮局取包裹。
　　나는 우체국에 가서 소포를 받았다.

장소를 나타낼 때는 반드시 '장소구'를 사용한다. 장소명사가 아닌 단어로 장소를 나타낼 때는, 뒤에 방위명사 '上, 下, 里, 外'나 대체사 '这儿, 那儿, 这里, 那里' 등을 추가한다. 학습자는 아래와 같이, 장소명사가 아닌 단어를 장소명사로 잘못 사용하는 오류를 범한다.

⑥ *她把照片挂在墙。(她把照片挂在墙上。)
　　(그녀가 사진을 벽에 걸었다.)
⑦ *她一边说一边从口袋掏出儿子的照片。(她一边说一边从口袋里掏出儿子的照片。)
　　(그녀가 말을 하면서 주머니에서 아들의 사진을 꺼냈다.)
⑧ *他们把垃圾扔到地。(他们把垃圾扔到地上。)
　　(그들이 쓰레기를 바닥에 버렸다.)
⑨ *我从朋友借了钱。(我从朋友那儿借了钱。)

(나는 친구한테 돈을 빌렸다.)
⑩ *她在我看到了电话本。(她在我这儿看到了电话本。)
(그녀가 내가 있는 곳에서 전화번호부를 보았다.)
⑪ *孩子，走到妈妈来。(孩子，走到妈妈这儿来。)
(아이야, 엄마 있는 여기로 오렴.)

이 같은 오류를 피하려면, 아래와 같이 구조화해서 가르칠 필요가 있다.

把…… + **동사** + 在…上/里
从　　 + **사람** + 这儿/那儿 + **동사**

2.8 '房子'와 '房间'은 어떤 차이가 있을까?

'房子'와 '房间'은 의미와 문법 기능이 유사하다. 모두 주어, 목적어, 관형어가 될 수 있고 수량구의 수식을 받을 수 있다. 예:

房子: 房子很干净　　找到一个房子　　房子的位置　　一套房子
房间: 房间很干净　　找到一个房间　　房间的面积　　一个房间

그러나 차이도 있다. 예:

房子: *他从房子出来　　*我在房子　　*我到房子了
　　　　 他从房子里出来　　我在房子里
房间: 他从房间出来　　我在房间　　我到房间了
　　　　 他从房间里出来　　我在房间里

'房间'은 '从, 在, 到'의 목적어가 될 수 있으나, '房子'는 방위명사 '里'를 추가해야 '从, 在, 到'의 목적어가 될 수 있다. '房间'은 장소명사이나 '房子'는 장소명사가 될 수 없기 때문이다. 결론적으로, '房间'은 일반명사, 장소명사가 모두 가능하나 '房子'는 장소명사로는 볼 수 없다.

2.9 방위명사: "以后他结婚就出国了"는 왜 잘못된 문장일까?

방위명사는 '上, 下, 前边, 后边' 등 방향 위치를 가리키는 단어로, '방위사'라고도 부른다. 방위명사는 2개 유형이 있다.

(1) 단순방위명사: 上, 下, 前, 后, 里, 外, 内, 中, 左, 右, 东, 西, 南, 北 등
(2) 복합방위명사: 上边, 下面, 里头, 中间, 之内, 以下 등

단순방위명사는 명사 뒤('左', '右'는 예외)에 쓰이는데 예를 들면 '窗户上, 椅子下, 心里, 朋友中' 등이다. 단독으로 주어나 목적어가 될 수 없고, 대구 형식에서만 주어, 목적어가 되거나 방향을 나타내는 전치사 '往, 向, 从'의 뒤에서 목적어가 될 수 있다.

① 上有天堂, 下有苏杭。
    하늘에 천당이 있다면, 땅에는 苏州, 杭州가 있다.
② 大家都向前看。
    여러분 모두 앞을 보세요.
③ 从前往后数第五个就是。
    앞에서부터 뒤로 세면 다섯 번째이다.

복합방위명사는 단순방위명사에 '边(儿), 面(儿), 头(儿), 之, 以' 등을 붙여 만든 명사이다. 복합방위명사의 사용은 단순방위사보다 자유롭다. 명사 뒤에 놓일 수 있는데, '桌子上边', '盒子里面', '同学之间' 등이다. 명사의 관형어로 쓰일 수도 있는데, 예를 들면 '上边的桌子', '外边的车子' 등이다. 그리고 단독으로 주어, 목적어가 될 수도 있다.

④ <u>里边</u>有人!
  안에 사람 있습니다!
⑤ 你坐<u>前边</u>吧。
  앞쪽에 앉으세요.

방위명사와 명사구가 장소 위치를 나타낼 때의 어순은 '명사+(的)+방위명사'인데 학습자에게 자주 어순 오류가 발생한다.

⑥ *他的车停在后边的教学楼。(他的车停在<u>教学楼的后边</u>。)
  (그의 차는 강의동 뒤쪽에 주차되어 있다.)
⑦ *我的词典放在上面的桌子了。(我的词典放在<u>桌子的上面</u>了。)
  (내 사전이 책상 위에 올려져 있다.)

'以前'과 '以后'의 사용에서도 어순 오류의 빈도가 매우 높다.

⑧ *以前我来中国没学过中文。(我来中国<u>以前</u>没学过中文。)
  (내가 중국에 오기 전에는 중국어를 배운 적이 없었다.)
⑨ *以后我毕业，就去英国。(我毕业<u>以后</u>就去英国。)
  (나는 졸업 후에 바로 영국에 간다.)

2.10 명사의 오류 분석: "这本书很趣味"는 왜 잘못된 문장일까?

명사에 관한 오류는 많지 않은데, 아래 몇 가지가 있다.
(1) 명사를 동사처럼 단독 서술어로 잘못 사용한 오류.

① *我觉得有好处，也坏处。['坏处'를 '有坏处'로 수정]
② *他只兴趣钱。['兴趣'를 '看重' 또는 '对钱感兴趣'로 수정]
③ *我小时愿望当空姐。['愿望'을 '希望'으로 수정]
④ *她觉得丈夫不爱情自己，就不开心。['爱情'을 '爱'로 수정]

⑤ *她暗暗地决心: 一定要成为一个优秀的翻译。['决心'을 '下决心'으로 수정]

(2) 명사를 형용사처럼 단독 서술어로 잘못 사용한 오류.

① *她对我们非常友谊。['友谊'를 '友好'로 수정]
② *这本书很趣味。['趣味'를 '有趣' 또는 '有意思'로 수정]
③ *他的想法不太远见。['远见'을 '有远见'으로 수정]
④ *他们虽然结婚已经十几年了, 依然甜蜜蜜的日子。['甜蜜蜜的日子'를 형용사로 잘못 사용, '日子依然甜蜜'로 수정]

(3) 일부 성분을 첨가한 오류.
명사 뒤에 '里'를 첨가하는 오류를 범한다.

① *我在北京里住了三年。
② *他在上海里工作。

국가명, 지명 뒤에는 보통 '里'를 붙이지 않는다. 따라서 아래와 같이 고쳐야 한다.

③ 我在北京住了三年。
　 나는 北京에서 3년간 살았다.
④ 他在上海工作。
　 그는 上海에서 일한다.

명사 앞에 '在'를 첨가하는 오류를 범하기도 한다.

⑤ *在北京有很多名胜古迹。
⑥ *在昨天我来了一个朋友。

장소명사와 시간명사는 문두에서 주어가 될 때 그 앞에 '在'를 붙일 필요가 없으므로, 모두 '在'를 삭제해야 한다.

III. 동사

1. 동사 및 문법 기능
   1.1 동사란? 동사의 문법 기능은?
   1.2 동사는 몇 개의 유형으로 나누어질까?
   1.3 심리동사와 심리동사 교육: 왜 '很喜欢物理'는 맞는 표현인데 '很钻研物理'는 잘못된 표현일까?
2. 능원동사와 능원동사 교육
   2.1 능원동사란? 능원동사의 문법 기능은?
   2.2 능원동사를 학습할 때 자주 출현하는 오류는?
   2.3 '能'의 용법은?
   2.4 '要'의 용법은?
   2.5 '능력'의 '能'과 '会': "我会游泳了"와 "我能游泳了"는 같을까?
   2.6 '가능성'의 '能'과 '会': "他能帮你"와 "他会帮你"는 같을까?
   2.7 '会'와 '허가'의 '能': "他现在不会出来"와 "他现在不能出来"는 어떤 차이가 있을까?
   2.8 '想'과 '要'는 어떤 차이가 있을까?
   2.9 '愿意'와 '肯': "他愿意去吗?"와 "他肯去吗?"는 어떤 차이가 있을까?
   2.10 '应该'와 '必须': "你应该去"와 "你必须去"는 같을까?
3. 타동사와 자동사
   3.1 타동사란? 자동사란?
   3.2 "见面一个中国朋友"는 왜 잘못된 표현일까?
   3.3 타동사 교육에서 유의할 점은?
4. 지속동사와 비지속동사
   4.1 지속동사와 비지속동사: 왜 '看着'는 맞는 표현인데 '死着'는 잘못된 표현일까?
   4.2 왜 "看了两个小时书了"는 맞는 표현인데 "来了两个月中国了"는 잘못된 표현일까?
5. 자주동사와 비자주동사

6. 체언성 목적어 동사와 용언성 목적어 동사
　6.1 학습자는 왜 "这件衣服值得500块"라고 말할까?
　6.2 왜 '讨厌他'는 맞는 표현인데 '嫌他'는 잘못된 표현일까?
7. 동사 중첩과 동사 중첩 교육
　7.1 동사 중첩의 형식은? 동사 중첩의 문법 의미는?
　7.2 동사 중첩의 범위: 왜 '看看'은 맞는 표현인데 '死死'는 잘못된 표현일까?
　7.3 "我看了看"과 "我看一看"은 어떤 차이가 있을까?
　7.4 동사 중첩 교육에서 유의할 점은?
8. 동사의 문장 성립 요건
9. 동사 교육
　9.1 동사 용법에 대한 구체적인 설명
　9.2 동사의 유의어 구별
　9.3 동사 중첩 교육

1. 동사 및 문법 기능

1.1 동사란? 동사의 문법 기능은?

동사는 동작, 행위, 존재, 변화 혹은 바람을 나타내는 단어로, '吃, 商量, 有, 讨厌, 成为, 能' 등의 예가 있다. 동사의 내부 상황은 매우 복잡하다. 동사는 세부 유형에 따라 문법 특징이 상이한 한편, 동사와 형용사는 공통된 문법 특징도 존재한다. 따라서 모든 동사에 적용되는 문법 특징을 개괄하기는 어렵지만, 다수에 적용되는 특징들은 다음과 같다.

(1) 문장에서 주로 서술어로 사용된다. 그리고 관형어, 주어, 목적어도 될 수 있다.

　① 他走了。[서술어]
　　그는 떠났다.
　② 你说![서술어]

말해 보세요!
③ 买的东西撒了一地。 [관형어]
산 물건이 바닥에 다 쏟아졌다.
④ 跑步对身体有好处。 [주어]
달리기는 건강에 좋다.
⑤ 他哥哥喜欢游泳。 [목적어]
그의 오빠는 수영을 좋아한다.

(2) 일부 동사는 보어로도 사용될 수 있다.

① 他做完了。
그는 다 했다.
② 那个人跑出去了。
그 사람이 뛰쳐나갔다.

(3) 부사어의 수식을 받는다.

① 他正在认真研究那个瓶子。
그는 진지하게 그 병을 연구 중이다.
② 请你仔细检查一下。
꼼꼼하게 검사 좀 해주세요.

(4) 일반 동사는 '不'로 부정하지만, 다수의 동사는 '没'로도 부정할 수 있다.

① 我不去游泳。
나는 수영 안 가요.
② 他没买那本词典。
그는 그 사전을 사지 않았다.

(5) 동태조사 '了, 着, 过'를 수반할 수 있다.

① 他去了上海。
　그가 上海에 갔다.
② 他看着书呢。
　그가 책을 보고 있다.
③ 我没说过这样的话。
　나는 이런 말을 한 적이 없다.

(6) 목적어를 수반할 수 있다.

① 他希望学习法语。
　그는 불어를 배우기를 원한다.
② 陈佳欣仔细地欣赏着那幅画。
　陈佳欣은 꼼꼼하게 그 그림을 감상하는 중이다.

(7) '동사+不+동사', '동사+没+동사', '긍정－부정'의 병렬 형식을 사용하여 의문을 나타낼 수 있다.

① 我们现在走不走?
　우리 지금 가나요 안가나요?
② 『失街亭』你听没听过?
　『失街亭』을 들어봤나요 들어보지 못했나요?
③ 你到底喜不喜欢他?
　당신은 도대체 그를 좋아하나요 좋아하지 않나요?

1.2 동사는 몇 개의 유형으로 나누어질까?

동사는 서술어로 사용되는 등 공통적인 문법 기능이 있지만, 모든 동사의 문법 기능이 같은 것은 아니다. 동사를 다양한 기준에 따라 분류할 수 있는데, 유형별로 의미와 용법이 다르다. 동사의 분류 기준을 몇 가지 소개하면 다음과 같다.

(1) 의미특징에 따라 나눌 수 있다.

- **동작동사**: 跑, 看, 听, 说, 写, 走, 研究, 买 등
- **존현동사**: 在, 有, 发生, 出现, 具有 등
- **관계동사**: 是, 像, 姓, 属于, 成为, 仿佛 등
- **능원동사**: 会, 能, 可以, 能够, 要, 肯, 必须, 应该 등
- **방향동사**: 来, 去, 上, 下, 进, 出, 回, 上来, 进去 등
- **심리동사**: 爱, 恨, 想, 喜欢, 讨厌, 希望 등
- **사역동사**: 使, 叫, 让, 请, 要求 등

(2) 목적어 수반 여부 및 목적어의 종류에 따라 나눌 수 있다.

- **타동사**
  - **체언성 목적어동사**
    - **단일목적어동사**: 学习, 吃, 保护 등
    - **이중목적어동사**: 给, 寄, 送, 递 등
  - **용언성 목적어동사**: 开始, 进行, 加以, 以为, 促使, 博得 등
- **자동사**: 咳嗽, 游行, 休息, 毕业, 来, 失败, 见面 등

(3) 동사가 나타내는 동작의 상태에 따라 나눌 수 있다.

- **지속동사**: 等, 盼, 看, 听, 躺, 坐 등
- **비지속동사**: 成为, 放松, 抓紧, 改正, 提高 등

(4) 의지로 통제 가능한 동작인가의 여부에 따라서도 나눌 수 있다.

- **자주동사**: 看, 帮, 听, 尝, 唱, 问, 打, 等, 借, 考虑, 学习, 休息, 调查 등
- **비자주동사**: 病, 丢(丢失), 懂, 瘫, 忘, 死 등

1.3. 심리동사와 심리동사 교육: 왜 '很喜欢物理'는 맞는 표현인데 '很钻研物理'는 잘못된 표현일까?

동사 '打, 喝, 钻研' 등은 '很'의 수식을 받을 수 없지만, '想, 喜欢, 讨厌' 등은 '很'의 수식을 받을 수 있다. 이는 같은 동사지만 '打, 喝, 钻研' 등은 일반 동작동사이고, '想, 喜欢, 讨厌' 등은 심리동사이기 때문이다.

심리동사는 동사 의미에 따라 분류된 유형으로, 사람이나 동물의 정신, 심리 상태를 나타내는 동사를 가리키는데 '爱, 喜欢, 讨厌' 등이 있다. 심리동사는 정도부사 '很, 非常, 十分, 最, 特别' 등의 수식을 받을 수 있는 반면, 동작동사는 정도부사의 수식을 받을 수 없다. 비교하면 다음과 같다.

① a. 我们的数学老师很喜欢物理。['喜欢'은 심리동사로, 정도부사의 수식을 받음]
   우리 수학 선생님은 물리를 좋아하신다.
   b. *我们的数学老师很钻研物理。['钻研'은 동작동사로, 정도부사의 수식을 못 받음]
② a. 我弟弟特别讨厌学习历史。['讨厌'은 심리동사로, 정도부사의 수식을 받음]
   내 남동생은 역사 공부를 특히 싫어한다.
   b. *我弟弟特别不学习历史。['学习'는 동작동사로, 정도부사의 수식을 못 받음]

교사는 '很+심리동사'와 같이 구조화된 형식을 알려주어 심리동사가 정도부사의 수식을 받을 수 있음을 강조한다. 학습자가 심리동사를 어느 정도 익힌 다음에는, 교사가 그 의미와 통사적 특징을 체계적으로 정리해 주어 학습자의 이해를 돕는 것이 필요하다.

2. 능원동사와 능원동사 교육

2.1 능원동사란? 능원동사의 문법 기능은?

능원동사는 '조동사'라고도 하며 '가능, 필요, 필연, 바람, 평가' 등의 의미를 나타낸다.

가능: 能, 能够, 会, 可, 可能, 可以, 得以
바람: 愿意, 情愿, 肯, 要, 愿, 想要, 要想, 敢, 敢于, 乐于
필요: 应, 应该, 应当, 得(děi), 该, 当, 须得, 理当
평가: 配, 值得

능원동사의 주요 문법 기능은 다음과 같다.
(1) 단독으로 서술어가 될 수 있는데, 주로 대답 형식이다.

① a. 你愿意参加吗?
   참가하기를 원해요?
　 b. <u>愿意</u>。
   원해요.

(2) '긍정－부정'의 병렬식을 사용하여 의문을 나타낼 수 있다.

① 你<u>能不能</u>去?
   당신은 갈 수 있나요 없나요?
② 你<u>愿不愿意</u>参加?
   당신은 참가하기를 원해요 원하지 않아요?

(3) 능원동사의 목적어는 동사(구)나 주술구만 될 수 있고, 명사나 대체사 등의 체언성 성분은 될 수 없다.

① a. 你应该<u>知道</u>这件事。
　　당신은 이 일을 알아야 한다.
　b. *你应该这件事。
② a. 这部贺岁片值得<u>一看</u>。
　　이 신년 영화는 한번 볼 만하다.
　b. *这件衣服值得200块钱。

(4) 능원동사는 중첩이 불가하며, '了, 着, 过' 등의 동태조사도 수반할 수 없다.

일부 동사는 능원동사이면서 심리동사 혹은 동작동사인데, '想'이 대표적이다. 심리동사이자 동작동사인 '想'은 중첩이 가능하며 '了, 着, 过'도 수반할 수 있다.

① 我仔细<u>想</u>想，还是不去好。
　내가 곰곰이 생각해 봤는데, 역시 가지 않는 편이 좋겠어요.
② 我<u>想</u>过了，无论如何，我都要再试一次。
　내가 생각해 봤는데, 어찌 되었든 다시 한번 해 보려고요.

그러나 능원동사 '想'은 이러한 특징을 가지고 있지 않다.

③ *他想想去上海。
④ *他想了去上海。

2.2 능원동사를 학습할 때 자주 출현하는 오류는?

능원동사를 학습할 때 다음과 같은 오류가 자주 출현한다.
첫째, 능원동사의 어순 오류.

① *能不能我骑你的自行车？(<u>我能不能</u>骑你的自行车？)
(제가 당신의 자전거를 타도 되나요?)
② *会你唱中国歌吗？(<u>你会</u>唱中国歌吗？)
(당신은 중국 노래 부를 줄 알아요?)

이러한 오류는 영어 모국어의 영향인데, 영어에서 의문을 나타낼 때 능원동사가 문두에 위치하기 때문이다. 중국어에서 능원동사는 주어 뒤, 동사 앞에 위치한다.

둘째, 능원동사의 유의어 대체 오류.

① *我会走路了，你让我出去(院)吧。['会'를 '能'으로 수정. 능력의 회복을 나타냄]
② *老师，我妈妈明天到北京，我不会参加考试，怎么办？['会'를 '能'으로 수정. 객관적 조건을 갖췄음을 나타냄]
③ *如果你努力工作，以后不能失业。['能'을 '会'로 수정. 가능성을 나타냄]
④ *奶奶出院后会吃饭了。['会'를 '能'으로 수정. 능력의 회복을 나타냄]
⑤ *她一分钟会打300个汉字。['会'를 '能'으로 수정. 능력이 일정한 수준에 도달했음을 나타냄]

셋째, 능원동사의 누락 혹은 첨가 오류.

① *只要你每天和中国人聊天，你的中文越来越好。['会' 누락]
② *我觉得安慰她。['应该' 누락]
③ *我来中国的目的是必须了解中国文化。['必须'를 잘못 첨가]

학습자의 동사 오류 중 가장 심각한 유형은 능원동사를 잘못 사용하는 것인데, 이는 각각의 능원동사의 용법을 제대로 이해하지 못한 데서 기인한다. 따라서 교사는 능원동사의 다양한 용법을 설명해야 한다.

2.3 '能'의 용법은?

'能'의 다양한 용법을 간략하게 제시하면 다음과 같다.

(1) 어떤 능력을 가지고 있음을 나타낸다.

   ① 受伤后他还能走路吗?
      부상을 당한 후에도 그는 걸을 수 있나요?
   ② 奶奶的眼睛坏了, 不能看见任何东西。
      할머니께서 눈이 나빠지셔서, 아무것도 보실 수가 없다.

(2) 어떤 객관적 조건을 가지고 있음을 나타내며, '가능성이 있음'을 의미한다.

   ① 你十点能出来一下儿吗?
      10시에 잠깐 나올 수 있어요?
   ② 我们天黑之前能赶到石家庄。
      우리는 해지기 전에 石家庄에 도착할 수 있다.

(3) 허가를 나타내며, 의문문이나 부정문에 많이 사용된다.

   ① 老师, 我能出去一下吗?
      선생님, 저 좀 나가도 되나요?
   ② 在教室你不能随便乱画。
      교실에서 마음대로 그림을 그리면 안 돼요.

2.4 '要'의 용법은?

능원동사 '要'의 용법은 다음의 몇 가지로 나눌 수 있다.

(1) 어떤 일을 하고자 하는 의지가 있음을 나타낸다.

① 我明天要去图书馆，你呢?
저는 내일 도서관에 갈 건데, 당신은요?
② 他非要离婚不可，我们怎么劝也劝不住。
그가 꼭 이혼을 하려고 하니, 우리가 어떻게 말려도 소용이 없다.

부정형은 '不想'으로 나타낸다. 일부 남방 방언을 제외하고 '不要'는 사용하지 않는다.

③ A: 明天我要去长城，你呢?
　　 내일 저는 만리장성에 갈 건데, 당신은요?
　 B: 我不想去。/我不去。
　　 저는 가고 싶지 않아요. / 저는 안 가요.

(2) 이치상의 필요를 나타내는데, '应该'의 의미를 가지며 미발생의 상황에 많이 사용된다.

① 无论做什么事情都要用脑子。
무슨 일을 하든지 모두 머리를 써야 한다.
② 这么优秀的学员当然要奖励。
이렇게 우수한 생도는 당연히 표창해야 한다.

(3) '可能', '会'의 의미를 나타내나, 더 단정적인 어조이다.

① 你这样的说话方式，迟早要吃大亏的。
당신의 이러한 화법으로, 조만간 큰 손해를 볼 거예요.
② 这样做要出问题的。
이렇게 하면 문제가 생길 것이다.

부정형은 일반적으로 '不会', '不可能'을 사용한다.

③ A: 你这么用人唯亲是要出问题的。
    이렇게 가까운 사람만 쓰면 문제가 될 거예요.
   B: 你放心吧, <u>不会</u>的。
    안심해요. 안 그럴 겁니다.
④ A: 你这样的说话方式, 要吃大亏的。
    당신의 이러한 화법으로, 큰 손해를 볼 거예요.
   B: <u>不可能</u>。
    그럴 리 없습니다.

2.5 능력의 '能'과 '会': "我会游泳了"와 "我能游泳了"는 같을까?

능원동사 '能'과 '会'는 모두 능력을 나타낼 수 있지만, 다음과 같은 차이가 있다.

(1) 학습을 통해 어떤 능력을 갖추었음을 나타낼 때 '会'를 사용하고, 능력이 없음을 나타낼 때 '不会'를 사용한다. 그러나 능력이 어느 정도 수준에 도달했음을 나타낼 때는 '能'을 사용하고, 능력이 회복되었을 때도 '能'을 사용한다.

① 我姐姐<u>会</u>说三种语言。 [학습을 통해 능력을 갖춤]
   우리 언니는 3개 언어를 할 줄 안다.
② a. 她一分钟<u>能</u>打300个字。 [능력이 어느 정도 수준에 도달]
     그녀는 1분에 300타자를 칠 수 있다.
   b. *她一分钟会打300个字。
③ a. 他的腿好了, 又<u>能</u>游泳了。 [능력 회복]
     그의 다리가 나아서, 다시 수영할 수 있게 되었다.
   b. *他的腿好了, 又会游泳了。

(2) 특정 분야에 특기가 있을 때 '能'과 '会'를 모두 사용할 수 있지만, 의미가 다르다. '能'은 양적 측면에서 능력을 강조할 때 사용하며, '会'는 기술이나 기교를 강조할 때 사용한다.

① a. 他真能唱，唱了三个小时都不知道累。
　　　그는 정말 노래를 잘한다. 세 시간을 불러도 지칠 줄을 모른다.
　 b. 他真会唱，和大明星唱得不相上下。
　　　그는 정말 노래를 잘한다. 유명 가수와 비교해도 뒤지지 않는다.
② a. 这人真能说，半天不带停的。
　　　이 사람은 정말 말을 잘한다. 반나절을 쉬지 않고 떠든다.
　 b. 她真会说，在她的劝说下，矛盾双方终于握手言和了。
　　　그녀는 정말 말을 잘한다. 그녀가 설득하면 대립하던 양측이 결국은 악수하고 화해한다.

학습자가 "会说汉语, 会写汉字"라고 말할 때가 많은데, 이것은 맞는 표현이다. 그렇지만 "会听中文, 会看中国电影"은 잘못된 표현이다. '说'와 '写'는 모두 학습을 통해서 할 줄 알게 되는 것이고, '听'과 '看'은 자연스럽게 할 줄 알게 되는 것이기 때문이다. 비교하면 다음과 같다.

③ a. 你会说广东话吗?
　　　광둥어를 할 줄 알아요?
　 b. *你会听广东话吗? ['会'를 '能'으로 수정]

2.6 가능성의 '能'과 '会': "他能帮你"와 "他会帮你"는 같을까?

'能'과 '会'는 모두 가능성을 나타낼 수 있지만 차이가 있다. '能'은 객관적으로 어떤 일을 할 수 있는 가능성과 조건을 나타내지만, '会'는 다른 사람에게 어떤 가능성을 이야기하거나 추측을 나타낼 뿐 객관적인 조건을 강조하지는 않는다.

① a. 你去找老张吧，他认识的人多，<u>能</u>帮你这个忙。
老张을 찾아가세요. 그는 아는 사람이 많아 당신의 이 일을 도와줄 수 있어요.
b. *你去找老张吧，他认识的人多，<u>会</u>帮你这个忙。['아는 사람이 많음'은 '돕기'의 객관적 조건이지만 꼭 원하지 않을 수도 있으므로, '会'로 대체 불가]
② a. 你去找老张吧，他热心肠，<u>会</u>帮你这个忙的。
老张을 찾아가세요. 그는 마음이 따뜻한 사람이라, 당신의 이 일을 도와줄 거예요.
b. *你去找老张吧，他热心肠，<u>能</u>帮你这个忙。['마음이 따뜻한 사람'은 '돕기'를 원하지만 그럴만한 객관적 조건이 있다고 보기는 어려우므로, '能'으로 대체 불가]

학습자는 이 둘을 혼동하여, 다음과 같은 오류가 출현한다.

③ *如果你努力工作，以后就不能失业。[어떤 가능성이므로, '能'을 '会'로 수정]
④ *老师，我妈妈明天到北京，我不会参加考试，怎么办? [객관적 가능성이므로, '会'를 '能'으로 수정]
⑤ *出院后她只会喝粥，不会吃米饭。[객관적 가능성이므로, '会'를 '能'으로 수정]

2.7 '会'와 '허가'의 '能': "他现在不会出来"와 "他现在不能出来"는 어떤 차이가 있을까?

"他现在不会出来"는 '他(그)'가 나올 가능성이 없음을 추측하는 문장으로, 그가 나올 의사가 없음을 나타내는데, 예를 들어 그가 지금 중요한 일을 하고 있을 수 있다.

"他现在不能出来"는 그가 나오는 것이 허락되지 않음을 나타낸다. 예를 들면 그가 수업 중이거나 시험을 보고 있어서, 나오는 것이 허용되지 않는 경우이다. '能'은 '능력'과 '가능성' 외에 '허가'도 나타낼 수 있는데, 허가 용법은 의문문이나 부정문에 자주 사용된다.

2.8 '想'과 '要'는 어떤 차이가 있을까?

'想'과 '要'는 모두 개인의 바람이나 계획을 나타낼 수 있지만 뉘앙스가 다르다. '想'은 생각과 계획이 있으나 실현 여부가 불투명한 경우로, 화자의 의지가 약한 편이다. 반면 '要'는 강한 의지나 결심으로, 화자의 강한 바람을 나타낸다.

① a. 我想买这台电脑。
　　　나는 이 컴퓨터를 사고 싶어요. [사고 싶지만, 반드시 실행에 옮기지는 않음]
　 b. 我要买这台电脑。
　　　나는 이 컴퓨터를 살 거예요. [살 생각도 있고, 실행에도 옮길 예정임]
② a. 我也想帮你，可我实在是力不从心。
　　　나도 당신을 돕고 싶지만, 정말 여력이 없어요. ['想帮你'의 바람이 별로 강하지 않아서 '力不从心'과 맥락상 일치]
　 b. *我也要帮你，可我实在是力不从心。['要帮你'의 바람이 강해서 '力不从心'과 맥락상 모순]

다른 사람에게 요청할 때 '想'을 많이 사용하는데, 예의 있고 격식을 갖춘 표현이다.

③ a. 老师，我想请您帮个忙。
　　　선생님, 저는 선생님께 도움을 청하고 싶어요.
　 b. ?老师，我要请您帮个忙。

유의할 점은 어떤 생각, 계획이 없음을 나타낼 때 보통 '不'나 '不想'을 사용하고, '不要'는 사용하지 않는다는 것이다. '不要'는 통상 다른 사람이 어떤 일을 하지 못하도록 금지나 권고하는 것으로, '别'와 유사하다. 학습자는 종종 '不要'를 '要'의 부정 형식으로 잘못 사용한다.

④ A: 你要去看演出吗?
　　　당신 공연 보러 갈 거예요?
　B: a. 不, 我不想去。
　　　　아니요, 가고 싶지 않아요.
　　 b. *不, 我不要去。

그리고 '想'은 약한 어조로, 앞에 '很, 非常, 有点儿' 등의 정도부사를 추가하여 정도를 나타낸다. 반면 '要'는 강한 어조로, 앞에 '一定, 非, 决' 등을 추가하면 단호함을 강조할 수 있다.

⑤ 我今天有点儿想去看看他。
　　나는 오늘 그를 좀 보러 가고 싶다.
⑥ 我觉得篮球有点"野蛮", 不让他报名, 可他非要报不可。
　　농구가 좀 거친 운동이라 생각해서, 그에게 등록을 못 하게 했는데, 기어이 하려고 한다.

2.9 '愿意'와 '肯': "他愿意去吗?"와 "他肯去吗?"는 어떤 차이가 있을까?

'愿意'와 '肯'은 모두 능원동사로, 동사 앞에서 사용되지만 의미상 차이가 있어 호환할 수 없다. '愿意'는 심리적인 느낌을 나타내어 심적으로 받아들이거나 심지어 좋아하는 것으로, 싫거나 강제적인 느낌이 없다. 반면 '肯'은 말이나 행동으로 그 일을 수용함을 나타내는데, 이러한 수용은 어느 정도의 노력이나 희생까지도 필요하다. '肯'은 다음의 두 가지 상황에 쓰인다. 첫째는 스스로 원하지 않으나, 타인의 요구에 응해서 그 일을 하는 경우이다. 둘째는 타인의 요구 없이 스스로가 원해서 하는 경우로, 그것이 평소의 일관된 태도임을 나타낸다. 비교하면 다음과 같다.

① A: 你是否愿意娶张淑雅小姐为妻? ……
　　　당신은 张淑雅 아가씨가 당신 부인이 되길 원합니까? ……
　B: a. 我愿意。
　　　　저는 원합니다.
　　　b. *我肯。
② 她很聪明，又肯吃苦，所以很快就掌握了基本功。
　　그녀는 매우 똑똑하고, 고생도 마다하지 않아서, 아주 빨리 기본기를 습득했다.

이 외에 '愿意'는 앞에 '很, 非常' 등 정도부사의 수식을 받는데, '肯'은 정도부사의 수식을 받지 않는다.

2.10 '应该'와 '必须': "你应该去"와 "你必须去"는 같을까?

'应该'와 '必须'는 의미가 달라 문장에서 호환해서 쓸 수 없다. '应该'는 화자의 관점에서 옳은 것을 나타낸다. 따라서 특정한 일에 대한 자신의 건의나 견해를 나타내는 데 사용되며, 영어의 'should'에 해당한다. '必须'는 반드시 이렇게 해야 하며 그 외에는 다른 방법이 없다는 뜻으로, 영어의 'must'에 해당한다. 비교하면 다음과 같다.

① a. 这么重要的事，你应该早点告诉我啊!
　　　이렇게 중요한 일은 좀 더 일찍 내게 말했어야지요.
　b. 这么重要的事，你必须早点告诉我啊!
　　　이렇게 중요한 일은 반드시 내게 더 일찍 말해야 합니다.

'必须'는 통상 아래의 두 가지 상황에서 사용된다. 하나는 명령이나 결정을 하는 상황이다. 다른 하나는 특정 상황에서 그렇게 할 수 밖에 없음을 객관적으로 서술하거나, 사실상 그렇게 하지 않으면 안 된다고 말하는 상황이다. 이러한 경우에 학습자는 자주 '应该'로 잘못 사용하게 된다.

② 我明天不能和你们一起去郊游，因为我<u>必须</u>帮妈妈看摊儿。
저는 내일 여러분과 교외에 놀러 갈 수 없어요. 꼭 엄마를 도와서 노점을 봐야 해서요.
③ *昨天晚上我没去看老师，因为我<u>应该</u>去机场送朋友，他不会说中文。
['应该'를 '必须'로 수정]

이 외에 '应该'는 화자의 어떤 상황에 대한 추측을 나타내지만, '必须'는 이 같은 용법이 없다.

④ a. 我想他这个时候<u>应该</u>在家。
내 생각에 그는 지금 집에 있을 것이다.
b. *我想他这个时候必须在家。['必须'를 '应该'로 수정]

3. 타동사와 자동사

3.1 타동사란? 자동사란?

'타동사'란 목적어를 수반할 수 있는 동사를 가리키는데, '看书, 发动群众, 写字' 등과 같이 사용된다. 타동사는 '吃, 听, 看' 등과 같은 체언성 목적어 수반 동사와 '开始, 进行, 以为, 能, 应该' 등과 같은 용언성 목적어 수반 동사를 포함한다.

'자동사'는 목적어를 수반할 수 없는 동사로, '想, 休息, 毕业, 出发, 送行, 见面' 등이 있다. 일부 동사는 여러 의미를 나타내어 타동사와 자동사 용법을 모두 가질 수 있다.

笑₁: 你别笑我。[타동사]
저를 비웃지 마세요.
笑₂: 他终于笑了。[자동사]
그는 마침내 웃었다.

타동사를 가르칠 때 '~(타동사)+목적어'의 구조를 알려줘서 해당 동사가 목적어를 수반할 수 있음을 강조할 필요가 있다. 이때 학습자가 이미 배운 명사를 목적어로 제시한다. 자동사도 동일하게 구조화된 방법을 사용해서 목적어를 수반할 수 없음을 강조한다. 예:

동사	+	목적어		동사	+	목적어
帮助	+	朋友/同学/父母……		背叛	+	组织/祖国/党/朋友……
帮忙	+	—		叛变	+	—

위의 '—' 표시는 동사가 목적어를 수반할 수 없음을 나타낸다.

3.2 "见面一个中国朋友"는 왜 잘못된 표현일까?

이 오류의 원인은 자동사 '见面'을 타동사로 보았기 때문이다. '见面'의 행위는 또 다른 대상(만나는 대상)과 관련되지만, '见面'은 동목 구조라서 또다시 목적어를 수반할 수 없다. 따라서 '见面'의 대상은 전치사구로만 출현할 수 있다.

① 我今天要跟一个中国朋友见面。
나는 오늘 중국 친구 한 명을 만나려고 한다.

또는 '见面'의 대상이 '见'과 '面' 사이에 위치해야 한다.

② 你别急，我今天见了他面再问问。
조급해 마세요, 제가 오늘 그를 만나면 다시 물어볼게요.
③ 我昨天见了他一面。
나는 어제 그를 만났다.

이 같은 동사로 '结婚, 洗澡, 散步, 鼓掌, 照相' 등이 있다.

3.3 타동사 교육에서 유의할 점은?

타동사를 가르칠 때 아래의 몇 가지 문제에 유의해야 한다.

(1) 목적어 생략 문제: 모두 타동사인데, 왜 '吃, 看'의 목적어는 맥락에 따라 생략할 수 있고 '姓, 属于'의 목적어는 생략할 수 없을까?

대다수 타동사의 목적어는 맥락상 생략할 수 있다.

① A: 你看这本书吗?
당신 이 책 볼래요?
B: 看。
볼래요.

'姓, 属于, 成为' 등도 타동사지만, 이들의 주요 기능은 주어와 목적어를 연결해주는 것이다. 즉 이들은 주어와 목적어 사이에 어떤 관계가 존재함을 나타내는 관계동사이다. 관계동사 뒤에는 반드시 목적어가 출현해야 한다. 교사는 목적어의 생략이 불가능한 동사를 구조화하여 그 특징을 강조할 수 있다.

A属于B: 这个小区也属于西城区吗? 이 단지도 西城구에 속하나요?
사람 + 姓……: 他姓张。그는 성이 张이다.
사람 + 属……: 我属猪，不属鸡。나는 돼지띠이지, 닭띠가 아니다.
A成为B: 他成为我最好的朋友。그는 나의 가장 좋은 친구가 되었다.

'企图, 从事, 盼望' 등은 관계동사는 아니지만 목적어를 생략할 수 없는데, 이들을 '목적어 의존동사'라고 한다.

(2) 목적어 문제: 왜 "班长告诉我一件事"는 맞는 문장이고, "班长说我一件事"는 잘못된 문장일까?

같은 타동사라도 수반하는 목적어가 완전히 같지는 않다. 일부는 체언성 목적어(명사, 대사, 수량사), 또 다른 일부는 용언성 목적어(동사, 형용사성 성분)를 수반한다. 체언성 목적어를 수반하는 동사 중에서도 일부는 추상명사만, 일부는 구체명사만, 일부는 불가산명사만, 일부는 가산명사만, 일부는 사람명사만, 일부는 장소명사만 수반할 수 있다. 예를 들어 "班长告诉我一件事"는 맞는 문장이지만, "班长说我一件事"는 잘못된 문장이다. '说'와 '告诉'가 요구하는 목적어의 성격이 다르기 때문이다. 비교하면 다음과 같다.

说 + 구체적인 내용
他说他去不了。 그는 갈 수 없다고 말했다.
他说过这件事。 그는 이 일을 말했었다.

告诉 + 사람 + (내용)
他告诉我他去不了。 그가 나에게 갈 수 없다고 알려줬다.
他告诉过我们这件事。 그가 우리에게 이 일을 알려줬었다.

그러므로 동사 교육에서 특정 동사의 목적어 수반 여부뿐만 아니라 구체적으로 어떤 목적어를 수반할 수 있는가를 알려주어야 한다. 이때 교사는 학습자가 이미 학습한 목적어를 예로 드는 것이 가장 좋다.

4. 지속동사와 비지속동사

4.1 지속동사와 비지속동사: 왜 '看着'는 맞는 표현인데 '死着'는 잘못된 표현일까?

'看, 坐' 등의 동사 뒤에는 '着'가 출현할 수 있고, '死, 结婚' 등의 동사 뒤에는 '着'가 출현할 수 없는데 이는 지속동사, 비지속동사와 관련된 문제이다.

지속동사는 '看, 坐, 等, 学习, 听' 등이 있는데, 이들 동사가 나타내는 동작은 지속하거나 반복할 수 있다. 비지속동사에는 '死, 结婚, 离开, 来, 认识, 出国' 등이 있는데, 이들은 지속될 수 없는 단발성 동작을 나타낸다.

따라서 지속동사 뒤에는 '看着书, 坐着'와 같이 '着'가 출현할 수 있으나, 비지속동사 뒤에는 '着'가 출현할 수 없어 '死着, 丢着'는 잘못된 표현이다.

지속동사의 수는 많고 비지속동사의 수는 적은 편이다. 교사는 비지속동사가 '着'를 수반할 수 없다고 설명하고, 예시를 들어 "他正死着"가 잘못된 문장이라고 알려준다.

4.2 왜 "看了两个小时书了"는 맞는 표현인데 "来了两个月中国了"는 잘못된 표현일까?

이 문제도 동사의 (비)지속성과 관련되는데, 아래의 문장을 비교해보자.

A조	B조	C조
동사+시구간+목적어	동사+목적어+동사+시구간	동사+(목적어)+시구간
'看'류		
她看了两个小时书了。	她看书看了两个小时了。	*她看书两个小时了。
나는 책을 두 시간 동안 보았다.		
她听了半天音乐了。	她听音乐听了半天了。	*她听音乐半天了。
그녀는 음악을 반나절 동안 들었다.		

'离开'류

*哥哥离开半年北京了。	*哥哥离开北京离开半年了。	哥哥离开北京半年了。
		오빠가 북경을 떠난 지 반년 되었다.
*她回三个月英国了。	*她回英国回三个月了。	她回英国三个月了。
		그녀가 영국에 간 지 3개월이 되었다.
*他来两个月中国了。	*他来中国来两个月。	他来中国两个月了。
		그는 중국에 온 지 2개월이 되었다.

'看'류 동사가 나타내는 동작은 모두 지속 가능하여, A와 B의 어순에 출현할 수 있지만 C의 어순에는 출현할 수 없다. 반면 '离开'류 동사가 나타내는 동작은 비지속성이므로, C의 어순에는 출현 가능하지만 A와 B의 어순에는 출현할 수 없다.

'看'류 동사는 A와 B의 어순에 쓰여 특정 시간 동안 지속적으로 어떤 동작을 하는 것을 나타내는데, 다음과 같이 도식화할 수 있다.

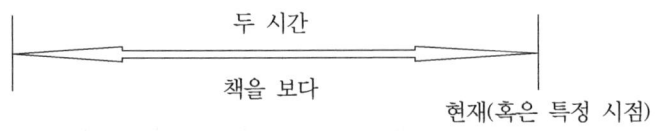

'离开'류 동사가 C의 어순에 사용되면 지속 가능한 하나의 동작이 발생한 후의 경과 시간을 나타내는데, 다음과 같이 도식화할 수 있다.

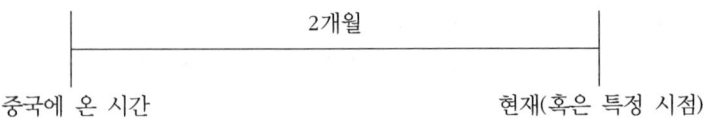

다시 말해, 지속동사는 '동사+시구간+목적어' 혹은 '동사+목적어+동사+시구간'의 어순에서 동작의 지속 시간을 나타낸다. 그러나 비지속동사

는 이 어순에 사용될 수 없고, '동사+(목적어)+시구간'의 어순에만 사용되어 동작 발생 후 경과한 시간을 나타낸다.

지속동사가 대체사 목적어를 수반할 경우에는 B, C 두 가지 어순에 사용될 수 있다.

① 我等他等了半个小时。
   나는 그를 삼십 분 기다렸다.
② 我等了他半个小时。
   나는 그를 삼십 분 기다렸다.

이밖에 '看完, 吃完, 洗好' 등과 같이 동사 뒤에 결과보어가 추가되면 비지속동사와 동일한 용법으로 C의 어순만 가능하다.

③ 我看完电影半个小时了。
   나는 영화를 다 본 지 삼십 분이 되었다.
④ 我们吃完饭半个小时她才来。
   우리가 밥을 다 먹은 지 삼십 분이 되어서야 그녀가 왔다.

5. 자주동사와 비자주동사

"请坐!, 快走!, 快吃!, 快读!" 등은 말할 수 있지만, "请懂!, 快知道!, 快病!, 快怕!"라고는 말할 수 없다. 이것은 동사의 또 다른 하위 유형인 자주동사, 비자주동사와 관련이 있다.

동사는 행위자에 의한 동작의 통제 가능 여부를 근거로 자주동사와 비자주동사로 분류할 수 있다. '자주동사'란 동사가 나타내는 동작이 행위자에 의해 통제될 수 있는 것으로, 예를 들면 '走, 吃, 喝, 跑' 등이 있다. '비자주동사'는 동사가 나타내는 동작이 행위자에 의해 통제될 수 없는 것으로, 예를 들면 '病, 完, 知道, 怕' 등이 있다. 명령문인 '快+동사', '请+동사'구조에는 자주동사만 출현할 수 있다.

6. 체언성 목적어 동사와 용언성 목적어 동사

6.1 학습자는 왜 "这件衣服值得500块"라고 말할까?

학습자가 이 같은 오류를 범하는 것은 '值'와 '值得'의 의미 차이를 잘 몰랐을 뿐만 아니라, 체언성 동사와 용언성 동사의 차이를 이해하지 못했기 때문이다. 대부분의 동사는 체언성(명사/대체사/수량사) 목적어를 수반할 수 있는데, 이러한 동사를 '체언성 목적어 동사'라고 하며, '吃, 卖, 买' 등이 있다. 일부 동사는 용언성(동사/형용사) 목적어만 수반할 수 있는데, 이를 '용언성 목적어 동사'라고 하며, '加以, 进行, 开始, 认为, 企图' 등이 있다.

타동사는 대부분 체언성 목적어 동사이다. 용언성 목적어 동사는 매우 적은데, '进行, 加以, 开始, 装作, 继续, 给予, 给以, 结束, 决定, 希望, 假装, 从事, 值得, 敢于, 勇于, 乐于, 企图, 觉得, 主张, 盼望, 感到, 打算, 以为, 认为, 嫌' 등이 있다. 따라서 용언성 목적어 동사 교육에 특히 유의해야 한다. 다음과 같이 구조화된 방식을 사용하여 그 특징을 강조한다.

进行 + **동사**: 进行考试, 进行研究, 进行讨论
加以 + **동사**: 加以讨论, 加以研究, 加以重视
开始 + **동사**: 开始上课, 开始讨论, 开始学习, 开始休息
装作 + **동사**: 装作没看见, 装作睡着
感到 + **형용사**: 感到累, 感到失望, 感到痛苦
打算 + **동사** + **(목적어)**: 打算买东西, 打算学习法语
认为 + **절(주어 + ……)**: 认为他对了, 认为应该去

대다수의 동사는 체언성 목적어를 수반할 수도 있고, 용언성 목적어를 수반할 수도 있다. 예를 들면 '喜欢, 讨厌, 通知, 记得, 同意, 看(见), 听' 등이 있다.

6.2 왜 '讨厌他'는 맞는 표현이고, '嫌他'는 잘못된 표현일까?

'讨厌'과 '嫌'은 모두 타동사지만, 수반하는 목적어가 다르다. '喜欢, 讨厌'과 같은 동사는 체언성 목적어와 용언성 목적어를 모두 수반할 수 있지만, '嫌'은 용언성 목적어만 수반할 수 있다. 그리고 뒤에 반드시 '嫌'의 원인이 나와야 하는데, 예를 들면 "我嫌他矮"에서 '他'는 '嫌'의 목적어이고, '他矮'는 '嫌他'의 원인이 된다.

교사는 용언성 목적어를 수반하는 동사는 동사(구)나 형용사(구)만 목적어가 될 수 있다고 알려주어야, 학습자가 다음과 같은 오류를 범하지 않는다.

① *我嫌学习汉语。['嫌'을 '讨厌'으로 수정하거나 뒤에 '太难'을 추가]
② *他嫌我朋友。['嫌'을 '讨厌'으로 수정하거나 '太矮', '太笨'과 같이 '嫌'의 원인을 표시]
③ *我们都嫌学校的食堂。['嫌'을 '讨厌'으로 수정하거나 '太脏', '太贵'와 같이 '嫌'의 원인을 표시]
④ *他讨厌贵，所以没买。['讨厌'을 '嫌'으로 수정]
⑤ *他们都讨厌太远，都不去了。['讨厌'을 '嫌'으로 수정]

'嫌'의 용법은 '嫌+사람/사물/일+嫌의 원인'인데, '嫌'은 일반적으로 구체적인 사람이나 사물, 활동이 가지는 성질이나 형상적 특징에 대한 불만족이나 혐오를 나타낸다. 따라서 목적어가 동사와 맞는 성질, 형상적 특징의 의미자질을 가지고 있을 때만 함께 사용할 수 있다. 이같이 '嫌'이 연결되는 사물과 의미상 관련이 있기에, 구조상으로도 '嫌' 뒤에 성질을 나타내는 형용사(구), 묘사성 부사어 또는 보어를 수반한 동사구 등의 성분이 출현해야 한다.

⑥ 他嫌我朋友太吵。
  그는 내 친구가 너무 시끄럽다고 싫어한다.
⑦ 我嫌学习汉语太难。
  나는 중국어를 배우는 게 너무 어려워서 싫다.
⑧ 我们都嫌学校的食堂太脏。
  우리는 모두 교내 식당이 너무 더러워서 싫어한다.
⑨ 他嫌贵, 所以没买。
  그는 비싼 게 싫어서, 사지 않았다.
⑩ 他们都嫌太远, 都不去了。
  그들은 모두 너무 먼 것이 싫어서, 안 가기로 했다.
⑪ 妈妈嫌孩子走得慢, 干脆抱起他走。
  엄마는 아이가 걸음이 느린 게 싫어서, 아예 그를 안아 들고 갔다.

교사가 '주어+嫌+목적어+怎么样', '주어+讨厌+목적어'와 같은 구조를 통해 용언성 동사의 사용 특징을 명확하게 알려준다면 학습자가 "他嫌同屋"와 같은 오류문을 말할 확률이 크게 줄어들 것이다.

7. 동사 중첩과 동사 중첩 교육

7.1 동사 중첩의 형식은? 동사 중첩의 문법 의미는?

(1) 동사 중첩의 형식

단음절 동사의 중첩 형식은 'AA, A一A, A了A, A了一A'의 4개이다. 중첩 형식에서 두 번째 음절은 경성으로 읽는다.

이음절 동사의 중첩 형식은 'ABAB'식인데, 예를 들면 '休息休息, 打扫打扫, 商量商量, 复习复习'가 있다.

이합사의 중첩 형식은 'AAB'식으로, 예를 들면 '游游泳, 散散步, 帮帮忙, 见见面'이 있다.

(2) 동사 중첩의 문법 의미

동사를 중첩하면 단시간, 가벼운 어조 또는 시도의 의미를 나타낸다. 동사의 성격 차이에 따라 동사 중첩 형식이 나타내는 문법 의미가 달라지는데, 다음과 같이 분류할 수 있다.

첫째, 시간이 짧음: 지속동사는 중첩되면 지속 시간이 짧음을 나타낸다.

① a. 你在这里等等我, 我马上回来。
   여기서 좀 기다려요, 내가 바로 돌아올게요.
　 b. 你在这里等我, 我不回来你别走。
   여기에서 기다려요, 내가 돌아오지 않으면 가지 마세요.

둘째, 중복 횟수가 적음: 비지속동사나 순간동사는 지속이 불가능하나 반복 진행은 가능하므로, 동사를 중첩하면 중복의 횟수가 적음을 나타낸다.

② 我敲了敲门, 没人应。
   문을 몇 번 노크했는데, 대답하는 사람이 없었다.
③ 听了我的汇报, 他微笑着点了点头。
   나의 발표를 듣고, 그는 미소를 띠며 고개를 몇 번 끄덕였다.

이상은 동사 중첩의 기본적인 문법 의미이다. 구체적인 사용에서 동사 중첩은 아래와 같이 몇 가지 표현 기능을 지니는데 '단시간, 최소'와 같은 기본 의미에서 파생된 것들이다.

첫째, 시도: 동사 중첩 형식은 특정한 맥락에서 시도 의미를 나타낸다. 이때 문장은 기대, 명령의 의미를 표현한다.

④ 这颜色挺好的, 要不您试试。
　　이 색 참 예쁜데, 한번 입어보세요.
⑤ 我觉得这面条不错, 快尝尝。
　　나는 이 면이 맛있어, 얼른 먹어봐.

'동사 중첩식+看'을 사용하면 시도 의미가 더욱 강조된다.

⑥ 这些菜都是我妈妈自己做的, 不知道你喜欢不喜欢, 你尝尝看吧。
　　이 요리는 모두 우리 엄마가 손수 만드신 겁니다. 당신이 좋아할지는 모르겠지만, 한번 드셔보세요.

둘째, 부드럽고 완곡한 말투: 부탁, 친밀함, 공손, 편함을 표현하는 문장에서 동사 중첩은 완곡한 어조를 나타낸다.

⑦ 明天我打算去逛逛商场。
　　내일 나는 쇼핑을 좀 갈 생각이다.
⑧ 周末去欢乐谷玩玩吧。
　　주말에 欢乐谷에 좀 놀러가자.

다른 사람에게 부탁하거나 어떤 일을 환기시킬 때 보통 동사 중첩을 사용해서 완곡한 어조를 표현하는데, 동사를 중첩하지 않으면 딱딱한 명령투로 느껴지게 된다.

⑨ a. 老师, 这个句子我不明白, 请您给我解释解释!
　　　선생님, 이 문장이 저는 잘 이해 되지 않아요. 제게 설명 좀 해주세요.
　　b. ?老师, 这个句子我不明白, 请您给我解释!

동사 중첩은 동작을 나열할 때도 자주 쓰이는데, 이때는 '가벼움, 뜻대로 함'의 의미가 강하다.

⑩ 我退休后，经常和朋友<u>聊聊天</u>，<u>下下棋</u>，倒也不怎么寂寞。
　　나는 퇴직 후에, 자주 친구와 수다도 떨고, 장기도 두고, 오히려 별로 외롭지도 않다.
⑪ 放假了，每天<u>上上网</u>，<u>看看书</u>，惬意极了。
　　방학하고 매일 인터넷도 하고, 책도 보고, 아주 만족스럽다.

7.2 동사 중첩의 범위: 왜 '看看'은 맞는 표현인데 '死死'는 잘못된 표현일까?

모든 동사가 중첩될 수 있는 것은 아니다. 어떤 동사가 중첩이 가능하고, 어떤 동사가 중첩이 불가능한 것일까? 동작동사와 일부 심리동사는 대부분 중첩할 수 있다. 그러나 능원동사, 방향동사, 관계동사, 존재동사, 사역동사는 중첩이 불가능하다. 예:

看看　　听听　　想想　　休息休息　　请教请教　　打听打听
*能能　　*会会　　*应该应该
*进进　　*来来
*是是　　*有有　　*在在
*你让让她去吧。

중첩이 가능한 동사는 대부분 지속동사이다. 그러나 일부 비지속동사 중에서 반복 수행이 가능한 동사도 중첩할 수 있다. 그러나 단발성 동작을 나타내는 비지속동사 또는 순간동사는 중첩이 불가능하다. 예:

走走　看看　听听　唱一唱　笑一笑 [지속동사]
*原谅原谅 *成立成立 *花花 *来来 *丢丢 *死死 [비지속동사]

중첩 가능 동사는 보통 사람의 의지로 통제가 가능한 자주동사이다.

반면 통제가 불가능한 동작을 나타내는 비자주동사는 중첩이 불가능하다. 예:

试试　跳跳　逛逛　挑挑　选选　[자주동사]
*丢丢　*忘忘　*病病　*掉掉　*生长生长　[비자주동사]

이 외에 동사 중첩은 구어에서 사용 빈도가 비교적 높아서, 문어체 동사는 대부분 중첩이 불가능하다. 예:

商量商量　　研究研究
*商榷商榷　*研发研发

7.3 "我看了看"과 "我看一看"은 어떤 차이가 있을까?

"我看了看"과 "我看一看"은 모두 동작의 지속 시간이 짧거나 횟수가 적음을 의미한다. 그러나 중첩 형식 중간에 '了'를 삽입한 '동사+了+동사' 구조는 동작이 이미 완성되었음을 나타낸다. 반면, '了'를 사용하지 않은 '동사+동사' 또는 '동사+一+동사'는 동작이 아직 진행되지 않았음을 의미한다. 비교하면 다음과 같다.

① 听到有人敲门, 她打开门看了看, 但没发现有人.
　 누가 노크하는 소리를 듣고 그녀는 문을 열어서 좀 봤는데, 아무도 없었다.
② 你新买的词典我可以看(一)看吗?
　 당신이 새로 산 사전을 제가 좀 봐도 됩니까?

7.4 동사 중첩 교육에서 유의할 점은?

학습자는 동사 중첩 오류를 자주 범하기 때문에 동사 중첩 교육과 관련하여 아래의 몇 가지에 유의해야 한다.

(1) 동사 중첩은 일반 동사의 사용과 크게 다르다. 동사 자체로 중첩이 가능하더라도 문장 층위에서 동사 중첩이 부적합한 경우가 있다. 예를 들어 동사 중첩은 통상 구어체나 문예체에만 사용되고, 공문서, 정치논설이나 과학기술 문체에는 사용하지 않는다.

① 快，坐下给大伙儿<u>汇报汇报</u>。
  어서요, 앉아서 모두에게 보고 좀 해주세요.
② a. *现将本季度的生产和销售情况汇报汇报如下。
  b. 现将本季度的生产和销售情况<u>汇报</u>如下。
  이번 분기의 생산과 판매 상황을 아래와 같이 보고했다.

(2) 동사(구)는 관형어가 되는 것이 자유롭지만, 동사 중첩은 관형어로 출현할 수 없다.

① 她<u>唱</u>的歌是民歌。
  그녀가 부르는 노래는 민요이다.
② a. 那个<u>唱歌</u>的女孩是他姐姐。
  노래 부르는 저 여자아이는 그의 누나이다.
  b. *我突然听到了敲敲门的声音。

(3) 동사는 결과보어, 시량보어, 동량보어를 수반할 수 있지만, 중첩된 후에는 이들을 수반할 수 없다.

① a. 请你把这个问题<u>说清楚</u>，好吗?
  이 문제를 분명하게 설명해 주시겠어요?
  b. *请你把这个问题说说清楚，好吗?
② a. 考完试，我要好好<u>玩几天</u>。
  시험이 끝나고, 나는 며칠 동안 신나게 놀 것이다.

    b. *考完试，我要好好玩玩几天。
③ a. 让我用一下儿你的词典，行吗?
    네 사전 좀 써봐도 될까?
    b. *让我用用一下儿你的词典，行吗?

(4) 동사 중첩 후에 목적어를 수반하는 경우, 예를 들어 목적어 앞에서 수량(구)가 관형어로 쓰일 때 그 수량은 한정적이어야 한다.

① a. 我想试试这件衣服。
    나는 이 옷을 좀 입어보고 싶어요.
  b. *我想试试一件衣服。

(5) 비지속동사는 일반적으로 중첩할 수 없다.

① *小王，请你来来。
② *这是我们的礼物，请你收收吧。

(6) '正在, 一直, 总是' 등의 부사는 동사 중첩과 같이 출현할 수 없다.

① *老师进来的时候，我们正在讨论讨论她。
② *见到他后，我一直想一想，他是谁呢?
③ *上课时她总是说说话，这让老师很生气。

'一直, 总是' 등의 부사는 긴 지속 시간을 나타내는 반면, 동사 중첩은 진행 시간이 짧거나 횟수의 적음을 나타내므로 의미상 모순되어 함께 출현할 수 없다.

8. 동사의 문장 성립 요건

　문장에서 동사가 대부분 서술어(중점)가 되지만, 모든 동사가 문장에서 단독으로 서술어가 될 수 있는 것은 아니다. 가장 흔한 경우는 아래의 몇 가지 상황이다.
　첫째, 일부 동사('逛, 醒, 宣传, 表示, 说明, 观察, 打听, 活动' 등)는 문장을 구성할 때, 중첩하거나 동량사 '一下', '了'를 첨가해야 한다.

① 醒醒!
　좀 일어나세요!
② 醒一下!
　좀 일어나세요!
③ 他醒了。
　그가 깼다.

　둘째, 일부 단음절 동사가 결과와 방향 동작을 나타내면, 문장에 쓰일 때 보통 보어를 수반해야 한다. 여기에 해당하는 동사로 '藏, 站, 躺, 关, 合, 存' 등이 있다.

① 他藏起来了。
　그가 숨어들었다.
② 站起来!
　일어나세요!

　셋째, 일부 동사는 문장에서 부사어(부정부사, 전치사구)와 함께 출현하거나, 동사 앞에 능원동사가 출현해야 한다.

① 别吵!
   떠들지 마세요!
② a. *节约!
   b. 要节约!
      절약해야 합니다!

넷째, 일부 동사('姓, 属于, 企图' 등)는 문장에서 목적어와 함께 출현해야 한다.

① a. *他姓。
   b. 他姓张。
      그는 성이 张이다.
② a. *他企图
   b. 他企图逃跑。
      그가 도주를 기도한다.

9. 동사 교육

동사의 사용 오류는 빈번하게 출현하므로 동사 교육에 특별히 관심을 기울여야 한다.

9.1 동사 용법에 대한 구체적인 설명

일부 동사의 용법을 설명할 때 학습자에게 동사의 목적어 수반 여부를 알려주고, 다양한 예를 통해 목적어가 어떤 특수성을 가지는지 알려준다. 예를 들어 목적어가 명사성인지 동사성인지에 대해, 특히 목적어가 제한적인 동사에 대해서도 설명한다. 아울러 동사 중첩 가능 여부, 중첩 형식이 'AAB'인지 'ABAB'인지 등도 알려줘야 한다.

한 예로, 동사 '打消'를 설명할 때 목적어를 수반할 수 있다고만 하면 학습자는 "我们打消了比赛"라고 잘못 사용할 것이다. '打消'의 목적어는 제한적인데, 상용 목적어는 '打消(某人的)念头, 疑问, 顾虑, ……的怀疑' 등이다. 아래와 같은 오류는 교사 혹은 교재에서 동사의 용법에 관해 자세히 설명하지 않아 발생한 유형이다.

① *我爸爸特别讲究吃饭。(我爸爸特别讲究饮食/吃。)
　(우리 아버지는 특히 식사/먹는 것을 중시하신다.) ['讲究'는 보통 명사 목적어를 수반하나, 동사 목적어를 취할 때는 단음절이어야 함]
② *我想当导游，因为我想旅游很多国家。(……因为我想去很多国家旅游。)
　(……왜냐하면 나는 많은 나라를 여행하고 싶기 때문이다.) ['旅游'는 자동사로, 목적어를 수반할 수 없음]

목적어를 수반할 수 없지만 다른 대상과 의미상 연관된 동사는 구조화된 방법을 사용하여, 그 대상을 표현하는 방식(조사, 전치사 등을 추가하는 법)을 알려줘야 한다.

给　　+ **사람** + 让座
给　　+ **사람** + 赔不是
给/为 + **사람** + 鼓掌
请　　+ **사람** + 的 + 客
给　　+ **사람** + 帮忙 / 帮 + **사람** + 的 + 忙

그래야 아래와 같은 오류를 피할 수 있다.

③ *她结婚了我哥哥。(她跟我哥哥结婚了。)
　(그녀는 우리 오빠랑 결혼했다.)

CHAPTER 2 품사　77

④ *请你帮忙我。(请你帮我一个忙。)
   (나를 도와주세요.)

9.2 동사의 유의어 구별

학습자가 동사 A를 동사 B로 잘못 사용하는 경우가 자주 관찰되는데, 예를 들면 '帮助'를 '帮忙'으로, '参观'을 '拜访'으로, '信任'을 '相信'으로, '培养'을 '抚养'으로 사용하는 것이다.

이 같은 오류를 막기 위해, 유의어에 대해서는 간단하게 그 차이를 설명할 필요가 있다. 가장 핵심적 차이를 강조해야 하는데, 이때 동작의 방식, 동사와 결합하는 단어의 특징, 목적어 수반 여부, 수반 목적어의 종류, 의미의 경중, 문어체인지 구어체인지 화법 등이 포함되어야 한다. 예를 들어 '参观'은 '(장소를) 참관하다'로, '拜访'은 '(사람을) 예방하다'로 쓰이는 용례를 잘 설명해야 아래와 같은 오류를 방지할 수 있다.

① *如果你想做一个传统婚礼，就可以坐轿子。['做'를 '举行'으로 수정]
② *由于他工作认真，他得到了我们的相信。['相信'을 '信任'으로 수정]
③ *明天我们去参观老师。['参观'을 '拜访'으로 수정]
④ *她穿着眼镜，穿着项链，很时髦。['穿'을 '戴'로 수정]

9.3 동사 중첩 교육

중첩이 가능한 동사가 출현할 때마다, 중첩 형식을 하나의 단어처럼 설명해준다. 최대한 많은 실례를 들어 학습자가 이해하고 말로 표현할 수 있게 하는데, 이때 문법 용어는 가급적 많이 사용하지 않는 것이 좋다.

Ⅳ. 형용사

1. 형용사 및 문법 기능
   1.1 형용사란? 형용사의 문법 기능은?
   1.2 "她很友好我们"은 왜 잘못된 문장일까?
   1.3 '方便群众'과 '很方便'에서 '方便'은 모두 형용사일까?
   1.4 왜 '难题'는 맞는 표현인데 '难问题'는 잘못된 표현일까?
   1.5 "他哥哥高"는 맞는 문장일까?
2. 형용사의 분류
   2.1 플러스 형용사와 마이너스 형용사: "我不如姐姐懒惰"는 왜 잘못된 문장일까?
   2.2 일가형용사와 이가형용사: 왜 '对人很友好'는 맞는 표현인데 '对人很聪明'은 잘못된 표현일까?
3. 형용사 중첩
   3.1. 형용사의 중첩 형식: "她打扮得漂亮漂亮的"는 왜 잘못된 문장일까?
   3.2. 형용사 중첩의 문법 의미는?
   3.3. 형용사 중첩의 범위: '打扮得美美丽丽的'는 왜 잘못된 표현일까?
   3.4 "咱们也高兴高兴去"에서 '高兴高兴'은 형용사 중첩일까?
   3.5 '糊涂'는 '糊里糊涂'로 중첩할 수 있는데 왜 '干净'은 '干里干净'으로 중첩하면 잘못된 표현일까?
   3.6 형용사 중첩의 오류 분석: "他个子高高"는 왜 잘못된 문장일까?
4. 형용사의 오류 분석
5. 형용사 교육

1. 형용사 및 문법 기능

1.1 형용사란? 형용사의 문법 기능은?

형용사는 사람이나 사물의 성질을 나타내는 단어이다. 형용사의 문법 기능은 아래와 같다.

(1) 서술어, 관형어, 부사어, 보어로 쓰일 수 있다.

① 北方冷, 南方热。 [서술어]
  북쪽 지역은 춥고, 남쪽 지역은 덥다.
② 那个聪明的孩子不见了。 [관형어]
  그 총명한 아이가 안 보인다.
③ 我们努力学习汉语。 [부사어]
  우리는 열심히 중국어를 공부한다.
④ 这衣服洗干净了。 [보어]
  이 옷은 깨끗이 빨았다.

(2) 특정 조건에서는 주어와 목적어로 쓰일 수 있다.

① 愤怒不利于健康。 [주어]
  분노는 건강에 이롭지 않다.
② 他不喜欢热闹。 [목적어]
  그는 떠들썩한 것을 안 좋아한다.

(3) 보어는 수반할 수 있으나, 목적어는 수반할 수 없다.

① 烤鸭好吃极了。 [보어를 수반함]
  烤鸭가 굉장히 맛있다.
② *我好吃烤鸭。 [목적어를 수반할 수 없음]

(4) '不'와 '很'의 수식을 받을 수 있다. 예:

不高, 不瘦   很干净, 很脏

(5) 일부 형용사는 중첩할 수 있다. 예:

好 → 好好儿   慢 → 慢慢   干净 → 干干净净   高兴 → 高高兴兴

1.2 "她很友好我们"은 왜 잘못된 문장일까?

'友好'는 형용사이다. 형용사는 목적어를 수반할 수 없기 때문에 "她很友好我们"은 잘못된 문장이다. 이 문장은 아래와 같이 고쳐야 한다.

① 她对我们很<u>友好</u>。
　　그녀는 우리에게 우호적이다.

아래와 같은 예도 있다.

② *李老师非常严格学生。(李老师对学生非常<u>严格</u>。)
　　(李 선생님은 학생에게 매우 엄격하다.)
③ *我陌生这个城市。(我对这个城市很<u>陌生</u>。)
　　(나는 이 도시가 낯설다.)

1.3 '方便群众'과 '很方便'에서 '方便'은 모두 형용사일까?

'方便, 端正, 喜欢, 想念'은 몇 가지 공통적인 문법 기능을 갖는다. 모두 서술어로 쓰일 수 있으며, 목적어나 보어를 수반할 수 있다. 그리고 '不'와 '很'의 수식을 받을 수 있다.

方便　这项措施方便了顾客。
　　　이 조치는 고객들을 편리하게 했다.
　　　方便<u>极了</u>　<u>不</u>方便　<u>很</u>方便
端正　我们端正了态度。
　　　우리는 태도를 단정하게 했다.

```
         端正得很   不端正   很端正
喜欢  我喜欢中国文化。
      나는 중국문화를 좋아한다.
      喜欢极了   不喜欢   很喜欢
想念  他想念妈妈。
      그는 어머니를 그리워한다.
      想念得很   不想念   很想念
```

그런데 '方便, 端正'과 '喜欢, 想念' 간에는 차이가 있다. '方便'과 '端正'은 뒤에 목적어가 오면 '很'의 수식을 받을 수 없다. 반면 '喜欢'과 '想念'은 뒤에 목적어가 와도 '很'의 수식을 받을 수 있다. 다음의 예를 보자.

```
方便  *这项措施很方便了顾客。
端正  *我们很端正了态度。
喜欢  我很喜欢中国文化。
      나는 중국문화를 좋아한다.
想念  他很想念妈妈。
      그는 어머니를 그리워한다.
```

그래서 '喜欢'과 '想念'은 심리동사에 포함시킬 수 있다. 반면 '方便'과 '端正'은 '很'의 수식을 받을 경우에 목적어는 수반할 수 없다. 이것은 의미와 밀접한 관련이 있는데 '方便'과 '端正'은 동사와 형용사를 겸한다. 그래서 목적어를 수반하면 동사이고, 그 외의 상황에서는 형용사이다(상권 CHAPTER 2. XV. 겸품사 참고).

1.4 왜 '难题'는 맞는 표현인데 '难问题'는 잘못된 표현일까?

앞에서 형용사는 관형어로 쓰일 수 있다고 설명하였다. 그러나 형용사와 명사를 임의로 결합해서는 안 된다.

矮个子/短衣服   *矮衣服/短个子
작은 키/짧은 옷
坚强的意志/坚定的态度   *坚强的态度/坚定的意志
강한 의지/군건한 태도
丰富的经验/丰盛的晚宴   *丰富的晚宴/丰盛的经验
풍부한 경험/풍성한 만찬
难题   *难问题
어려운 문제

이같이 '형용사+명사'의 결합은 제약이 있다. 이런 제약은 주로 의미에서 나타나고, 그다음으로 음절에서 나타난다. 오랜 사용으로 굳어진 결합, 습관적으로 사용한 결합, 특별한 근거가 없는 결합의 경우 학습자는 하나하나 외워야 하기 때문에 자주 오류를 범한다.

이 외에 일부 형용사는 단독으로 명사를 수식할 수 없다는 점을 유의해야 한다. 수량을 나타내는 '多'와 '少'가 그러한 예이다.

① *他有多钱，所以经常请我们客。(他有<u>很</u>多钱，所以经常请我们客。)
   (그는 돈이 많아서, 자주 우리에게 밥을 샀다.)
② *我们刚考完试，现在有多时间。(我们刚考完试，现在有<u>很</u>多时间。)
   (우리는 시험이 끝난 지 얼마 안 돼서, 지금은 시간이 많다.)
③ *清华大学有少女生。(清华大学女生<u>很少</u>。)
   (清华大에는 여학생이 적다.)
④ *我带了少衣服。(我带了<u>很少</u>的衣服。)
   (나는 옷을 적게 가져왔다.)

1.5 "他哥哥高"는 맞는 문장일까?

형용사는 서술어로 쓰일 수 있다. 그러나 단독으로 서술어로 쓰이려면 제약이 있는데, 일반적으로 대조나 비교 상황에서만 사용할 수 있다.

① 南方潮湿，北方干燥。
남쪽 지방은 습하고, 북쪽 지방은 건조하다.
② 他人小鬼大。
그는 어리지만 영리하다.

대조를 나타내는 문장이 아닌데 형용사가 단독 서술어로 쓰이면, 의미가 완전하지 않아 문장이 완결되지 못한 느낌을 준다. 그래서 보통 '很+형용사'의 형식을 취하기 때문에, "他哥哥高"라고 하지 말고, "他哥哥很高"라고 해야 한다. 만일 '그와 그의 형을 비교하는 경우'에는 "他哥哥高, 他矮"라고 할 수도 있다. 이때 '很'은 정도를 나타내는 의미는 거의 없고, 문법상의 필요에 의해 쓰인 것이다. 중국어를 가르칠 때 이러한 점을 특히 유의하여야 한다.

2. 형용사의 분류

형용사는 관점에 따라 다르게 분류할 수 있다. 여기에서는 실용성에 중점을 두어 중국어 교육에 유용한 두 가지 분류 방식을 소개하고자 한다.

2.1 플러스 형용사와 마이너스 형용사: "我不如姐姐懒惰"는 왜 잘못된 문장일까?

이 문제는 형용사의 의미상 분류와 밀접한 관련이 있다. 따라서 의미에 따른 형용사의 분류에 관해 이해할 필요가 있다. 화자의 태도에 따라 다음과 같이 분류할 수 있다.

플러스 형용사:
大, 长, 粗, 厚, 快, 高, 胖, 好, 积极, 漂亮, 聪明, 勤快, 善良 등
마이너스 형용사:
小, 短, 细, 薄, 慢, 矮, 瘦, 坏, 消极, 丑, 愚蠢, 笨, 懒惰, 恶毒 등

형용사를 가르칠 때 이 같은 분류는 매우 유용하다. 한 예로, 비교문 'A不如B+형용사'와 'A没有B+형용사'의 경우 일반적으로 플러스 형용사만 쓰이고, 마이너스 형용사는 쓰일 수 없다.

① a. 我不如姐姐聪明/勤快。
　　　나는 언니만큼 똑똑하지/부지런하지 못하다.
　 b. *我不如姐姐愚蠢/懒惰。
② a. 哥哥没有弟弟高。
　　　형은 동생만큼 크지 않다.
　 b. *哥哥没有弟弟矮。

유의할 점은, '这么/那么+형용사' 구조에서는 마이너스 형용사도 쓰일 수 있다는 것이다.

① 他可没你那么笨。
　 그는 너만큼 그렇게 멍청하지 않다.
② 北京没有你说的那么脏。
　 北京은 네가 말하는 것만큼 그렇게 더럽지 않다.

이런 문장들은 단순히 성질을 비교한 것이 아니라 성질의 정도를 비교한 것이다.

또 다른 예로 '多+형용사'를 사용하여 질문할 때 일반적으로 플러스 형용사만 쓰이고, 마이너스 형용사는 쓰일 수 없다.

① a. 你儿子多高/大了?
　　　당신의 아들은 얼마나 키가 큽니까/나이가 많습니까?
　 b. *你儿子多矮/小了?

반면 '有点儿+형용사'는 마이너스 형용사만 쓰이고, 플러스 형용사는 쓰일 수 없다.

② a. 那个教室有点脏。
　　　저 교실은 조금 더럽다.
　 b. *那个教室有点干净。
③ a. 他哥哥有点儿懒。
　　　그의 형은 조금 게으르다.
　 b. *他哥哥有点儿勤快。

'플러스 의미'와 '마이너스 의미'는 사람이나 환경에 따라 다를 수 있다. 예를 들어 옷을 구매할 때 누군가가 긴 것을 좋아하면 "这一件有点儿短(이 옷은 조금 짧다)"라고 말할 수 있다. 그러나 짧은 것을 좋아하면 "这一件有点儿长(이 옷은 조금 길다)"라고 말할 수 있다.

2.2 일가형용사와 이가형용사: 왜 "对人很友好"는 맞는 표현인데 "对人很聪明"은 잘못된 표현일까?

일부 형용사는 '对……'의 수식을 받을 수 있으나 모든 형용사가 수식을 받을 수 있는 것은 아니다.

① a. 她对陌生人很友好。
　　　그녀는 낯선 사람에게 호의적이다.
　 b. *她对陌生人很聪明。
② a. 老师对学生很严格。
　　　선생님은 학생에게 엄격하다.
　 b. *老师对学生很漂亮。
③ a. 奶奶对客人很热情。
　　　할머니는 손님에게 친절하시다.

b. *她对我们很善良。

　어떤 형용사가 '对……'의 수식을 받을 수 있을까? 이러한 형용사는 어떤 특징이 있을까?

　형용사는 대부분 일가형용사이다. 의미상으로 반드시 명사성 단어(일반적으로 주체)와 관련되어야 한다. 위의 b 예문들에 출현한 '聪明, 漂亮, 善良' 등이 그러한 형용사이다. 그러나 소수의 형용사는 의미상으로 반드시 2개의 성격이 다른 명사성 단어와 관련되는데, 이를 '이가형용사'라고 칭한다. 위의 a 예문들에 출현한 '友好, 严格, 热情' 등이 여기에 해당한다. 이가형용사만 '对……'의 수식을 받을 수 있다(奥田宽 1982, 刘丹青 1987).

3. 형용사 중첩

　형용사 중첩은 중국어의 특수한 문법 현상이어서, 학습자는 자주 오류를 범한다. 그래서 우선 형용사의 중첩 형식과 의미를 분석하고, 이어서 학습자 오류를 분석한 후, 형용사의 중첩을 가르칠 때 유의할 점을 제시하고자 한다.

3.1 형용사의 중첩 형식: "她打扮得漂亮漂亮的"는 왜 잘못된 문장일까?

형용사는 중첩이 가능한데, 중첩 형식으로 다음의 2개 유형이 있다.
(1) 단음절 형용사는 두 가지 중첩 형식이 있다.
　a. 중첩 후에 儿化하지 않은 경우, 'AA'의 형태를 취한다(두 번째 음절의 성조는 변하지 않음). 예: 好好, 慢慢 등.
　b. 중첩 후에 儿化한 경우, 'AA儿'의 형태를 취한다(두 번째 음절은 1성으로 읽고 儿化함). 예: 好好儿, 慢慢儿 등.
(2) 이음절 형용사의 중첩 형식은 AABB이다. 예: 干干净净, 漂漂亮亮,

快快乐乐, 清清楚楚, 高高兴兴, 漂漂亮亮, 轻轻松松 등.

'漂亮'은 형용사이며, 중첩 형식은 '漂漂亮亮'이다. 그러므로 "她打扮得漂亮漂亮的"는 잘못된 문장이고, "她打扮得漂漂亮亮的"가 맞는 문장이다.

3.2 형용사 중첩의 문법 의미는?

형용사가 중첩되면 문장 성분도 달라지고, 문법 의미도 달라진다.

(1) 형용사가 중첩되어 서술어로 쓰이면, 어떤 느낌이나 체험을 나타낸다.

① a. 她的眼睛红红的。[묘사 + 느낌]
그녀의 눈이 새빨갛다.
b. 他的眼睛很红。[객관적인 묘사]
그의 눈이 빨갛다.
② a. 他的房间天天都干干净净的。[묘사 + 느낌]
그의 방은 매일 항상 깨끗하다.
b. 他的房间天天都很干净。[객관적인 묘사]
그의 방은 매일 항상 깨끗하다.

(2) 형용사가 중첩되어 부사어나 보어로 쓰이면, 정도가 강함을 나타낸다.

① 考完了, 我要好好儿地玩几天!
시험이 끝났으니, 나는 며칠간 제대로 놀아야겠다.
② 她把那个名字写得大大的, 唯恐来的人看不到。
그녀는 오는 사람들이 이름을 못 볼까봐 큼직하게 썼다.

(3) 형용사 중첩이 관형어로 쓰이면 묘사를 나타낸다. 이때 화자의 선호하는 감정도 수반한다.

① 你看这小女孩多可爱, 弯弯的眉毛, 大大的眼睛, 小小的嘴唇。
이 여자아이가 얼마나 귀여운지 보세요. 반달처럼 휘어진 눈썹, 커다란 눈, 자그마한 입술.

3.3 형용사 중첩의 범위: "打扮得美美丽丽的"는 왜 잘못된 표현일까?

형용사 중첩이 가능하다고 해서, 모든 형용사를 중첩할 수 있는 것은 아니다. 李大忠(1984)은 이음절 형용사 가운데 중첩이 가능한 형용사는 1/5 정도에 불과하다고 했다. 어떤 형용사를 중첩할 수 없는지 한번 살펴보자.

(1) 폄하 의미를 가진 형용사는 일반적으로 중첩할 수 없다. 예: 狠毒, 卑鄙, 丑, 困难, 冷漠 등.

(2) 문어체 성격이 강한 형용사는 통상 중첩할 수 없다. 예: 美丽, 勇敢, 伟大, 清洁, 繁茂, 漫长, 空旷, 艰巨, 自豪 등.

① a. *她每天都打扮得美美丽丽的。
   b. 她每天都打扮得漂漂亮亮的。
     그녀는 매일 예쁘게 치장한다.

예문①의 a는 오류문으로, '美丽'는 문어체 성격이 강해서 중첩할 수 없다. 그러나 '漂亮'은 구어체에 많이 쓰여 중첩할 수 있다.

(3) 일부 구어체 단어도 중첩할 수 없다. 예: 合适, 新鲜, 容易, 愉快 등.

① a. *我们愉愉快快地玩了一天。
   b. 我们高高兴兴地玩了一天。
     우리는 기쁘게 하루 종일 놀았다.

그렇다면 어떤 형용사가 중첩이 가능하고, 어떤 형용사를 중첩하면 안 될까? 현재 명확하고 간단한 규칙은 아직 없고, 구조화(예: AABB)하여 학습자에게 하나씩 알려줘야 한다.

3.4 "咱们也高兴高兴去"에서 '高兴高兴'은 형용사 중첩일까?

일부 이음절 형용사는 AABB와 ABAB식의 두 가지 중첩 형식이 있다.

① a. 他们高高兴兴地走了进来。
　　그들은 즐겁게 걸어 들어왔다.
　b. 别难过了，咱们也跳舞去，也高兴高兴去。
　　속상해하지 마세요, 우리도 춤추러 갑시다, 기쁘게 갑시다.
② a. 他们轻轻松松地拿下了第一局。
　　그들은 가볍게 첫 세트를 따냈다.
　b. 终于考完了! 走，咱们也轻松轻松去。
　　드디어 시험이 끝났다! 가자, 우리도 가벼운 마음으로 가자.

이 단어들은 AABB식으로 중첩하게 되면 형용사이고, ABAB식으로 중첩하면 동사이다. 이런 단어가 많지는 않은데 주로 쓰이는 것은 '高兴, 痛快, 舒服, 轻松, 亲热, 安静, 漂亮, 干净, 快活' 등이다.

3.5 '糊涂'는 '糊里糊涂'로 중첩할 수 있는데 왜 '干净'은 '干里干净'으로 중첩하면 잘못된 표현일까?

'A里AB'로 중첩할 수 있는 형용사는 많지 않다. '糊涂' 외에도 다음과 같은 형용사가 있다. 예:

| 啰嗦 | 啰里啰嗦 | 小气 | 小里小气 |
| 土气 | 土里土气 | 慌张 | 慌里慌张 |

'糊涂, 啰嗦, 小气' 등의 단어는 모두 폄하의 의미를 가진다. 'A里AB'는 혐오나 경멸의 감정을 수반하는데 '干净, 漂亮' 등의 형용사는 긍정 의미의 단어이다. 따라서 아래와 같이 'A里AB'의 형식으로 중첩할 수 없다. 예:

干净　　　*干里干净　　　漂亮　　　*漂里漂亮

3.6 형용사 중첩의 오류 분석: "他个子高高"는 왜 잘못된 문장일까?

"他个子高高"는 잘못된 문장이고, "他个子高高的"가 맞는 문장이다. 형용사가 중첩되어 서술어로 쓰일 때에는 반드시 뒤에 '的'를 수반해야 하기 때문이다.

학습자에게서 다음과 같은 오류가 자주 출현한다.

(1) 중첩이 불가한 형용사를 중첩한 오류.

① *她每天都打扮得美美丽丽的。['美美丽丽'를 '漂漂亮亮'으로 수정]
② *那些工艺品都做得细细致致的。['细细致致的'를 '很细致'로 수정]

(2) 형용사 중첩의 앞이나 뒤에 정도부사를 첨가한 오류.

① *她把我的房间打扫得干干净净极了。['极了'를 '的'로 수정하거나 '干干净净'을 '干净'으로 수정]
② *下课后, 同学们都很高高兴兴地走出了教室。['很' 삭제하거나 '高高兴兴'을 '高兴'으로 수정]
③ *他拿出一条很白白的手绢。['很' 삭제하거나 '白白'를 '白'로 수정]
④ *我有点儿高高兴兴的。['有点儿' 삭제]
⑤ *她的房间非常干干净净。['非常' 삭제하거나 '干干净净'을 '干净'으로 수정]
⑥ *下班的时候北京的公共汽车上热热闹闹得很。['得很'을 '的'로 수정하거나 '热热闹闹'를 '热闹'로 수정]

형용사의 중첩 형식은 묘사성이 강하며 정도가 높음을 나타낸다. 따라서 정도를 나타내는 '很, 非常, 有点儿, 极了' 등과 함께 사용할 수 없다.

(3) 형용사 중첩이 관형어, 서술어, 부사어, 보어로 쓰일 때 '的'나 '地'를 누락한 오류.

형용사의 중첩 형식은 관형어, 보어, 서술어로 쓰일 때 반드시 그 뒤에 '的'가 출현해야 하고, 부사어로 쓰일 때는 반드시 뒤에 '地'가 출현해야 한다.

① <u>蓝蓝</u>的天空上飘着几朵白云。
  새파란 하늘에 흰 구름 몇 조각 떠 있다.
② 她把桌子擦得<u>干干净净</u>的。
  그녀는 책상을 말끔하게 닦았다.
③ 她的眼睛<u>大大</u>的。
  그녀는 눈이 커다랗다.
④ 孩子们<u>高高兴兴</u>地回家去了。
  아이들은 즐겁게 집으로 돌아갔다.

그런데 학습자는 종종 '的'나 '地'를 누락하는 오류를 범한다.

⑤ *<u>蓝蓝</u>天空上飘着几朵白云。(蓝蓝<u>的</u>天空上飘着几朵白云。)
  (새파란 하늘에 흰 구름이 몇 조각 떠 있다.)
⑥ *她男朋友的个子高高。(她男朋友的个子高高<u>的</u>。)
  (그녀의 남자 친구는 키가 매우 크다.)
⑦ *她每天都把女儿打扮得漂漂亮亮。(她每天都把女儿打扮得漂漂亮亮<u>的</u>。)
  (그녀는 날마다 딸을 어여쁘게 꾸민다.)

(4) 형용사 중첩을 '比'구문에 사용한 오류.

① *姐姐比我漂漂亮亮。(姐姐比我漂亮。)
   (언니는 나보다 예쁘다.)
② *中国的孩子没有我们快快乐乐。(中国的孩子没有我们快乐。)
   (중국의 아이들은 우리만큼 행복하지 않다.)

'比'구문에 성질형용사는 출현할 수 있으나 상태사, '정도부사+형용사', 형용사의 중첩 형식은 출현할 수 없다.

4. 형용사의 오류 분석

"他是高"는 잘못된 문장이고, "他很高"는 맞는 문장이다. 학습자가 이런 오류를 범하는 이유는 형용사가 서술어로 쓰일 때의 특징을 파악하지 못했기 때문이다. 학습자 오류는 다음의 몇 가지로 나눌 수 있다.

(1) 단순 형용사가 서술어로 쓰일 때 정도부사를 누락한 오류.

① *我好。
② *她漂亮。

이러한 문장을 들으면 말이 다 끝나지 않았다고 느낄 수 있다. 왜냐하면 형용사가 단독으로 서술어로 쓰이면 비교를 나타내기 때문이다. 예를 들어 "他认真, 我不认真(그는 진지하고, 나는 진지하지 않다)", "北方干燥, 南方潮湿(북쪽 지방은 건조하고, 남쪽 지방은 습하다)" 등이 있다. 비교를 나타내지 않는다면, 형용사는 앞에 다음과 같이 부사를 수반해야 한다.

③ 我很好。
   나는 잘 지내요.

④ 她很漂亮。
그녀는 예쁘다.

위 예문에서 '很'은 정도가 높음을 나타내는 것이 아니라 단지 문법적 운율의 요건을 충족시키기 위해 출현하였다. '很'이 없으면 의미가 완결되지 않은 느낌을 줄 수 있다.

(2) 형용사가 서술어로 쓰일 때 앞에 '是'를 첨가한 오류.

형용사는 단독으로 서술어에 쓰일 수 있어, 그 앞에 동사를 수반할 필요가 없다. 다만 누군가의 화법을 긍정할 때만, 아래와 같이 서술어형용사 앞에 '是'가 출현한다.

① A: 我记得北京的夏天非常热。
나는 北京의 여름이 매우 더웠던 것으로 기억한다.
B: 北京的夏天是非常热。
北京의 여름은 매우 덥다.

그런데 학습자가 사용하는 '是'는 강조를 나타내는 부사 '是'가 아니라 판단동사 '是'이다. 이는 모국어의 부정적 전이에서 비롯된 것이다.

② *他是高。
③ *她是聪明。

(3) 형용사인데 목적어를 첨가한 오류.

① *她很友好我们。(她对我们很友好。)
(그녀는 우리에게 우호적이다.)
② *我错了他的地址, 所以没寄到。(我写错了他的地址, 所以没寄到。)
(내가 그의 주소를 잘못 써서, 도착하지 않았다.)

③ *我们快点干净教室吧。(我们快点把教室打扫干净吧。)
   (우리 빨리 교실을 깨끗이 청소합시다.)
④ *这件衣服很合适你。(这件衣服很适合你。)
   (이 옷은 너에게 어울린다.)

(4) '부사+형용사'의 형태로 명사를 수식하는데 '的'를 누락한 오류.

① *我是不认真学生。['不认真学生'을 '不认真的学生'으로 수정]
② *他是很好人。['很好人'을 '很好的人'으로 수정]
③ *她是我们班最好学生。['最好学生'을 '最好的学生'으로 수정]

'부사+형용사'의 형태는 명사를 수식할 때 반드시 '的'를 붙여야 한다.
예: 很认真的学生, 最好的朋友.

(5) 형용사를 중첩할 때의 오류.

① *那个女孩眼睛很大大的。['很' 삭제]
② *别看是男生, 他的房间天天都整整齐齐。['整整齐齐' 뒤에 '的' 추가]
③ *他的女朋友跟他分手后, 他痛痛苦苦的。['痛苦'는 중첩 불가. '痛痛苦苦的'를 '很痛苦'로 수정]

(6) 형용사가 서술어로 쓰일 때 문미에 '了'를 첨가한 오류.

① *我们的教室很干净了。['了' 삭제]
② *昨天我们去天安门时人很多了。['了' 삭제]
③ *今年北京的春天很冷了。['了' 삭제]

그러나 문장이 상태의 변화를 표현하는 경우는, 문미에 '了'를 첨가할 수 있다.

④ 她现在漂亮了。
　그녀는 요즘 예뻐졌다.
⑤ 今天暖和了。
　오늘 따뜻해졌다.

일반적으로 형용사가 서술어로 쓰일 때는 어떤 변화를 나타내는 것이 아니라 특정 성질의 상태만을 나타낸다. 과거 상태를 서술하더라도 '了'는 첨가하지 않는다.

(7) 형용사 유의어의 대체 오류.

① *医生告诉我们爷爷的病很严肃。['严肃'를 '严重'으로 수정]
② *她很短。['短'을 '矮'로 수정]
③ *我国家的出生率越来越小。['小'를 '低'로 수정]
④ *他有一个圆满的家庭。['圆满'을 '美满'으로 수정]
⑤ *社会发展越来越多, 所以年轻人越来越喜欢花钱。['多'를 '快'로 수정]
⑥ *我们国家的年轻人环保意识不高。['高'를 '强'으로 수정]

5. 형용사 교육

형용사의 오류 비율은 비교적 높다. 특히 단어 결합이나 의미 방면의 오류 비율이 가장 높다. 따라서 형용사를 가르칠 때 다음 세 가지 측면에 유의하여야 한다.

우선 구조화된 방법을 활용하여 형용사의 문법 특징을 명확하게 설명해야 한다. 그 예로 '很'의 수식을 받을 수 있는지, 중첩할 수 있는지, 중첩의 형태가 어떠한지 등이 있다.

다음으로 예시를 통해 학습자가 형용사의 구체적인 적용 대상을 이해하도록 해야 한다. 사전에 수록한 단어의 의미만 가르치면 학습자가 오류를 범하는 것을 피할 수 없다. 한 예로, 형용사 '优美'(陆明明 2005c)는 사전이나 교재에서 일반적으로 다음과 같이 해석한다.

  优美: 美好。   『现代汉语词典』/『新华词典』
     美妙; 好看。   『两岸现代汉语常用词典』
     优雅而美丽; 美好。 『现代汉语规范词典』

이 해석이 잘못된 것은 아니지만, 학습자가 이해하기에는 설명이 부족하다. 학습자는 중국어에 대한 직관력이 없어서 교재나 사전, 교사를 통해 단어를 학습한다. 교재나 사전에서 적용 대상을 구체적으로 설명하지 않았다면, 교사가 명확히 설명해주어야 한다. 그렇지 않으면 다음과 같은 오류가 나타난다.

 ① *现在中国人的生活越来越优美了。['优美'를 '美好'로 수정]
 ② *我相信你会实现你优美的理想。['优美'를 '美好'로 수정]

이 같은 오류가 발생한 이유는 학습자가 '优美'의 구체적인 적용 대상을 알지 못하기 때문이다. 교사가 학습자에게 예시를 통해 '优美'가 자세나 스타일, 환경을 표현하는 단어라고 설명한다면, 학습자의 오류는 많이 줄어들 수 있다. 예:

  优美: ……很优美   优美的N
     环境很优美   优美的环境
     환경이 아름답다   아름다운 환경
     舞姿很优美   优美的造型
     춤추는 자세가 아름답다 아름다운 스타일

또 다른 예로, 학습자는 아래와 같은 오류를 자주 범한다.

③ *她的身体很优秀。
④ *那个小孩身体很硬朗。

이 같은 오류가 생기는 것 역시 학습자가 '优秀'나 '硬朗'의 적용 대상을 모르기 때문이다. '优秀'의 의미는 '매우 좋다'이다. 그러나 적용 대상이 '好'보다 훨씬 적어서 '성적, 학문, 사람, 작품' 등만 표현할 수 있다. '硬朗'은 '사람의 몸'을 표현할 수 있으나, '노인'에게만 사용할 수 있다.

V. 상태사

1. 상태사 및 문법 기능
   1.1 '红'과 '通红'은 모두 형용사일까?
   1.2 상태사는 몇 개의 유형으로 나누어질까?
   1.3 상태사의 문법 기능은?
   1.4 "墙壁雪雪白白"는 왜 잘못된 표현일까?
2. 상태사의 오류 분석
3. 상태사 교육

1. 상태사 및 문법 기능

1.1 '红'과 '通红'은 모두 형용사일까?

'红'과 '通红'은 모두 붉은 색을 나타내어 의미는 유사하지만, 문법 기능에는 큰 차이가 있다.

(1) '红'은 '不'와 '很'의 수식을 받을 수 있지만, '通红'은 수식을 받을 수 없다. 예:

红	不红	很红
通红	*不通红	*很通红

(2) '红'은 뒤에 보어가 올 수 있지만, '通红'은 보어가 올 수 없다. 예:

红	红极了	红得很
通红	*通红极了	*通红得很

(3) '红'과 '通红'은 모두 보어로 쓰일 수 있다. '红'은 보어로 쓰일 때 '得'를 수반해도 되고, 그러지 않아도 된다. 그러나 '通红'은 보어로 쓰일 때 반드시 '得'를 수반해야 한다. 예:

红   染红   染得红
通红   *染通红   染得通红

상술한 분석을 통해 '红'과 '通红'은 동일한 유형의 단어가 아님을 알 수 있다. 즉, '红'은 형용사이나 '通红'은 형용사가 아니다.

1.2 상태사는 몇 개의 유형으로 나누어질까?

위에서 보았듯이 '红'과 '通红'은 문법 기능에 큰 차이가 있다. '红'은 '형용사'이고, '通红'은 '상태사'이다. '通红, 雪白, 冰凉, 笔直, 蜡黄, 漆黑, 绿油油, 灰蒙蒙, 白不呲咧, 黑咕隆咚'과 같은 단어들은 형용사와 별 차이 없는 듯 보이지만, 문법 의미에서 형용사와는 차이가 있다. 형용사는 사람이나 사물의 성질을 나타낸다. 그런데 상술한 단어들은 사람/사물의 상황 또는 상태를 나타내므로, 이러한 유형의 단어를 '상태사'라고 한다.

자주 출현하는 상태사는 몇 가지 유형이 있는데, 다음과 같다.

AA식: 纷纷, 皑皑, 累累 등
AB식: 雪白, 银白, 金黄, 漆黑, 煞白, 冰凉, 乌黑, 笔直, 通红, 碧绿 등
ABB식: 黑乎乎, 慢腾腾, 红通通, 绿油油, 沉甸甸, 气冲冲, 静悄悄 등
A里AB식: 糊里糊涂, 马里马虎, 小里小气, 慌里慌张, 傻里傻气 등
AABB식: 弯弯曲曲, 病病歪歪 등
기타: 傻里吧唧, 老实巴交 등
형용사의 중첩 형식: 好好, 早早, 慢慢, 干干净净, 大大方方, 漂漂亮亮 등

1.3 상태사의 문법 기능은?

형용사와 비교했을 때, 상태사는 다음의 문법 기능이 있다.

(1) 서술어, 보어, 관형어, 부사어로 쓰인다. 서술어나 보어로 쓰일 때는 AB식이 아닐 경우, 주로 뒤에 '的'를 붙인다. 관형어나 부사어로 쓰일 때는, 주로 그 뒤에 '的' 또는 '地'를 붙인다.

① 她的脸红通通的。[서술어]
그녀의 얼굴이 새빨갛다.
② 他的手冻得冰凉。[보어]
그의 손이 차디차게 얼었다.
③ 图书馆前边是一片碧绿的草地。[관형어]
도서관 앞쪽은 짙푸른 풀밭이다.
④ 他慌里慌张地跑来了。[부사어]
그가 당황하여 뛰어왔다.

(2) '很'이나 '不'의 수식을 받을 수 없다. 예:

*很漆黑　　*非常热乎乎　　*最通红
*不雪白　　*不红彤彤　　*不稀里糊涂

이는 상태사의 의미가 이미 성질이나 상태의 정도에 관한 묘사를 포함하기 때문이다. 예를 들어 '雪白'는 "눈처럼 하얗다"는 뜻이고, '冰凉'은 "얼음처럼 차다"는 뜻이다.

(3) 보어를 수반할 수 없다. 예:

*乌黑极了　　*冰凉得不得了

(4) 중첩 방식이 일반 형용사와 다르다. 일반 형용사의 중첩 방식은 AABB이고, 상태사(주로 AB식)의 중첩 방식은 ABAB이다. 예:

雪白→雪白雪白　　通红→通红通红　　喷香→喷香喷香　　煞白→煞白煞白
冰凉→冰凉冰凉　　笔直→笔直笔直　　贼亮→贼亮贼亮　　金黄→金黄金黄

1.4 "墙壁雪雪白白"는 왜 잘못된 표현일까?

'상태사'를 하나의 품사로 분류할 필요가 있을까? 우선 학습자가 교재의 주석(즉, 상태사에 대한 설명이 없고, 일반 형용사와 동일하게 '형용사'로 표기한 주석)을 참고하여 만든 아래의 문장을 살펴보자.

① *我们教室的墙壁雪雪白白。['雪雪白白'를 '雪白雪白的'로 수정]
② *下课后我们教室外面很乱哄哄。['很乱哄哄'을 '乱哄哄的'로 수정]
③ *她稀里糊涂极了。['稀里糊涂极了'를 '稀里糊涂的'로 수정]

위의 오류를 보면 학습자가 오류를 범하는 원인은 상태사를 일반 형용사로 간주하여 사용했기 때문이다. 예문①을 보면 원래 상태사의 중첩 형식은 ABAB인데, 상태사 '雪白'를 일반 형용사의 중첩 형태인 AABB로 중첩하였다. 물론 이러한 현상을 학습자의 탓으로 돌릴 수는 없다. 왜냐하면 교재에 별도의 주석이 없거나, 일부 교사들이 상태사를 주의 깊게 다루지 않아 발생하는 오류이기 때문이다. 상태사는 중국어 교육에서 매우 중요하게 다룰 필요가 있으므로, 하나의 품사로 분류하는 것이 좋다.

2. 상태사의 오류 분석

학습자가 쉽게 범하는 오류는 다음과 같다.

(1) 정도부사나 정도보어의 첨가 오류.

① *下课后我们教室外面很乱哄哄。['很乱哄哄'을 '乱哄哄的'로 수정]
② *我们老师天天都很急急忙忙的。['很' 삭제]
③ *她马里马虎极了。['极了'를 '的'로 수정]

앞에서 말했듯이 상태사는 그 자체로 이미 정도의 의미를 가지고 있다. 따라서 정도부사의 수식을 받으면 안 되고, 뒤에 정도보어를 취해서도 안 된다. 그러나 학습자가 상태사의 이러한 특징을 잘 알지 못하고 일반 형용사처럼 사용하기 때문에, 위와 같은 오류가 발생한다.

(2) 상태사를 중첩할 때의 오류.

① *听到我们说她的男朋友，她的脸通通红红。['通通红红'을 '通红通红的'로 수정]
② *我们教室的墙壁雪雪白白。['雪雪白白'를 '雪白雪白的'로 수정]

상태사의 중첩 형태는 ABAB여야 하는데, 학습자가 일반 형용사의 중첩 형식을 사용해서 위와 같은 오류가 발생한다.

(3) '的'나 '地'의 누락 오류.

① *我不喜欢喝冰凉水。['冰凉水'를 '冰凉的水'로 수정]
② *他的女朋友长长头发，圆圆脸，很漂亮。['长长'과 '圆圆'의 뒤에 각각 '的' 추가]
③ *我刚买的烤白薯热乎乎。['热乎乎' 뒤에 '的' 추가]
④ *他慌里慌张跑出去了。['慌里慌张' 뒤에 '地' 추가]

상태사는 관형어, 서술어, 부사어로 쓰일 때 통상 '的'나 '地'를 수반해야 하는데, '的'나 '地'를 누락한 오류이다.

3. 상태사 교육

위와 같은 학습자 오류를 어떻게 해결할까? 가장 좋은 방법은 어휘화하는 방식으로 단어가 출현할 때마다 가르치는 것이다. 우선 따로따로 가르치고, 나중에 귀납할 수 있다. 상태사가 출현하면 학습자에게 동일 유형의 상태사의 용법을 명확히 설명한다. 이때 학습자는 단어의 구체적인 용법만 알면 되고, '상태사'의 개념을 이해할 필요는 없다. 특히 교재에 별다른 주석이 없다면, 교사는 학습자가 이런 단어들을 사용할 때 어떤 문제가 생길지 예측하여 오류를 범하지 않도록 사전에 방지해야 한다. 예를 들어, '傻乎乎'나 '雪白'라는 단어를 가르칠 때 학습자에게 다음과 같이 제시한다.

*很/非常/特別+~	*很傻乎乎
~的+명사	傻乎乎的样子
	멍청한 모양
~地+동사	她傻乎乎地站起来了。
	그녀는 멍청하게 일어났다.
중첩 형식 ABAB	雪白雪白的墙壁。
	새하얀 벽

일정한 양의 상태사를 학습한 후에는, 학습자가 단어의 의미와 문법적 특징에 유의하게끔 한다. 의미상으로 상태사는 이미 단어 자체에 정도 의미를 가지고 있어서, 문법적으로도 정도부사나 정도보어의 수식을 받지 않는다.

VI. 구별사

1. 구별사 및 문법 기능
2. 구별사의 오류 분석
3. 구별사 교육

1. 구별사 및 문법 기능

구별사는 다음과 같은 단어들을 지칭하며, 의미상 사물을 구별하는 기능을 하는데, 주로 사물을 분류할 때 사용한다.

男 女 公 母 雌 雄 荤 素 金 银
微型 大型 急性 慢性 彩色 黑白 国营 私营 野生 日常

언어학계에서 '구별사'라고 지칭한 시기가 늦어서, 일부 교재는 현재까지도 형용사나 명사로 표기하고 있다. 이것이 학습자의 이해와 표현에 영향을 미쳐서, 다음과 같은 오류가 발생한다.

① *我喜欢特别新式的服装。['特别' 삭제]
② *我们大学是公立。['公立' 뒤에 '的' 추가]

구별사는 폐쇄적인 부류의 품사이기 때문에, 상용 단어가 별로 많지 않다. 조어법의 관점에서 예를 제시하면, 학습자가 기억하는 데 도움이 될 것이다.

단음절 구별사:

男, 女 / 公, 母 / 正, 副 / 雄, 雌 / 单, 双 / 荤, 素 등

이음절 구별사:

~式: 中式, 西式, 美式, 日式, 韩式, 男式, 女式, 老式, 新式 등
~型: 大型, 中型, 小型, 微型, 重型, 轻型, 复合型, 单一型, 应用型 등
~等: 初等, 中等, 高等, 优等, 劣等, 头等, 低等, 上等 등
~性: 良性, 恶性, 急性, 慢性, 世界性, 全球性, 国际性 등
~级: 初级, 中级, 高级, 特级, 甲级, 乙级, 超级 등
~色: 米色, 藕色, 桃色, 茶色, 酱色, 彩色 등
~质: 木质, 纸质, 金质, 土质, 铁质, 银质 등
~本: 草本, 木本 등
~动: 自动, 手动, 电动 등
有~: 有形, 有机, 有色, 有线, 有轨, 有声, 有期 등
无~: 无形, 无机, 无色, 无线, 无轨, 无声, 无期 등
单~: 单程, 单轨, 单色, 单面, 单项, 单孔, 单边 등
双~: 双程, 双轨, 双色, 双面, 双项, 双孔, 双重, 双边 등
公~: 公共, 公有, 公立, 公费, 公示 등
多~: 多元, 多边, 多极, 多维, 多民族 등
国~: 国营, 国有, 国产, 国家级, 国立 등
私~: 私营, 私人, 私立 등
기타: 野生, 机动, 袖珍, 椭圆, 家养 등

구별사는 다음과 같은 문법 기능이 있다.
(1) 명사를 직접 수식하거나, 구조조사 '的'와 결합할 수 있다. 예:

男人, 女人, 黑白电视, 彩色电视. 男的, 女的, 黑白的, 彩色的 등

(2) 서술어, 주어, 목적어, 보어가 될 수 없다. 또한 보어를 수반할 수 없다. 다만 '的'와 결합하면 주어, 목적어가 될 수 있다. 주로 '······是~的'구

조에 많이 쓰인다.

① *那家工厂国营。[서술어로 쓰일 수 없음]
② *男去比赛，女加油。[주어로 쓰일 수 없음]
③ *我们喜欢私营。[목적어로 쓰일 수 없음]
④ *做得很优等。[보어로 쓰일 수 없음]
⑤ *优等极了。[보어를 수반할 수 없음]
⑥ 今天男的参观，女的自由活动。['的'를 추가하여 주어로 사용]
　 오늘 남자는 참관을 하고, 여자는 자유 활동을 한다.
⑦ 我们喜欢中式的。['的'를 추가하여 목적어로 사용]
　 우리는 중국식을 좋아한다.
⑧ 来的那个人是男的，不是女的。['的'를 추가하여 목적어로 사용]
　 온 그 사람은 남자가 아니고, 여자이다.

(3) 정도부사의 수식을 받을 수 없다. 부정문에서는 앞에 '非'가 올 수 있으나, '不'는 출현할 수 없다.

① *我们的照片很彩色。
② *这次会议很国际性。
③ *这种病是不恶性的。
④ 这种病是非恶性的。
　 이런 유형의 병은 악성이 아니다.

2. 구별사의 오류 분석

구별사는 개수가 적고 문법 기능도 복잡하지 않다. 그러나 학습자는 구별사를 일반 형용사처럼 사용하여 오류를 범한다. 자주 출현하는 오류는 다음의 몇 가지 유형이 있다.

(1) 형용사로 착각하여 잘못 사용한 오류.

　① *我的汉语很初级。(我的汉语<u>是</u>初级<u>水平</u>/我的汉语<u>水平</u>很<u>低</u>。)
　　　(내 중국어는 초급 수준이다 / 내 중국어 수준은 매우 낮다.)
　② *那家超市不大型。(那家超市<u>不大</u>/<u>不太大</u>/<u>不是大型的</u>。)
　　　(그 슈퍼마켓은 크지 않다 / 별로 크지 않다 / 대형이 아니다.)
　③ *他买了一件很新式的衣服。(他买了一件新式的衣服。)
　　　(그는 새로운 스타일의 옷을 한 벌 샀다.)

(2) 서술어로 잘못 사용한 오류.

　① *这家公司私营。(这家公司<u>是</u>私营<u>的</u>。)
　　　(이 회사는 민영이다.)
　② *我的衣服中式。(我的衣服<u>是</u>中式<u>的</u>。)
　　　(내 옷은 중국스타일이다.)

(3) 단독으로 주어나 목적어에 잘못 사용한 오류.

　① *这种工作男适合，女不适合。['男'과 '女' 뒤에 '的' 추가]
　② *我喜欢中式。['中式' 뒤에 '的' 추가]
　③ *我觉得不应该用一次性。['一次性' 뒤에 '的' 추가]

다만 일부 대구 형식에서는, 구별사가 단독으로 주어나 목적어로 쓰일 수 있다.

　④ <u>急性</u>好治，<u>慢性</u>难治。
　　　급성은 치료가 잘되는데, 만성은 치료가 어렵다.
　⑤ 很多公司从<u>国营</u>变成了<u>私营</u>。
　　　많은 회사들이 국영에서 민영으로 바뀌었다.

(4) '的'를 누락한 오류.

① *你这样做是非法。['非法' 뒤에 '的' 추가]
② *我们的大学是国立。['国立' 뒤에 '的' 추가]

3. 구별사 교육

구별사는 중국어에만 존재하는 독특한 품사이다. 예전에는 계속 형용사로 분류하였는데, 최근 10~20년 사이에 점점 많은 문법학자가 독립 품사로 분류하고 있다. 그러나 아직도 구별사를 형용사로 표기하는 중국어 문법책과 교재가 적지 않다. 그래서 교사는 구별사에 해당하는 새 단어를 설명할 때 문법 용어가 아니라 구조화된 예시를 통해 그 용법을 명확히 설명하고, 재차 강조하여야 한다. 또 의식적으로 '金, 金色, 金黄'과 같이 학습자가 이미 학습한 단어 중 다른 품사로 분류되는 유의어를 비교할 필요가 있다.

구별사를 가르칠 때 상태사는 아래 두 가지 형식으로 사용할 수 있음을 분명히 알려줘서, 학습자가 오류를 범하지 않도록 하는 것이 좋다.

……是~的	这电视机是彩色的，不是黑白的。	
	이 텔레비전은 컬러가 아니라, 흑백이다.	
~+명사	国立大学/私立学校	正教授/副教授
	국립대학/사립학교	정교수/부교수
•不/很/非常+~	*他的工作是很临时的。	
	*不冒牌	
	*非常西式	

VII. 부사

1. 부사 및 문법 기능
   1.1 부사란? 부사의 문법 기능은?
   1.2 부사어에 출현하는 단어는 모두 부사일까?
   1.3 부사는 실사일까 허사일까?
   1.4 부사와 형용사의 구별: '突然'과 '忽然'은 어떤 차이가 있을까?
   1.5 시간부사와 시간명사의 구별: '刚才'와 '刚'은 같을까?
2. 부사의 유형
   2.1 부사는 몇 개의 유형으로 나누어질까?
   2.2 "他比你还高", "他还没来呀", "你还老师呢"에서 '还'는 같을까?
3. 부사의 유의어 구별
   3.1 부사의 유의어는 어떻게 구별할 수 있을까?
   3.2 '偷偷', '悄悄'와 '暗暗'은 어떤 차이가 있을까?
   3.3 '竟然'과 '果然'은 어떤 차이가 있을까?
   3.4 '赶忙'과 '赶紧'은 어떤 차이가 있을까?
   3.5 '互'와 '互相'은 어떤 차이가 있을까?
   3.6 '千万'과 '万万'은 어떤 차이가 있을까?
   3.7 '明'과 '明明'은 어떤 차이가 있을까?
   3.8 '再'와 '还': "我再想看一次"는 왜 잘못된 문장일까?
   3.9 왜 "请你稍等"은 맞는 문장인데 "请你稍微等"은 잘못된 문장일까?
   3.10 왜 '白干'은 맞는 표현인데 '白白干'은 잘못된 표현일까?
   3.11 왜 "你们立刻准备"은 맞는 문장인데 "你们顿时准备"는 잘못된 문장일까?
   3.12 왜 "她常常去跳舞"는 맞는 문장인데 "她常去跳舞"는 잘못된 문장일까?
   3.13 '已经'과 '曾经'은 어떤 차이가 있을까?
   3.14 '再唱一首'와 '又唱了一首'는 어떤 차이가 있을까?
   3.15 "这件衬衫很大"와 "这件衬衫太大了"는 어떤 차이가 있을까?
   3.16 '不'는 과거에 사용할 수 없고 '没(有)'는 미래에 사용할 수 없는 것일까?
   3.17 왜 '有点儿长'은 맞는 표현인데 '一点儿长'은 잘못된 표현일까?

> 4. 부사 사례 해설
>   4.1 '都'의 문법 의미와 용법은?
>   4.2 '才'는 수량 성분과 함께 쓰일 때 어떤 의미를 나타낼까? '就, 都'와는 어떤 차이가 있을까?
>   4.3 왜 '差点儿哭了'와 '差点没哭'의 의미는 같은데 '差点儿考上'과 '差点没考上'은 다를까?
>   4.4 '明天再去', '说完再干'과 '再贵也要买'에서 '再'의 의미는 같을까?
> 5. 부사 교육

1. 부사 및 문법 기능

1.1 부사란? 부사의 문법 기능은?

부사는 부사어만 담당할 수 있는 단어를 말하며, 보통 동사, 형용사 앞에서 수식 또는 한정 기능을 한다. 전체 문장을 수식하는 경우도 있다. 부사의 문법 기능은 매우 제한적으로, 아래와 같이 나타난다.

(1) 일반적으로 부사는 부사어만 담당한다.

① 我们<u>都</u>希望你来参加。
   우리는 모두 당신이 와서 참여하기를 희망합니다.
② 这样做<u>太</u>好了。
   이렇게 하면 너무 좋아요.

(2) 부사는 보통 단독으로 문장이 될 수 없으며, 일부 경우만 단독으로 답할 수 있다(陆俭明 1982).

① A: 昨天的表演怎么样?
   어제 공연 어땠어요?

B: 好/很好/*很。

좋았어요. / 매우 좋았어요. / *매우.

② A: 你明天回来吗?

내일 돌아오나요?

B: 也许。

아마도요.

(3) 일부 부사는 문장에서 접속 기능을 가져서, 동사나 형용사 2개를 연결하거나, 절 2개를 연결할 수도 있다.

① 汉语越学越有意思。

중국어는 배울수록 재미있다.

② 再难也要学下去。

아무리 어렵더라도 계속 배워야 한다.

(4) 일부 부사는 보어가 될 수 있지만, 정도를 나타내는 '极', '很' 등에 제한된 용법이다.

① 听到这个消息，他高兴极了。

이 소식을 듣고, 그는 무척 기뻤다.

② 北京烤鸭香得很。

北京烤鸭는 정말 맛있다.

1.2 부사어에 출현하는 단어는 모두 부사일까?

부사를 부사어가 될 수 있고 또 부사어만 될 수 있는 단어라고 했지만, 반대로 "부사어로 출현할 수 있는 단어가 모두 부사다"라고는 말할 수 없다. 왜냐하면 부사어가 될 수 있는 성분은 부사 외에도 형용사, 명사와 특히 시간명사가 있으며, 일부 동사도 부사어로 출현할 수 있기 때문이다.

어떤 단어가 부사인지를 판단할 때 부사어가 될 수 있는가만 가지고는 판단할 수 없으며, 다른 문장 성분이 될 수 있는지도 살펴봐야 한다. 부사어만 담당한다면 부사이고, 그 외에 다른 문장 성분, 예를 들어 관형어, 서술어와 보어로도 출현할 수 있으면 형용사이다.

1.3 부사는 실사일까 허사일까?

이에 관해 학계에서는 세 가지 주장이 존재한다. 첫째는 실사로 분류하는 것으로, 예를 들어 胡裕树主编의 『现代汉语』, 黄伯荣·廖序东主编의 『现代汉语』와 张静主编의 『现代汉语』 등이 있다. 둘째는 허사로 분류하는 입장으로 吕叔湘·朱德熙의 『语法修辞讲话』, 朱德熙의 『语法讲义』, 陆俭明·马真의 『现代汉语虚词散论』, 北京大学中文系现代汉语教研室编著의 『现代汉语』 등이 있다. 셋째는 부사가 실사와 허사 사이에 있다는 주장이다. 예를 들어 郭绍虞는 『汉语语法修辞新探』에서 "부사는 실사와 허사 사이에 존재하는 가장 복잡한 품사이다"라고 하였다. 汪小宁(1996)은 품사를 실사, 허사, 중간사(中词)로 분류하고 부사가 중간사에 속한다고 하였다. 张谊生(2000)은 부사를 2개 유형으로 나누어 어휘 의미를 주로 나타내는 묘사성 부사를 실사로, 기능 의미를 나타내는 한정 부사 및 양태 의미를 나타내는 평가 부사를 허사로 분류하였다.

1.4 부사와 형용사의 구별: '突然'과 '忽然'은 어떤 차이가 있을까?

부사는 문장에서 부사어만 될 수 있는 반면, 형용사는 부사어 외에(일부 형용사는 부사어가 될 수 없는데, '伟大, 干净' 등) 서술어, 관형어, 보어 등을 담당할 수 있으며 주어, 목적어도 될 수 있다. 아래에서 '突然'과 '忽然'의 차이를 통해 형용사와 부사를 구별해보자. '突然'은 형용사이고 '忽然'은 부사이다. 이들의 문법 기능을 비교하면 아래와 같다.

문법 기능	突然	忽然
부사어	+ 他突然大叫起来。	+ 他忽然大叫起来。
서술어	+ 这件事太突然了。	- *这件事太忽然了。
관형어	+ 突然的一件事。	- *忽然的一件事。
보어	+ 这件事发生得太突然了。	- *这件事发生得太忽然了。

'突然'은 문장에서 부사어로 쓰이는 경우 외에 서술어, 관형어 보어가 될 수 있다. 반면 '忽然'은 부사어만 가능하므로 '突然'을 형용사, '忽然'을 부사로 보는 것이다. 교사는 이렇게 어휘 형태와 의미가 유사하지만 품사 성격이 다른 단어 간 비교를 통해, 구조화된 방식으로 학습자가 차이를 이해하도록 해야 한다.

突然: 很/太突然　　突然的+명사　　동사+得太/很突然　　突然+동사
忽然: *很/太忽然　　*忽然的+명사　　*동사+得太/很忽然　　忽然+동사

1.5 시간부사와 시간명사의 구별: '刚才'와 '刚'은 같을까?

시간부사는 다른 부사와 마찬가지로 부사어만 될 수 있다. 그러나 시간명사는 부사어 외에 주어, 목적어와 관형어도 될 수 있으며, 다른 어휘의 수식을 받기도 한다. 예를 들어 '刚才'는 시간명사이고 '刚'은 시간부사이다. 통사 기능의 차이를 비교하면 아래와 같다.

문법 기능	刚才	刚
부사어	+ 他刚才说过了。	+ 他刚说过。
관형어	+ 他刚才的表现有点让人吃惊。	- *他刚的表现有点让人吃惊。
주어, 목적어	+ 刚才是刚才, 现在是现在。	- *刚是刚, 现在是现在。

2. 부사의 유형

2.1 부사는 몇 개의 유형으로 나누어질까?

부사가 나타내는 의미에 따라, 아래 몇 가지 유형으로 나눌 수 있다.

(1) 정도부사: 很, 非常, 太, 极, 最, 更, 格外, 稍微, 十分, 极其, 较 등

(2) 범위부사: 都, 只, 一共, 仅仅, 光, 统统, 全 등

(3) 시간부사: 正, 刚, 才, 就, 立刻, 偶尔, 曾经, 已经, 逐渐, 正在, 顿时 등

(4) 긍정/부정부사: 不, 没(有), 别, 甭, 准, 必定 등

(5) 빈도 확률부사: 又, 再, 还, 再三, 常常, 往往, 屡次 등

(6) 어기부사: 偏偏, 难道, 简直, 究竟, 竟然, 反正, 到底, 多亏, 索性, 干脆 등

(7) 방식부사: 悄悄, 暗暗, 亲自, 互相, 偷偷, 亲身, 特地 등

2.2 "他比你还高", "他还没来呀", "你还老师呢"에서 '还'는 같을까?

위의 세 문장에서 '还'는 각각 다른 부사 유형에 속한다. "他比你还高呢"에서 '还'는 정도부사이다. "他还没来呀"에서 '还'는 시간부사이다. "你还老师呢"에서 '还'는 어기부사이다.

유사한 예로 '就'가 있다. "你不让我去, 我就要去", "我就一个姐姐"와 "我 5点就起床了"에서 '就'도 부사 유형이 다르다. "你不让我, 我就要去"에서 '就'는 어기부사로 '고의성'의 어조를 나타내어 '偏'의 의미에 해당한다. "我就一个姐姐"에서 '就'는 범위부사로 '只'에 해당한다. "我5点就起床了"에서 '就'는 시간부사이다.

3. 부사의 유의어 구별

3.1 부사의 유의어는 어떻게 구별할 수 있을까?

중국인이 익숙하게 사용하는 부사의 유의어들에 관해, 학습자가 그 차이를 이해하지 못하는 경우가 있다. 사전에서도 같은 의미로 해석하고 있으므로, 교사가 차이를 설명해 줄 필요가 있다. 유의어 구별에 있어 좋은 방법 중 하나는 최대한 많이 예문을 찾아내는 것이다. 관찰 결과, 부사의 유의어 구별은 아래 몇 가지 측면에서 이루어질 수 있다(马真 2004).

(1) 미세한 의미 차이. 예: '偷偷', '悄悄'와 '暗暗'
(2) 문장 유형의 선택. 예: '赶忙'과 '赶紧'
(3) 음절의 선택. 예: '互'와 '互相'
(4) 긍정, 부정의 조건. 예: '千万'과 '万万'
(5) 문장에서 출현 가능한 위치. 예: '明'과 '明明'
(6) 수식어의 단순/복잡 형식의 조건. 예: '稍'와 '稍微', '白'와 '白白'
(7) 문장이 표현하는 시간 조건. 예: '立刻'와 '顿时', '往往'과 '常常'

3.2 '偷偷', '悄悄'와 '暗暗'은 어떤 차이가 있을까?

부사 '偷偷', '悄悄'와 '暗暗'은 모두 동사 앞에서 부사어로 출현할 수 있어, 구조상으로는 구별이 어렵다.

① 他偷偷地走了。
그는 몰래 떠났다.
② 他悄悄地走了。
그는 슬그머니 떠났다.
③ 他暗暗地喜欢她。
그는 남몰래 그녀를 좋아했다.

이들은 의미상 차이가 있는데, '偷偷'는 동작 행위가 타인에게 들키지 않기를 바라는 것을 나타낸다. '悄悄'는 큰 소리를 내지 않는 것으로, 타인이 듣거나 영향을 주기를 바라지 않는 것이다. 반면 '暗暗'은 어떤 심리활동이 자신의 마음속에만 있고 타인이 알아채지 못하게 하는 것으로, 뒤의 심리동사를 수식한다. 비교하면 다음과 같다.

④ 那个小偷趁我们不注意, <u>偷偷</u>地溜进了房间。
  그 도둑은 우리가 주의하지 못한 틈을 타서, 몰래 방으로 넘어 들어왔다.
⑤ 妈妈怕影响孩子睡觉, <u>悄悄</u>地起床, 蹑手蹑脚地做饭。
  엄마는 아이의 잠을 방해할까봐, 살며시 일어나서 조심스레 밥을 했다.
⑥ 你们都<u>暗暗</u>地恨我吧, 不过, 没关系, 你们迟早会明白的。
  너희는 모두 속으로 나를 미워하지만 상관 없다. 너희는 언젠가 이해하게 될 것이다.

3.3 '竟然'과 '果然'은 어떤 차이가 있을까?

부사 '竟然'과 '果然'은 모두 부사어이다. '偷偷', '悄悄', '暗暗'과 마찬가지로 구조적 차이는 없고 의미상의 차이가 있다.

① 我以为他才二十来岁, 没想到他<u>竟然</u>是三个孩子的爸爸了。
  나는 그가 갓 스무 살 남짓인 줄 알았는데, 놀랍게도 세 아이의 아버지인 줄은 몰랐다.
② 听说她很漂亮, 今天一见<u>果然</u>如此。
  그녀가 예쁘다고 들었는데, 오늘 보니 정말로 그랬다.

'竟然'이 서술하는 결과는 화자의 예상을 벗어난 것으로, 화자가 그전에 들었거나 상상한 것과 달라서 '没想到'와 함께 고정 형식 '没想到+사람/사물+竟然······'으로 사용된다. 반면, '果然'이 서술하는 결과는 화자의 전제와 완전히 같은 것이다.

3.4 '赶忙'과 '赶紧'은 어떤 차이가 있을까?

'赶忙'과 '赶紧'은 모두 '서둘러, 지체하지 않고'의 의미로 비슷하다. 의미만으로는 학습자가 두 단어의 정확한 용법을 익히기 어려워서, 과제에서도 아래와 같은 오류들이 발견된다.

① *明天就考试了，你赶忙复习吧！
② *下星期有HSK考试，你要赶忙复习。

위의 문장은 모두 '赶忙'을 사용할 수 없고, '赶紧'을 써야 한다. 둘의 의미는 비슷하지만 사용상 약간의 차이가 있다. 여러 예문을 통해 '赶紧'은 평서문과 청유문에 쓰이나, '赶忙'은 평서문에만 사용되며 청유문에는 쓸 수 없음을 발견하였다. 위의 문장은 모두 청유문으로, '赶忙'을 쓸 수 없고 '赶紧'만 가능하다. 비교하면 아래와 같다.

③ a. 看见老师进来，我们<u>赶紧</u>开始说中文。
　　선생님이 들어오시는 것을 보고, 우리는 서둘러 중국어를 말하기 시작했다.
　b. 看见妈妈进来，他<u>赶忙</u>把玩具藏了起来。
　　어머니가 들어오시는 것을 보고, 그는 서둘러 장난감을 숨겼다.
④ a. 他在外面等你呢，你<u>赶紧</u>出去吧！
　　그가 밖에서 당신을 기다려요, 얼른 나가요!
　b. *他在外面等你呢，你赶忙出去吧! ['赶忙'을 '赶紧'으로 수정]

3.5 '互'와 '互相'은 어떤 차이가 있을까?

부사 '互相'과 '互'는 모두 갑을 사이에 진행되는 동일 동작 또는 동일 관계를 나타낸다. 이 설명만으로 학습자가 두 단어를 정확히 구분해서 사용하기 어려운데, 자주 출현하는 오류는 다음과 같다.

① *刚到中国，我就见到了她，而且我们互相爱。我真的很幸福。

그렇다면 이 둘의 차이는 어디에 있을까? 먼저 아래 예문들을 보자.

② a. 你们在生活上应该<u>互帮</u>互助。
　　 너희는 생활하면서 서로 도와야 한다.
　 b. *他们在一起经常<u>互帮</u>助。
③ a. 他们在一起经常<u>互相</u>帮助。
　　 그들은 함께 종종 서로를 도와준다.
　 b. *你们在生活上应该互相帮互相助。

위의 비교를 통해 둘의 차이가 주로 수식하는 동사의 음절 조건에 있음을 알 수 있다. '互'는 단음절 동사만 수식하며, 이음절 동사는 수식할 수 없다. '互相'은 반대로 이음절 동사만 수식하며, 단음절 동사는 수식할 수 없다. 이 차이는 중국 문화에서 '짝수' 선호 성향을 반영한다. 이것이 문법에도 반영되어 '1+1=2'나 '2+2=4'의 결합을 원어민 화자가 더 쉽게 받아들일 수 있는 것이다. 그러나 '互' 뒤에 수식하는 것이 부정 형식이면 이음절 동사도 될 수 있는데, 이 역시 '2+2결합'으로 짝수 음절이 되었기 때문이다.

④ 他们两个<u>互不</u>信任。
　 그 둘은 서로 믿지 않는다.
⑤ 国家和国家之间应该<u>互不</u>干涉内政。
　 국가와 국가 간에는 서로 내정에 간섭하지 말아야 한다.

3.6 '千万'과 '万万'은 어떤 차이가 있을까?

'千万'과 '万万'에 관해 사전과 교재에서는 보통 '강조의 뉘앙스를 나타낸다'라고만 설명한다. 똑같이 강조의 어조를 전달한다면, 두 단어를 바꿔

쓸 수 있을까? 아래 예문을 보자.

① a. *我千万没想到会出现这样的事。[평서문]
　b. 这事儿你千万不能告诉他。[명령문]
　　이 일은 절대 그에게 알려줘선 안 된다.

위의 예문으로 봤을 때 부사 '千万'과 '万万'은 모두 강조를 나타내지만 '千万'은 명령문에만 쓰고 평서문에 사용할 수 없는 반면, '万万'은 명령문과 평서문에 모두 쓰일 수 있다.
　교사가 만일 이 부분을 유의하지 않는다면, 학습자는 아래와 같은 오류를 범할 수 있다.

② *我千万没想到我考得这么好。

'千万'과 '万万'의 차이는 문장 유형뿐 아니라 긍정, 부정에서의 선택에서도 드러난다. '万万'은 부정 형식만 수식할 수 있고, 긍정 형식은 수식할 수 없다. '千万'은 긍정, 부정 형식 모두 수식할 수 있다.

③ a. 你万万不要轻信他人之言。[부정문]
　　절대 타인의 말을 쉽게 믿어선 안 된다.
　b. *你万万要相信他人之言。[긍정문]
④ a. 你千万不要再去了。[부정문]
　　절대로 다시 가지 말아라.
　b. 你千万要再去一次。[긍정문]
　　반드시 한 번 더 가야 한다.

결론적으로, '千万'과 '万万'의 차이는 주로 문장 유형, 긍정과 부정의 두 가지 특징에서 드러난다고 볼 수 있다.

```
      ┌ 千万    명령문    긍정 / 부정
      │       ┌ 명령문    부정
      └ 万万 ┤
              └ 평서문    부정
```

이렇듯 부정문에만 출현할 수 있는 부사(또 다른 예: 从来, 从, 毫 등)나 구조(예: 一时半刻)에 대해서는, 구조화하여 예문을 제시하는 방법으로 학습자가 이해하도록 해야 한다.

```
  一时半刻+동사+不+보어     예: 北京人的幽默外地人一时半刻学不会。
                              北京 사람들의 유머를 외지인들은 하루 아
                              침에 배울 수 없다.
        ┌ 不+동사           예: 她从不喝酒。
   从 ┤                         그녀는 지금껏 술을 먹지 않는다.
        └ 没+동사           예: 她从没喝过酒。
                              그녀는 지금껏 술을 먹어본 적이 없다.
```

3.7 '明'과 '明明'은 어떤 차이가 있을까?
이 둘의 의미는 유사하나 구체적인 사용에 일부 차이가 있다.

① a. 他明知不行，但还是去了。
　　그는 안 되는 것을 분명 알지만, 그래도 갔다.
　b. 他明明知道不行，但还是去了。
　　그는 분명히 안 되는 것을 알지만, 그래도 갔다.
② *明他知不行，但还是去了。
　明明他知道不行，但还是去了。
　분명히 그는 안 되는 것을 알지만, 그래도 갔다.

'明'은 주어 뒤에만 출현할 수 있고 앞에는 출현할 수 없지만, '明明'은 그러한 제약이 없다.

3.8 '再'와 '还': "我再想看一次"는 왜 잘못된 문장일까?

'再'와 '还'는 모두 미래 동작의 반복을 나타낼 수 있으나 용법이 다르다. 그 차이 중 하나는 문장에 능원동사가 있을 때, 이들의 출현 위치가 다르다는 것이다. 예:

想/要/会/能/打算/希望 + 再 + 동사
还 + 想/要/会/能/打算/希望 + 동사

① a. 《阿凡达》很好看，我想再看一次。
　　「아바타」는 재미있어서, 나는 한 번 더 보고 싶다.
　b. 《阿凡达》很好看，我还想看一次。
　　「아바타」는 재미있어서, 나는 또 한 번 보고 싶다.
② a. 云南真不错，我们打算再去一次。
　　云南은 정말 좋아서, 나는 한 번 더 갈 계획이다.
　b. 云南真不错，我们还打算去一次。
　　云南은 정말 좋아서, 나는 또 한 번 갈 계획이다.

3.9 왜 "请你稍等"은 맞는 문장인데 "请你稍微等"은 잘못된 문장일까?

부사 '稍'와 '稍微'는 모두 약한 정도를 나타내고 동사나 형용사를 수식하는 데 쓰이지만, 구체적인 용법에 차이가 존재한다. '稍微'는 수식하는 동사나 형용사가 반드시 복잡한 형식으로 즉 동사, 형용사 앞이나 뒤에 다른 성분이 있어야 한다. 반면 같은 의미의 '稍'는 복잡한 형식을 수식하지만, 단순 동사나 형용사도 수식할 수 있다.

① a. 请您稍等。
　　좀 기다리세요.
　b. *请您稍微等。
　c. 请您稍微等一会儿。
　　잠시 좀 기다리세요.

② a. 这菜稍咸。
   이 음식은 조금 짜다.
   b. *这菜稍微咸。
   c. 这菜稍微有点儿咸。
   이 음식은 조금 짜다.
   d. 这菜稍微咸一点儿。
   이 음식은 조금 짜다.

3.10 왜 '白干'은 맞는 표현인데 '白白干'은 잘못된 표현일까?

부사 '白'와 '白白'는 모두 '노력했지만 성과가 없음'을 나타내지만, 뒤에 수식하는 단어의 단순/복잡 형식과 관련하여 제약 조건이 있다. '白' 뒤의 수식 단어는 단순 동사일 수도 있고, 목적어나 보어를 취할 수도 있다. '白白'는 비교적 복잡한 형식만 수식할 수 있어 반드시 목적어나 보어를 수반해야 한다.

① a. 我们不能白干。[단순]
   우리가 헛수고할 수는 없다.
   b. 我们不能白干一天。[복잡]
   우리가 하루 종일 헛수고할 수는 없다.
② a. *我们不能白白干。[단순]
   b. 我们又白白干了一天。[복잡]
   우리가 또 하루 종일 헛수고했다.

3.11 왜 "你们立刻准备"는 맞는 문장인데 "你们顿时准备"는 잘못된 문장일까?

그것은 '立刻'와 '顿时'의 차이를 이해하지 못했기 때문이다. '顿时'는 과거의 동작 행위를 묘사할 때만 쓰이는 반면, '立刻'에는 시간적 제약이 없다. 명령문은 동작이 아직 발생하지 않았음을 나타내므로, '立刻'만 가능하고 '顿时'는 쓸 수 없다.

① a. 说到她的男朋友，田承恩的脸顿时红了。[과거]
　　그녀의 남자 친구 이야기를 하자, 田承恩의 얼굴이 순간 붉어졌다.
　b. 说到她的男朋友，田承恩的脸立刻红了。[과거]
　　그녀의 남자 친구 이야기를 하자, 田承恩의 얼굴이 순간 붉어졌다.
② a. 你们立刻准备。[미래]
　　너희는 즉시 준비해라.
　b. *你们顿时准备。[미래]

3.12 왜 "她常常去跳舞"는 맞는 문장인데 "她往往去跳舞"는 잘못된 문장일까?

이것은 주로 '常常'과 '往往'의 차이와 관련이 있다. 이들의 차이는 구체적인 맥락에서만 발견할 수 있다.

① a. 星期天晚上，她常常/往往去跳舞。
　　일요일 저녁에, 그녀는 자주 춤추러 간다.
　b. 她常常去跳舞。
　　그녀는 자주 춤추러 간다.
　c. *她往往去跳舞。
② a. 他常常/往往星期一迟到。
　　그는 자주 월요일에 지각한다.
　b. 他常常迟到。
　　그는 자주 지각한다.
　c. *他往往迟到。

위의 예에서 알 수 있듯이, 이들은 서로 바꿔 쓸 수 없다. 차이는 일정한 조건에서 자주 발생하는 행위에는 '往往'을 쓰고, '常常'은 그러한 제약 조건이 없다는 것이다. 그러나 조건이 성립하는 모든 경우에 '往往'이 쓰일 수 있을까? 다시 예문을 보자.

③ a. 到了冬天，我常常/往往去滑雪。
   겨울이 오면, 나는 자주 스키를 타러 간다.
   b. 到了冬天，我会常常去滑雪的。
   겨울이 오면, 나는 자주 스키를 타러 갈 것이다.
   c. *到了冬天，我会往往去滑雪的。

모든 조건 사건마다 '往往'을 사용할 수 있는 것은 아니다. '往往'은 과거의 경험으로 도출해낸 규칙적인 상황에 출현해야 하지만, '常常'은 그러한 제약이 없다.

3.13 '已经'과 '曾经'은 어떤 차이가 있을까?

부사 '已经'과 '曾经'의 차이는 여러 측면에서 드러나는데, 구체적으로는 아래와 같다.

(1) 시간으로 보면 '曾经'은 과거에만 쓰일 수 있으며, '已经'은 과거뿐 아니라 현재와 미래에도 쓰일 수 있다.

① a. 去年我曾经看过这部电影。[과거]
   작년에 나는 이 영화를 봤었다.
   b. 去年我已经看过这部电影。[과거]
   작년에 나는 이미 이 영화를 봤다.
② a. *现在曾经该上课了。[현재]
   b. 现在已经该上课了。[현재]
   지금은 벌써 수업할 때이다.
③ a. *明年这个时候，我可能曾经离开北京了。[미래]
   b. 明年这个时候，我可能已经离开北京了。[미래]
   내년 이때, 나는 아마도 이미 北京을 떠났을 것이다.

(2) 의미상으로 보면 '曾经'은 비지속, 비유효성을 나타내어 과거에 한

차례 그러했으나 지금은 더 이상 그러하지 않음을 나타낸다. '已经'은 지속, 유효성을 나타내어 과거의 일이 현재까지도 이어짐을 나타낸다.

① a. 他曾经是个大夫。[그는 현재 의사가 아님]
그는 이전에 의사였다.
b. 他已经是个大夫了。[그는 현재 의사임]
그는 이미 의사가 되었다.

(3) 구체적인 사용에 있어 '了', '过'와 함께 출현하는 상황에 차이가 있다. '曾经'은 보통 '过'와 출현하고 '了'와 출현하는 경우가 드문 반면, '已经'은 '了'뿐 아니라 '过'와도 출현할 수 있다.

① a. 我曾经学过法语。
나는 이전에 불어를 배운 적 있다.
b. 我已经吃了早饭。
나는 이미 아침을 먹었다.
② a. *我曾经学了法语。
b. 我已经吃过早饭。
나는 이미 아침을 먹었다.

'曾经'과 '了'의 출현 조건은 '曾经+동사+了+수량구'이다.

③ 我曾经学了三年法语。
나는 이전에 3년간 불어를 배웠다.
④ 他曾经在广州住了五年多。
그는 이전에 广州에서 5년 넘게 살았었다.

(4) 긍정/부정 형식을 수식하는 양상이 다르다. '已经'은 긍정, 부정 형

식을 모두 수식할 수 있지만, '曾经'은 보통 긍정 형식을 수식하며 부정 형식을 수식하는 경우가 드문데, 이때도 제약 조건이 있다.

① a. 他已经买了东西。
   그는 이미 물건을 샀다.
   b. 他曾经买过这样的东西。
   그는 예전에 이런 물건을 산 적 있다.
② a. 他已经不吸烟了。
   그는 이미 담배를 끊었다.
   b. *他曾经不吸烟。

'曾经'이 부정 형식을 수식하는 조건은 동사가 심리활동이나 염원을 나타내거나, 동사 앞에 시구간을 표시하는 단어가 출현하는 것이다.

③ 他曾经不想和她结婚。
   그는 예전에 그녀와 결혼하고 싶지 않았다.
④ 他曾经三年没出过门。
   그는 예전에 3년간 집 밖을 나가지 않았었다.

3.14 "再唱一首"와 "又唱了一首"는 어떤 차이가 있을까?

이것은 주로 '再'와 '又'의 차이와 관련이 있다. '再'와 '又'는 동작이 반복 발생하거나 지속적으로 진행됨을 나타낸다. '再'는 주관성을 나타내고, 완료되지 않았거나 곧 완성됨을 강조한다. 반면 '又'는 객관성을 나타내고, 이미 완료되었거나 새로운 상황이 이미 또는 곧 출현할 것을 나타낸다.

① 明天你再去看看，到底有没有。[미래, 미완료]
   내일 다시 가봐요, 대체 있는지 없는지.

② 刚才我又去看了看，还是没有。[과거, 완료]
  방금 내가 또 가서 좀 봤는데, 여전히 없다.
③ 又到期末考试了。[곧 출현]
  또 기말고사이다.

'再'는 미래나 미완료 상황에 쓰일 수 있기 때문에 명령문, 가정문에도 쓰일 수 있지만, '又'는 불가능하다.

④ 你过两天再来吧。[명령문]
  며칠 후에 다시 오세요.
⑤ 你如果再这么胡闹，我也不管你了。[가정문]
  만일 또 이렇게 난리치면, 나도 당신을 상관하지 않겠어요.

그 외에 '再'는 능원동사 뒤에만 출현할 수 있지만, '又'는 능원동사 앞에만 출현할 수 있다.

⑥ 你能再让我看一眼吗?
  나에게 한번 더 보여줄 수 있나요?
⑦ 爷爷又能下床走动了。
  할아버지가 다시 침대에서 일어나 움직일 수 있게 되셨다.

3.15 "这件衬衫很大"와 "这件衬衫太大了"는 어떤 차이가 있을까?

부사 '很'과 '太'는 모두 정도를 나타내지만 용법이 다르다. '很'은 보통 객관적 상황을 설명한다. 즉 객관적으로 정도가 높음을 말한다. 반면 '太'는 화자의 주관 평가를 나타낸다. '太'에는 두 가지 용법이 있다. 첫째는 정도가 과하여 화자가 불만족을 표시하는 의미이다. 둘째는 감탄의 어조로 화자의 생각과 감정을 과장되게 강조한다.

① 这个苹果很红。
  이 사과는 빨갛다.
② 这顶帽子太红了。[정도가 과함, 불만족]
  이 모자는 너무 빨갛다.
③ 这顶帽子太漂亮了。[감탄]
  이 모자 너무 예쁘다.

3.16 '不'는 과거에 사용할 수 없고 '没(有)'는 미래에 사용할 수 없는 것일까?

부사 '不'와 '没(有)'는 모두 동사, 형용사 앞에 쓰일 수 있고 동작이나 성질 상태에 대한 부정을 나타내지만 구체적인 용법은 매우 다르다.

이들의 차이에 관한 주장 중 하나는, 부사 '不'가 과거의 동작 행위를 부정하는 데 쓰일 수 없으며 '没(有)'는 미래의 동작 행위를 부정하는 데 쓰일 수 없다는 것이다. 이것은 잘못된 주장으로 둘의 차이는 '미래'나 '과거'에 쓰는지에 있지 않다. '不'도 과거에 쓰일 수 있고 '没有'도 미래(다만 대부분 가정에 쓰임) 상황에 출현할 수 있기 때문이다.

① 昨天是他自己不去，不是我们不让他去。
  어제는 그가 스스로 안 간 거지, 우리가 그를 못가게 한 것이 아니다.
② 如果下周还没收到，请你跟我联系。
  만일 다음 주에도 아직 받지 않았다면, 제게 연락을 주세요.

그렇다면 이들의 차이는 주로 어디에서 드러나는 것일까? 정리하면 아래와 같다.

不: 주로 주관 의지에 쓰이며 현재, 미래와 과거의 동작 행위를 부정할 수 있음.
没有: 주로 객관 서술에 쓰이며 동작, 상태의 발생 혹은 완료를 부정하거나 과거, 현재, 미래의 가정 상황을 부정하는 데 쓰임.

③ a. 听说上次, 这次他都没参加。[객관, 과거]
　　들으니 지난번, 이번 모두 그는 참가하지 않았다.
　b. 听说下次他还不想参加。[주관, 미래]
　　들으니 다음번에도 그는 참가하고 싶지 않다.
　c. *听说下次他还没想参加。[주관, 미래]
④ 如果下次他还没注意到, 就提醒他一下。[가정]
　　만일 다음에도 그가 아직 알아채지 못했다면, 그에게 한번 알려주세요.
⑤ a. 我不吃早饭了。[주관, 현재]
　　나는 아침 안 먹을래요.
　b. 我没吃早饭呢。[객관, 현재]
　　나는 아침 안 먹었어요.
⑥ 明天我不去参观了。[주관, 미래]
　　내일 나는 참관 안 갈래요.

습관적 동작이나 상태를 부정할 때는 '不'를 쓴다.

⑦ 他既不抽烟也不喝酒。
　　그는 담배도 안 피고 술도 안 마신다.
⑧ 他从不说谎。
　　그는 거짓말을 전혀 하지 않는다.

비동작동사(주로 능원동사, 판단동사와 관계동사임. 예를 들어 '是/当/认识/知道/像')를 부정할 때는, 시간에 관계없이 모두 '不'를 쓴다.

⑨ 我不知道这样做对不对。
　　나는 이렇게 하는 것이 맞는지 아닌지 모르겠다.
⑩ 他不是我哥哥。
　　그는 내 형이 아니다.

학습자는 이런 상황에서 오류를 범할 가능성이 높은데, 과거를 부정하는 상황에서 반드시 '没'를 써야 한다고 오해하는 것이다.

⑪ *去年我没知道这件事。
⑫ *小时候他没像妈妈，现在越来越像了。

형용사 앞에서 성질을 부정할 때는 '不'를 쓴다.

⑬ 他最近身体<u>不</u>好，应该好好休息休息。
　 그는 요즘 몸이 좋지 않아서, 잘 쉬어야 한다.
⑭ 这种样式<u>不</u>好看，换那一件吧。
　 이 디자인은 예쁘지 않으니, 저것으로 바꿔요.

현재 지속되는 동작이나 상태를 부정할 때는 '不'를 쓸 수 없고, '没(有)'를 써야 한다.

⑮ a. 我去的时候，他正在看电视，<u>没</u>在做作业。
　　 내가 갔을 때, 그는 TV를 보고 있었고, 과제를 하고 있지 않았다.
　 b. *我去的时候，他正在看电视，不在做作业。
⑯ a. 灯<u>没</u>开着，屋里很暗。
　　 등이 켜져 있지 않아서, 방 안이 매우 어둡다.
　 b. *灯不开着，屋里很暗。

이미 실현된 동작 행위나 과거 경험을 부정할 때는, '没(有)'를 써야 하고 '不'를 쓸 수 없다.

⑰ a. 来北京以前，我<u>没</u>想到北京有这么多车。
　　 북경에 오기 전에, 나는 북경에 차가 이렇게 많은지 생각하지 못했다.
　 b. *来北京以前，我不想到北京有这么多车。

⑱ a. 你去过欧洲吗? 我没去过欧洲。
    유럽에 가봤어요? 저는 유럽에 못 가봤어요.
  b. *你去过欧洲吗? 我不去过欧洲。

3.17 왜 '有点儿长'은 맞는 표현인데 '一点儿长'은 잘못된 표현일까?

'有点儿'과 '一点儿'은 학습자가 틀리기 쉬운 문법 항목 중 하나이다. 이 둘은 정도가 약함을 나타내는데, 문장에서의 위치와 의미가 약간씩 다르다. 구체적으로는 아래와 같다.

'有点儿'은 부사로 형용사 앞에 쓰일 수 있다. 예를 들면 '有点儿骄傲, 有点儿太谦虚了'이다. 수량사 '一点儿'은 형용사 뒤에 쓰여 정도가 약함을 나타낸다. 예를 들어 '再高一点儿'이다. 구조화하면,

有点儿 + 형용사
예: 这个菜有点儿咸。 이 음식은 조금 짜다.
형용사 + 一点儿
예: 这个菜比那个菜咸一点儿。 이 요리는 그 요리보다 더 짜다.

부사 '有点儿'은 또 심리동사 앞에도 쓰일 수 있으며, '一点儿'은 명사 앞에도 쓰일 수 있다.

① 我有点儿想家。
   나는 집이 좀 그립다.
② 他今天只吃了一点儿水果和蔬菜, 没吃主食。
   그는 오늘 과일과 채소만 좀 먹고, 주식은 먹지 않았다.

'有点儿'은 자신의 느낌을 서술할 때 쓰이는데, 불만족의 뉘앙스가 있다. '一点儿'은 비교에 자주 쓰이는데, 두 가지 상황을 비교하거나, 자신이 바라는 상황과 실제 상황을 비교할 수도 있다. '一点儿'은 명령문에서 자신

의 바람이나 요구를 제시할 때도 자주 쓰인다.

③ a. 你说得有点儿慢。
말을 좀 천천히 하네요.
b. 请你说慢一点儿。
좀 천천히 말해주세요.
④ 你走快点儿, 好吗?
좀 빨리 걸으면 안될까요?

4. 부사 사례 해설

부사는 (문법 뿐 아니라 의미와 용법을 포함한) 사용상의 개별적 특징들이 공통 속성보다 더 강조되는 품사에 속한다.
각각의 부사가 모두 개별 사례로, 교사는 학습자의 실질적인 이해를 위해서 따로 설명하고 연습시켜야 하며, 한꺼번에 가르쳐서는 안 된다.

4.1 '都'의 문법 의미와 용법은?

'都'는 범위를 총괄하는 문법 의미를 나타내며, 구체적으로 그 앞의 사람이나 사물을 총괄하는 데 쓰인다.

① 他们都来了。
그들이 모두 왔다.
② 这些生词都不难。
이 단어들은 모두 어렵지 않다.

'都'는 또 수량 성분이나 명사 성분 앞에 쓰여, 수량이 많거나 등급이 높음을 나타내기도 한다.

③ 他都教授了。
   그는 벌써 교수이다.
④ 都十二点了，还不下课？
   벌써 12시인데, 아직도 수업을 마치지 않았어요?

여기에서는 범위를 총괄하는 '都'의 용법을 설명한다. 문장에 특수의문대체사 '什么, 谁, 什么时候, 哪儿' 등이 있으면 '都'는 서술어동사 앞에 쓰여, 뒤의 의문대체사가 묻는 부분을 총괄한다. 이 질문에 대답할 때는 '都'를 사용할 수 없다.

⑤ A: 这次旅游你都去了哪儿？
   이번 여행에 모두 어디를 갔나요?
   B: 我去了法国，意大利，比利时还有德国。
   저는 프랑스, 이탈리아, 벨기에와 독일에 갔습니다.

이것을 구조화하면 다음과 같다.

평서문: Ⓐ, Ⓑ, Ⓒ + 都……
의문문: ……都 + 동사 + 谁, 什么, 哪儿 ?

학습자가 '都'를 배우거나 사용할 때 발생하는 문제는 두 가지인데, 하나는 어순 오류(위 참조)이고, 둘째는 '都'의 누락이다.

⑥ *他每天想吃冰激凌。(他每天都想吃冰激凌。)
   (그는 날마다 아이스크림이 먹고 싶다.)
⑦ *我每个星期去看奶奶。(我每个星期都去看奶奶。)
   (나는 매주 할머니를 뵈러 간다.)

'都'를 사용하는 일부 경우에 '都'가 필수적이며, 없으면 이상하게 느껴질 수도 있다. 구체적으로 살펴보자.

(1) 문장의 주어가 복수이고 화자가 '전부'의 의미를 강조할 때, 서술어 동사나 형용사 앞에 '都'를 쓴다.

① a. 她既聪明又善良，老师同学都喜欢她。
   그녀는 똑똑하고 착해서, 선생님과 학우들이 모두 좋아한다.
   b. *她既聪明又善良，老师同学喜欢她。
② a. 这件风衣颜色样式都不错，买了吧。
   이 바바리코트의 색상과 디자인이 모두 괜찮으니, 사버립시다.
   b. *这件风衣颜色样式不错，买了吧。

(2) 문장에 '每, 各, 所有, 一切, 全部, ……些'와 '随时, 随地, 到处, 任何' 등의 단어가 출현했을 때는, 서술어 부분에 '都'를 사용하여 호응시켜야 한다.

① a. 我每天都游泳。
   나는 날마다 수영을 한다.
   b. ?我每天游泳。
② a. 所有接触过他的人都会对他产生深刻的印象。
   그를 접해본 모든 사람은 모두 그에 대해 깊은 인상을 가졌다.
   b. *所有接触过他的人会对他产生深刻的印象。
③ a. 巴黎大街上随时都能看见中国人。
   프랑스의 거리에는 언제나 중국인들을 만날 수 있다.
   b. *巴黎大街上随时能看见中国人。
④ a. 北京到处都是人，到处都是自行车。
   北京은 어디나 다 사람이고, 어디나 다 자전거이다.
   b. *北京到处是人，到处是自行车

⑤ a. 任何传染病人都会被送到隔离病房。
   어떤 감염병 환자든지 모두 격리병동으로 이송될 것이다.
   b. *任何传染病人会被送到隔离病房。

(3) 문장에 중첩 명사나 양사(역시 복수의미 포함)가 관형어로 출현할 때, '都'를 사용해야 한다.

① a. 我们班的同学个个都很聪明。
   우리 반 학우들은 한 명 한 명 모두 똑똑하다.
   b. *我们班的同学个个很聪明。
② a. 人人都应该遵守交通规则。
   사람들은 모두 교통 법칙을 준수해야 한다.
   b. *人人应该遵守交通规则。

(4) 문장에 포괄 지시를 나타내는 의문대체사('谁, 什么, 哪儿, 怎么' 등)가 출현할 때, 서술어 위치에 '都(또는 '也')'를 사용하여 호응시켜야 한다. 이때 '都(또는 '也')'는 필수적이다.

① a. 他在我们学校, 非常有名, 谁都认识他。
   그는 우리 학교에서 무척 유명해서, 모두 그를 안다.
   b. *他在我们学校, 非常有名, 谁认识他
② a. 我什么都没买。
   나는 어떤 것도 사지 않았다.
   b. *我什么没买。
③ a. 我怎么解释他都不听。
   내가 어떻게 해명해도 그는 듣지 않는다.
   b. *我怎么解释他不听。

(5) 문장에 '无论, 不管, 不论' 등 접속사가 있을 때, 서술어나 두 번째

절의 위치에 '都'를 사용해야 한다. 이는 '无论' 등에 관련된 상황이 복수이기 때문이다.

① a. <u>无论</u>你同意不同意，我<u>都</u>要去。
　　　네가 동의하든 안 하든 나는 갈 것이다.
　b. *无论你同意不同意，我要去。
② a. <u>不管</u>父母是否反对，他<u>都</u>铁了心要娶她。
　　　부모의 반대와 상관없이, 그는 그녀와 결혼할 마음을 굳혔다.
　b. *不管父母是否反对，他铁了心要娶她。

4.2 '才'는 수량 성분과 함께 쓰일 때 어떤 의미를 나타낼까? '就, 都'와는 어떤 차이가 있을까?

'才'도 학습자의 오류 비율이 높은 부사이다. 수량사 앞에 놓인 '才'와 뒤에 놓인 '才'는 다른 의미를 나타낸다. '才'의 위치에 따라 달라지는 두 가지 의미를 살펴보자.

첫째, '才'를 수량을 나타내는 단어 뒤에 사용. '就'와 반대임.

才: 화자의 생각에 시간이 늦고, 길거나 수량이 많거나 나이가 많음 등을 나타냄.
就: 화자의 생각에 시간이 이르고 짧거나 수량이 적거나 나이가 적음을 나타냄.

① 火车10点<u>才</u>到，我9点<u>就</u>来接你了。
　　[시간이 늦음] [시간이 이름]
　　기차가 10시가 되어서야 겨우 왔는데, 나는 9시부터 너를 데리러 왔다.
② 你真不得了，三十五岁<u>就</u>已经是教授了，我40多岁<u>才</u>评副教授。
　　　　　　　[나이가 적음, 시간이 이름] [나이가 많음, 시간이 늦음]
　　참 대단해요, 서른다섯에 벌써 교수라니. 나는 마흔이 넘어 겨우 부교수 심사를 받았는데.

③ 你太聪明了，一遍就记住了，我得三遍才能记住。
　　　　　　　　[수량 적음]　　　　[수량 많음]
정말 똑똑하네요, 한 번에 바로 기억하다니. 나는 세 번은 되어야 겨우 기억하는데.

둘째, '才'를 수량을 나타내는 단어 앞에 사용. '都'와 반대임.

才: 화자가 봤을 때 시간이 이르거나 짧고, 나이가 적거나 수량이 적음 등을 나타냄.
都: 화자가 봤을 때 시간이 늦거나 길고, 나이가 많거나 수량이 많음 등을 나타냄.

① a. 才6点，你就打算起床吗? [시간 이름]
　　　겨우 6시인데 일어나려고 하나요?
　b. 都10点了，你还不起床? [시간 늦음]
　　　벌써 10시인데 아직도 안 일어나요?
② 你都写20万字了，我才写1万多。
　　[수량 많음]　　　　[수량 적음]
　당신은 벌써 20만 자를 썼지만, 저는 겨우 만 자 정도 썼어요.

4.3 왜 '差点儿哭了'와 '差点没哭'의 의미는 같은데 '差点儿考上'과 '差点没考上'은 다를까?

부사 '差点儿'은 수식하는 단어에 따라 의미가 다르다. 일어나길 원하지 않는 일을 수식할 때는 긍정과 부정 의미가 동일하게 결과적으로 모두 일어나지 않았으며, 좋지 않은 일이 일어나지 않았기 때문에 다행임을 나타낸다.

① 下雪后，地上太滑了，他差点儿滑倒了。[미끄러지지 않았음]
　눈이 내린 후에, 땅이 너무 미끄러워, 그는 하마터면 미끄러질 뻔했다.

= 下雪后，地上太滑了，他差点儿没滑倒。[미끄러지지 않았음]
눈이 내린 후에, 땅이 너무 미끄러워, 그는 겨우 미끄러지지 않았다.

② 刚才他差点儿被汽车撞倒。[부딪히지 않았음]
방금 그는 하마터면 차에 부딪힐 뻔했다.
= 刚才他差点儿没被汽车撞倒。[부딪히지 않았음]
방금 그는 겨우 차에 부딪히지 않았다.

일어나길 바라는 일을 수식할 때, 긍정과 부정의 의미가 달라진다. 뒤에 긍정 형식이 오면 결과적으로 일어나지 않아 아쉬움을 나타내고, 뒤에 부정 형식이 오면 결과적으로 일어나서 다행임을 나타낸다.

③ 他考了59.5分，差点儿就及格了。[합격 못 함]
그는 59.5점으로 거의 합격할 뻔했다.
≠ 录取线是532分，她刚好532，差点儿没考上。[붙었음]
합격선은 532점인데, 그녀는 딱 532점으로 하마터면 못 붙을 뻔했다.

4.4 "明天再去", "说完再干"과 "再贵也要买"에서 '再'의 의미는 같을까?

부사 '再'에는 다양한 의미가 있다.

A조
① 今天不在没关系，明天再去一次。
오늘 안 계셔도 괜찮습니다. 내일 한 번 더 갈게요.
② 白酒不喝了，再喝点儿红酒吧。
중국 술은 그만 마시고, 와인을 좀 더 마십시다.

B조
③ 做完作业再玩。
숙제를 다 하고 놀다.

④ 洗了衣服再出去。
   옷을 세탁하고 나가다.

C조
⑤ 学费再贵也得花啊!
   학비가 아무리 비싸도 써야지!
⑥ 这样的人再聪明也学不好。
   이런 사람은 아무리 똑똑해도 잘 배우기 힘들다.

위의 예를 보면 3개 조의 '再' 용법과 의미가 모두 다르다. A조에서 '再'는 동일한 동작이 더해짐을 나타내어 완전히 같은 동작(동작과 동작 대상 모두 같음)의 중복일 수도 있고(예문①), 일부 같은 동작(동작은 같지만 동작 대상이 다름)의 중복일 수도 있다(예문②). B조에서 '再'는 동작이 특정 시간을 경과하여 진행됨을 나타낸다. C조에서 '再'는 정도가 심하더라도 결과가 모두 동일함을 나타낸다.

이 세 가지 의미는 학습자에게도 어려운 부분으로 최대한 구조화된 형식으로 적절한 예문을 배치하여 이해를 도와야 한다.

A조 의미:

已经去过一次	再去一次
이미 한 번 가봤음	한 번 더 가다
已经喝了白酒	再喝点红酒
이미 중국 술을 마셨음	와인을 좀 더 마시다

B조 의미:

先做完作业	然后玩
우선 숙제를 마치고	그러고 나서 논다.
先洗完衣服	然后出去
우선 옷을 빨고	그러고 나서 나간다.

C조 의미:

C조의 의미는 '即使……也……'에 해당한다.
불필요한 오류를 줄이기 위해 다음과 같이 구조화할 수 있다.

주어 + 再 + 형용사/심리동사 + 也/都 + ……

他　　　再　　　聪明　　　　也　　　学不好。
그가 아무리 똑똑해도 잘 못 배운다.
你　　　再　　　难受　　　　也　　　得露个面。
당신이 아무리 힘들어도 얼굴은 비춰야죠.

만일 문장에 2개 주어가 있다면, 두 번째 주어를 '也, 都' 앞에 놓아야 한다. 구조화하면 다음과 같다.

주어₁ + 再 + 형용사/심리동사 + 주어₂ + 也/都 + ……

她　　　再　　　漂亮　　　我　　　也　　　不喜欢她。
그녀가 아무리 예뻐도 나는 안 좋아한다.
烤鸭　　再　　　好吃　　　我　　　也　　　不吃。
烤鸭가 아무리 맛있어도 나는 안 먹는다.

구조화하는 방식으로 교육하지 않으면, 학습자는 아래와 같은 오류를 범하기 쉽다.

① *她再漂亮也我不喜欢她。
② *烤鸭再好吃也我不吃。

5. 부사 교육

의미, 통사와 화용 등 다양한 각도에서 부사의 교육 문제를 다뤄야 할 필요가 있다. 구체적으로, 아래 두 가지에 유의하자.

(1) 부사의 의미와 사용 환경을 자세히 설명하여, 정확하게 이해할 수 있게 해야 한다.

부사의 의미는 추상적이며 동일 범주 내에서 의미가 비슷한 단어들이 많기 때문에, 부사가 지닌 특정한 함축 의미를 밝혀야 정확한 용법을 파악할 수 있다. 그렇지 않으면 과도하게 포괄적이거나 단편적 의미 해석으로, 오히려 이해를 어렵게 만들 수 있다. 예를 들어 "我又没学过日语, 怎么能翻译日文小说！"의 문장을 일부 교재에서는 '又'가 '부정을 강화'한다고 설명하였다. 이 부분만을 설명한다면, 다음과 같은 오류가 발생할 수 있다.

① A: 昨天你为什么迟到了?
　　　어제 왜 지각했어요?
　　B: *老师, 我昨天又没迟到。(……, 我昨天并没迟到)
　　　(……, 저는 어제 지각하지 않았습니다.)

학습자가 이 같은 오류를 범하는 것은, '又'의 특정 함축 의미를 제대로 이해하지 못했기 때문이다. 아래 몇 가지 예문으로 '又'의 함축 의미를 살펴볼 수 있다.

② 宿舍又不是你自己的家, 不能随便晾衣服做饭。
　　기숙사가 자기 집도 아닌데, 아무렇게나 빨래를 널고 요리를 해선 안 됩니다.
③ A: 明天的考试到底会考什么呢?
　　　내일 시험에서 대체 어떤 걸 평가할까요?
　　B: 我又不是老师, 我怎么知道!
　　　내가 선생님도 아닌데, 어떻게 알겠어요!

'又'의 문법 의미는 어떤 일이나 상황이 존재하지 않거나 갖춰지지 않은 전제, 조건, 원인 등을 강조하는 것(马真 2001)으로 적합한 맥락은 다음과 같다. 화자는 '又'를 사용하여 어떤 일이 발생하는 전제 조건의 부정을 강화하여, 관련 상황에 대한 불만, 반대, 의문의 태도를 표명하거나 부정적으로 답변한다. 이러한 미묘한 의미 차이는 반드시 예문을 통해 알려줘야 한다.

또 부사 '并'의 예를 들면, 많은 교재와 사전에서 '并'은 부정사 앞에서 강조를 나타내며 부정의 뉘앙스를 강조한다고 하였다. 잘못된 것일까? 그건 아니다. 그러나 단문의 예만 든다면 예를 들어 "我并不想去上海"와 같은 문장에서 학습자는 '并'을 어떤 맥락에서 사용하는지를 이해하기 어렵다. 중국어에서 '강조'라고 기술되는 성분이 너무 많아 무엇이 '강조'인지 알 수가 없다. 보통은 교재, 사전의 설명을 보고 활용하게 되는데, 결과적으로 학습자는 형식상으로는 정확하나 표현이 어색한 문장을 만들어내게 된다.

① A: 这件事你告诉你父母了吗?
　　 이 일을 부모님께 말씀 드렸어요?
　 B: *我并没有告诉他们，我怕他们担心。
② A: 昨天你去参观了吗?
　　 어제 관람하러 갔어요?
　 B: *我并没有去参观，人太多了。
③ A: 你明天去西安吗?
　　 내일 西安에 가나요?
　 B: *我明天有考试，并不能去西安。
④ A: 你昨天参加汉语日的表演了吗?
　　 어제 중국어의 날 공연에 참여했나요?
　 B: *我并没参加表演。

위의 예문에서 '并'은 모두 적절한 용례가 아니다. 왜냐하면 '并'은 화자가 사실 또는 실제 상황을 강조해서, (자신의 원래 생각을 포함한) 견해를 부정하거나 반박할 때만 쓰기 때문이다(马真 2001). 이 같은 화용 조건은 단문에서는 구현되기 어렵고, 반드시 앞뒤 맥락이 필요하다.

⑤ 老师: 田承恩, 昨天你去喝酒的时候看到班长了吗?
　 선생님: 田承恩, 어제 술 마시러 갔을 때 반장을 봤나요?
　 田承恩: 老师, 我昨天并没去喝酒。
　 田承恩: 선생님, 저는 어제 술 마시러 안 갔는데요.

⑥ 学生₁: 我知道你喜欢她, 为什么还不告诉她?
　 학생₁: 나는 당신이 그녀를 좋아하는 걸 알아요. 왜 말하지 않는 거예요?
　 学生₂: 我并不喜欢她。
　 학생₂: 나는 그녀를 안 좋아하는데요.

위의 예에서 田承恩이 "我昨天并没去喝酒"라고 말한 것은 선생님이 "你去喝酒了"라고 말했기 때문이다. 마찬가지로 학생₂가 "我并不喜欢她"라고 대답한 것은 학생₁이 "你喜欢她"라고 했기 때문이다. 이처럼 타인의 관점을 반박할 때만 '并'을 쓴다. 그렇지 않으면 잘못된 표현이다.

학습자가 이 용법을 이해하게 하려면, 보다 구체적으로 제약 조건을 밝힐 필요가 있다. '并'은 교재의 설명처럼 부정문에 쓰이지만, 모든 부정문에 '并'을 쓸 수는 없고 특정한 사용 조건이 있다. 즉, 타인이나 자신이 원래는 상황 A라고 생각했으나, 사실은 그 상황이 아닌 경우이다. 이렇게 전제에 대한 부정을 강화하기 위해, 즉 사실 혹은 관점이 생각한 바가 아닐 때 '并'을 쓰며, 그렇지 않을 때는 쓰지 않는다.

⑦ A: 我说了, 不让你告诉他, 你为什么偏偏告诉他?
　 내가 그에게 알려주지 말라고 말했잖아요. 왜 하필 그에게 알려준 거예요?

B: 我并没告诉他，是他自己猜出来的。
　　　내가 그에게 알려준 게 아니에요. 그가 스스로 알아낸 거지.
⑧ 你别看她整天满面笑容的，其实她并不幸福。
　　그녀는 하루 종일 웃고 있지만, 사실 그녀는 행복하지 않다.

또 부사 '反而'은 여러 교재와 사전에서 "상위 맥락과 반대 의미를 나타낸다"고 하였다. 이러한 해석에 따라 학습자는 아래와 같은 오류문을 만들게 된다.

① *我知道他很喜欢我，反而我一点儿也不喜欢他。
② *冬天的时候，哈尔滨外边很冷，反而屋里很暖和。

학습자는 '상위 문장과 반대되는 의미'를 표현했는데 어째서 잘못된 것일까? 이는 '反而'이 문장에서 출현할 때 특수한 의미 조건을 지니기 때문이다(马真 1983).
아래 예문을 보자.

③ 春天了，天气应该暖和了，反而又下起了雪。
　　봄이라 날씨가 따뜻해져야 하는데, 오히려 또 눈이 왔다.
④ 他给老婆买了一束鲜花，本以为老婆会高兴，没想到她不但没高兴，反而把他臭骂了一顿。
　　그는 아내에게 꽃 한 다발을 사 주었고, 아내가 좋아할 거라고 생각했다. 그런데 뜻밖에도 아내는 좋아하기는커녕 오히려 그를 호되게 뭐라고 했다.
⑤ 他吃了这种药，不但没好，反而更严重了。
　　이런 약을 먹고 그는 좋아지지 않았을 뿐더러, 오히려 더욱 심해졌다.

학습자에게 이 용법을 이해시키려면 구체적으로 의미와 화용 조건을 밝힐 필요가 있다. '反而'은 교재에서 말한 것처럼 '상위 맥락과 반대됨'을 나타내지만 상위 문장과 반대되는 의미를 나타낸다고 모두 '反而'을 쓸 수 있는 것은 아니고 자체적인 사용 조건이 있다. 즉, '상위 맥락에 따라 상황 A가 출현해야 하나 출현하지 않고, 반대 상황 B가 출현하였으며 그것이 상황에 안 맞거나 예상하지 못한 일'인 경우에만 B 앞에 '反而'을 사용하는 것이다.

(2) 문장 유형, 음절, 긍정 부정, 출현 위치, 단순/복잡 형식 등의 기준에서 부사의 제약 조건을 밝힌다.

앞서 부사 구별 문제에서 다룬 것과 같이, 일부 부사는 문장 유형, 음절, 긍정 부정, 출현 위치, 단순/복잡 형식과 관련한 제약 조건을 지닌다. 이러한 조건들을 교사가 제대로 알고 있어야 제대로 설명하고, 오류를 고쳐줄 수 있다. 예를 들어 어기부사 '难道'는 비의문문과 반어문에서만 사용하고 기타 의문문, 예를 들어 특지의문문, 선택의문문과 정반의문문에서는 사용할 수 없다.

② a. 你难道不知道今天有考试吗?
오늘 시험이 있는지 설마 모르나요?
 b. *你难道买不买?
 c. *你难道去哪儿?

또 예를 들어 많은 부사가 출현 위치에 엄격한 조건이 있다. 여기에서 말하는 위치는 문장에서 부사의 출현 위치를 말하는 것으로, 주어 앞인지 뒤인지 등이다. 교육 경험상 부사의 위치는 아무리 강조해도 지나치지 않는다. 이와 관련해서 발생하는 오류가 매우 보편적이기 때문이다. 예를 들어 부사 '就, 都, 才, 也' 등의 어순 오류가 매우 흔하게 발생한다.

① *昨天我跑了好几家书店，才我买到这本书。['才'를 '我' 뒤에 놓아야 함]
② *老师讲了很多遍，才我们明白。['才'를 '我们' 뒤에 놓아야 함]
③ *这个语法不难，老师一讲，就我们懂了。['就'를 '我们' 뒤에 놓아야 함]
④ *只要努力，就你能考好。['就'를 '你' 뒤에 놓아야 함]
⑤ *都我们是韩国留学生。['都'를 '我们' 뒤에 놓아야 함]
⑥ *都这些书对我来说很难。['都'를 '对我来说' 뒤에 놓아야 함]
⑦ *班长说去韩国饭馆，也我们同意了。['也'를 '我们' 뒤에 놓아야 함]
⑧ *姐姐喜欢唱歌，也我喜欢唱歌。['也'를 '我' 뒤에 놓아야 함]

부사의 출현 위치는 고정적인데, 예를 들어 부사 '就(시간 의미), 都, 才, 也' 등은 모두 주어 뒤에 위치해야 하며 앞에 올 수 없다(일부 의미 항목은 제외). 따라서 부사 교육에서 특정 부사의 위치 조건에 유의할 필요가 있다.

일부 부사는 주어 앞이나 뒤에 놓일 수 있지만, 어순 차이가 의미 차이를 가져올 수도 있다.

① a. 就他知道你的秘密。['他(그)'를 한정함]
　　그가 너의 비밀을 안다.
　b. 他就知道你的秘密。['你(너)'를 한정함]
　　그가 너의 비밀을 안다.
② a. 幸亏他回来了，及时解决了问题，才不致停产。
　　다행히 그가 돌아와 적시에 문제를 해결해서, 겨우 생산 중단까지는 가지 않았다.
　b. 他幸亏回来了，才没碰上那场地震。
　　그가 다행히 돌아와서, 그 지진을 겪지 않을 수 있었다.

예문②의 a문장은 주어의 역할 덕분에 어떤 좋지 않은 일을 피했음을 의미하여, 수혜자가 다른 사람이 된다(주어를 포함할 수도 있음). b문장은 주어 스스로가 어떤 불리한 일을 피했음을 의미하므로, 수혜자는 주어 자신이다.

또 예를 들어 부사 '一时'가 있다. '一时'는 의미 항목이 여러 개인데, 그 중 부사 '一时'는 학습자에게 어려운 부분이다. 주요 원인은 중국어 교재에서 '一时'의 설명이 너무 단순하기 때문이다. 교재에서는 대부분 '짧은 시간 내에'라고 해석하고 있어, 학습자는 이러한 설명에 따라 아래와 같은 오류를 범하게 된다.

① *老师，我一时坐在前面，明天真善来了，我就坐后面。
② *太冷了，我们一时关上空调好吗?
③ *请你一时停下来陪陪我吧。

부사 '一时'는 그 뒤에 출현하는 단어에 특수한 제약 조건이 있는데, 먼저 예문을 보자.

④ 他一时紧张就报了警。
   그는 순간 긴장해서 신고를 했다.
⑤ 他一时激动就忘了以前的约定。
   그는 순간 흥분해서 이전의 약속을 잊었다.
⑥ 这个电子词典我一时用不上，你先拿去用吧。
   이 전자사전은 나는 한동안 쓸 수가 없으니, 우선 가져가서 써요.
⑦ 她名字叫什么，好像就在嘴边，可一时想不起来。
   그녀의 이름이 무엇인지, 입가에 맴돌지만 순간 생각이 나지 않았다.

여러 예문들로 봤을 때, 부사 '一时'는 뒤의 동사가 심리동사이거나 부정 형식이어야 한다. 구조화된 형식으로 '一时'의 이러한 특징을 알려준다면, 여러 오류를 피할 수 있을 것이다.

一时+심리동사+就…… 一时激动/高兴/生气/紧张/糊涂/大意

一时+동사+不+보어　　一时想不起来/拿不出来/转不过弯/来不了
一时+不+동사　　　　一时不能告诉你/不理解/不明白

VIII. 수사

> 1. 기수사
>   1.1 기수사와 기수사 읽는 법
>   1.2 '二'과 '两'은 어떤 차이가 있을까?
>   1.3 '半'의 용법: 학습자는 왜 자주 '一半个小时'라고 말할까?
>   1.4 '一'의 용법: "一本书多少钱?"에서 '一'는 생략 가능할까?
> 2. 서수사
> 3. 어림수 표현법
>   3.1 어림수를 표현하는 방법은? 어림수 교육에서 유의할 점은?
>   3.2 '前后'와 '左右': 왜 '春节前后'는 맞는 표현인데 '春节左右'는 잘못된 표현일까?
> 4. 수사의 활용

1. 기수사

1.1 기수사와 기수사 읽는 법

기수사는 그 수가 얼마인지를 나타낸다. 기수사를 읽는 방법은 계수와 자릿수로 구분한다. 계수는 '零, 一, 二, 三, 四, 五, 六, 七, 八, 九(0, 1, 2, 3, 4, 5, 6, 7, 8, 9)'이며, 자릿수는 '个, 十, 百, 千, 万, 十万, 百万, 千万, 亿(일, 십, 백, 천, 만, 십만, 백만, 천만, 억)' 등이다. 예:

```
9 4 8 5 , 6 7 5 2     ['九千四百八十五万六千七百五十二'로 읽음]
千 百 十 万   千 百 十 个
万 万 万
```

기수사를 읽을 때 아래의 몇 가지 점에 유의해야 한다.

(1) 수를 셀 때 네 자리를 하나의 단위로 본다. 그래서 학습자에게 숫자 세는 방법을 연습시킬 때는 아라비아 숫자를 오른쪽부터 나열하여 네 자리마다 쉼표를 찍게 한다. 이렇게 네 자리를 하나의 단위로 표기하면 '천, 백, 십, 일'이 명확해진다. 그리고 '만' 단위는 '万'을 넣어서 연습시킨다.

(2) 분수와 백분율은 먼저 분모를 읽은 후에, 분자를 읽는다. 분수는 '几分之几', 백분율은 '百分之几'로 읽는다. 예:

2/5: '五分之二(5분의 2)'로 읽어야 한다.
80%: '百分之八十(100분의 80)'로 읽어야 한다.

(3) 일부 기수사는 읽는 법에 특별히 유의하여야 한다.

첫째, 10에서 19까지는 '十, 十一……十九'라고 읽지만 '一'가 '百, 千, 万, 亿'와 결합할 때는 '一'를 읽어야 한다. 그리고 '百, 千, 万, 亿' 뒤에 출현하는 십의 자릿수가 '一'일 경우에도 읽어야 한다. 예:

119: '一百一十九'로 읽는다.
17017: '一万七千零一十七'로 읽는다.

둘째, 정수에서 마지막 자릿수는 생략이 가능하다. 예:

45000: '四万五千' 또는 '四万五'로 읽는다.
390: '三百九十' 또는 '三百九'로 읽는다.

셋째, 정수 가운데 0이 여러 개 있을 때 0을 한 번만 읽는다. 그러나 정수 마지막 자리에 0이 여러 개 있으면 0을 읽지 않는다. 예:

36009: '三万六千零九'로 읽는다.
47000: '四万七(千)'으로 읽는다.

1.2 '二'과 '两'은 어떤 차이가 있을까?

'二'과 '两'은 모두 '2'를 나타내나 용법이 다르다.

(1) 자릿수 앞에 위치한 경우, '十' 앞에는 '二'만 사용한다. 예를 들면 '二十'이다. 그러나 '百, 千, 万, 亿' 앞에는 '二, 两'이 모두 가능하다. 예를 들면 '二百, 二千, 二万, 二亿'도 가능하고, '两百, 两千, 两万, 两亿'도 가능하다.

(2) 자릿수 앞을 제외한 다른 자리에 위치한 경우, 모두 '二'을 사용한다. 예를 들면 '十二, 三点一二, 三分之二'이다.

(3) 양사 앞에 한 자리 숫자로 사용하는 경우, '两'을 사용한다. 예를 들면 '两本, 两件, 两个'이다. 그러나 두 자릿수 이상이면 모두 '二'을 사용한다. 예를 들면 '十二本书, 一百二十三个孩子'이다.

(4) 도량형 양사 앞에는 주로 '二'을 사용한다. 그러나 '米, 吨, 公里' 등의 새롭게 생긴 도량형 양사 앞에는 '两'을 사용한다. 예를 들면 '二斤, 两米, 两公里'이다.

(5) 서수사에는 '二'을 사용한다. 예를 들면 '第二, 二层, 二年级' 등이다.

(6) 2개가 한 쌍을 이루는 것은 주로 '两'을 사용하고, '二'은 사용하지 않는다. 예를 들면 '两腿发软', '两耳不闻' 등이다.

1.3 '半'의 용법: 학습자는 왜 자주 '一半个小时'라고 말할까?

이 문제는 문장 내에서 수사 '半'의 위치와 관련이 있다. '0.5+양사+명사'를 표현할 때 이렇게 말할 수 있다. 예:

半个小时　　　半杯水　　　　半碗饭
半年　　　　　半本书　　　　半个月

그러나 '….5+양사+명사'를 나타낼 때는 위와 동일한 순서로 말하면 안 된다. 예:

*一半个小时　　*两半杯水　　*三半碗饭
一个半小时　　　两杯半水　　　三碗半饭

*四半年　　　　*五半块钱　　*六半个月
四年半　　　　　五块半钱　　　六个半月

그런데 영어 모어 학습자는 종종 모국어의 영향으로 '一半个小时'이라고 잘못 말한다. 교사는 구조화의 방법으로 풍부한 예시를 제시하여, '半'의 위치가 다른 언어와 다르다는 것을 강조한다. 예:

'0.5+양사+명사'를 표현			'….5+양사+명사'를 표현			
半 + 양사 + 명사			수사 + 양사 + 半 + 명사			
半	个	月	三	个	半	月
半	个	小时	两	个	半	小时
半	斤	肉	五	斤	半	肉

1.4 '一'의 용법: "一本书多少钱?"에서 '一'는 생략 가능할까?

사물의 수량을 말할 때는 반드시 수사를 사용해야 한다. 그러나 구어체에서 수사가 '一'이면 생략이 가능할 때도 있다.

① 他交了一个中国朋友。/他交了个中国朋友。
　　그는 중국 친구 한 명을 사귀었다.

② 妈妈买了一个西瓜。　/妈妈买了个西瓜。
　　엄마가 수박 한 통을 사셨다.
③ 一个西瓜多少钱?　　/ *个西瓜多少钱?
　　수박 한 통에 얼마예요?
④ 一本书多少钱?　　　/ *本书多少钱?
　　책 한 권에 얼마예요?

위의 예문을 보면 수사가 '一'일 때 무조건 생략이 가능한 것은 아니다. 예문①, ②와 같이 '一+양사+명사'가 목적어로 쓰여 수량을 전혀 강조할 필요가 없을 때만 생략할 수 있다.

'一'는 숫자가 아닌 '满(가득)'의 의미로 쓰여 상황을 묘사하기도 하는데 이때 '一'는 생략할 수 없다.

⑤ 她累得一头汗。
　　그녀는 힘들어서 머리가 온통 땀에 젖었다.
⑥ 我吓了一身冷汗。
　　나는 놀라서 온몸에 식은땀이 났다.

'一'가 동사/형용사 앞에 쓰여 갑자기 발생한 짧은 동작이나 변화를 나타내기도 하는데, 이때 뒤에는 절이 출현한다.

⑦ 他抬头一看，吓了一跳。
　　그가 고개를 들어 보고는, 깜짝 놀랐다.
⑧ 她脸一红，什么也没说。
　　그녀는 얼굴이 빨개져서는 아무 말도 하지 않았다.

2. 서수사

서수사는 순서를 나타내는 수사로, 서수사의 기본 표기법은 '第+기수사'
이다. 예:

  第一   第二   第三
  첫 번째 두 번째 세 번째
  第一天 第二次 第三名
  첫날   두 번째 3등

그러나 일부 상용 서수사 표현은 '第'를 사용하지 않는다. 예:

- ~년: 1997年, 2009年
- ~월: 一月, 五月
- ~일: 14号, 20号
- 가족 항렬: 大哥, 二姐
- 건물 층수: 三层, 四楼
- 차량 번호: 601路, 374路, 头班车/首班车, 末班车
- 조직 구조: 二年级, 一班, 三组, 一厂

전화번호, 방 호수, 연도는 습관적으로 계수만 읽고 자릿수는 읽지 않는다. 그리고 '1'은 주로 'yāo'로 읽는다(시간을 나타내는 경우는 제외). 예:

- 010-6893-1801 [전화번호]: '零yāo零一六八九三一yāo八零yāo'로 읽는다.
- 501房间[세 자릿수 이상의 방 번호]: '五零yāo房间'으로 읽는다.
- 1997年: '一九九七年'으로 읽는다.

버스와 열차의 차량번호는 특수한 경우로, 다음과 같이 읽는다.

[버스] 26路: '二十六路'로 읽는다.
302路: '三零二路'로 읽는다.
[열차] T31次: 'T三十一次'로 읽는다.
T301次: 'T三零yāo次'로 읽는다.

3. 어림수 표현법

3.1 어림수를 표현하는 방법은? 어림수 교육에서 유의할 점은?

화자가 정확한 숫자를 말하고 싶지 않거나 그럴 필요가 없을 때는 대략적인 숫자로 표현하는데, 이를 '어림수'라고 한다. 일부 부사, 조사, 수사 등을 사용해서 어림수를 나타낼 수 있는데 다음과 같다.

(1) 수사 앞에 '大概, 大约, 可能'을 추가한다. 예를 들면 '大概5岁, 大约30个学生, 可能60块' 등이 있다.

(2) 수사 앞에 '近, 上'을 추가한다. '近'은 화자의 관점에서 비교적 큰 수치의 수량구 앞에 위치하여 그것에 근접한 수량을 표현한다. 예를 들면 '近百人, 近万人, 近十三亿人口, 近十年' 등이 있다. '上'은 '百' 이상의 자릿수 앞에서만 사용되는데, 그 수치에 '충분함, 도달함'을 나타낸다. 예를 들어 '上万人'은 '사람 수가 만에 다다름'을 의미한다. 그리고 자릿수나 양사 뒤에 '的'를 추가하면 '수치가 큼'을 강조한다. 예를 들면 '上万辆的车, 上千的学生' 등이 있다.

(3) 기수사 뒤에 '左右, 上下, 前后, 以上, 以下'를 추가한다. 예를 들면 '30岁左右, 十斤上下, 圣诞节前后, 十六岁以上的人可以喝酒' 등이 있다.

(4) 수사 뒤에 '来'를 추가한다. 앞의 수사가 나타내는 수량에 근접함을 나타내는데, 많을 수도 적을 수도 있다. 정수에만 사용되고, 대부분은 구어체이다. 유의할 점은 '자릿수(十, 百, 千, 万)+来'의 의미를 사람마다 다르게 생각할 수 있다는 것이다. 예를 들어 '十来个人'을 어떤 사람은

열 명보다 많다고 보고, 어떤 사람은 열 명보다 적다고 본다. 또 어떤 사람은 둘 다 가능한 것으로 본다.

또 다른 유의점은 '来' 앞의 숫자가 다르면 어순도 달라진다는 것이다.

a. 수사의 마지막 자릿수가 1-9일 때의 어순은 '수사+양사+来+명사'이다. 예를 들면 '五斤来苹果'이다.

b. 수사의 마지막 자릿수가 0(정수 10, 정수 100, 정수 1000 등)일 때, 어순은 '수사+来+양사+명사'이다. 예를 들면 '二十来岁, 三十来个'이다. 이와 관련해서 학습자에게 다음과 같은 오류가 자주 출현한다.

① *我们买了30斤来苹果。(我们买了30来斤苹果。)
(우리는 30근 남짓의 사과를 샀다.)
② *我们打了3来个小时。(我们打了3个来小时。)
(우리는 세 시간 남짓 쳤다.)

수사가 '10'일 때 '来'는 '十斤来肉', '十来斤肉'와 같이 양사의 앞이나 뒤에 모두 위치할 수 있다. '十斤来肉'는 10근에서 50그램 정도 넘긴 것이고, '十来斤肉'은 10근에서 한두 근이 많거나(예: 11근) 적은 수량(예: 9근)이다.

(5) 수사 뒤에 '多'를 추가한다. 앞의 숫자를 조금 넘는 수치를 나타내는 데 이 용법은 '来'와 동일하다.

a. 수사의 마지막 자릿수가 1-9일 때, 어순은 '수사+양사+多+명사'이다. 예:

1.67元 —— 一块多   25天 —— 三个多星期
750天 —— 两年多   8.5小时 —— 八个多小时

이때 양사는 보통 연속양사로, 실제로는 더 작은 단위로 쪼개질 수 있

다. 예를 들어 '1元=10角=100分, 1年=365/366天, 1小时=60分钟=3600秒'
이다.

'수사+양사+多+명사'는 '수사보다 조금 더 큰 수량'을 나타낸다. 예를 들어 '一块多'는 '一块几毛钱'을 의미한다.

어떤 사건이나 사물은 정수로만 계산되는데, 이때는 '多'를 사용할 수 없다. 이 점에 유의하지 않으면 학습자는 다음과 같은 오류를 범할 수 있다.

① *我去了四次多上海。
② *我们班有十个多人。(我们班有十多个人。)
　(우리 반에 10여 명이 있다.)

b. 수사의 마지막 자릿수가 0(정수10, 정수100, 정수100 등)일 때, 어순은 '수사+多+양사+명사'이다. 예:

54元 — 五十多元　　438元 — 四百三十多块, 四百多块
23岁 — 二十多岁　　35天 — 三十多天

수사가 10일 때 '多'는 양사 앞이나 뒤에 모두 위치할 수 있으나 각각의 의미는 다르다. 한 예로, '十多块钱'과 '十块多钱'을 보자. '15块钱'은 '十多块钱'이라고만 말할 수 있다. 그러나 '10块5毛钱'은 '十多块钱'이라고도 말할 수 있고 '十块多钱'이라고도 말할 수 있다.

(6) 자릿수 '百', '千', '万'과 일부 양사 뒤에 '把'를 사용하여 어림수를 나타내는데 이는 '一'를 의미한다. 이때 자릿수와 양사 앞에 계수사는 사용할 수 없다. 예를 들어, '百把人'은 '一百来人'을 의미하며 '一百把人'은 잘못된 표현이다. '万把块钱'은 '一万来块钱'을 의미하며 '一万把块钱'은 잘

못된 표현이다. '个把月', '个把星期'는 각각 '一个来月', '一个来星期'를 의미한다.

(7) '几'는 원래 의문대체사이나 어림수도 나타낸다. 10 이내의 수를 의미한다.

① 我吃了几块饼干就来上课了。
우리는 과자 몇 조각을 먹고 수업에 왔다.
② 这衣服只要几十块钱。
이 옷은 몇 십위안 밖에 안 한다.

(8) 가까운 숫자 2개를 연용하면 어림수를 나타낼 수 있다. 이때 숫자는 작은 것에서 큰 것의 순서로 나열한다('三两个人'은 예외임, '三两'은 '적음'을 나타냄). 예를 들면 '三四个, 五六个, 七八个, 八九个' 등이 있다. 유의할 점은 연이은 두 숫자의 자릿수가 같으면 자릿수는 한 번만 말한다. 학습자가 이 점을 간과하여 자주 다음과 같은 오류가 출현한다. 예:

十一二个人 — *十一十二个人   十四五个人 — *十四十五个人
二三百个人 — *二百三百个人   六七千个人 — *六千七千个人

두 숫자의 끝자리가 '9'와 '0' 혹은 '0'와 '1'일 때는 연용할 수 없다.

① a. *这篇课文我念了九，十遍。
  b. 这篇课文我念了十来遍。
     이 본문을 나는 10번 내외로 읽었다.
② a. *我有十，十一个朋友。
  b. 我有十来个朋友。
     나는 10명 내외의 친구가 있다.

3.2 '前后'와 '左右': 왜 '春节前后'는 맞는 표현인데 '春节左右'는 잘못된 표현일까?

'前后'와 '左右'는 모두 어림수를 나타낼 수 있지만, 용법이 완전히 동일하지는 않다. 비교하면 다음과 같다.

	시점	시구간	기타 수량
左右	六点左右	六个小时左右	50公斤左右
	*春节左右	三年左右	一米七左右
前后	六点前后	*六个小时前后	*50公斤前后
	春节前后	*三年前后	*一米七前后

'左右'는 시간을 나타낼 때 시점과 시구간에 모두 사용할 수 있다. 그리고 기타 수량을 나타낼 때도 사용할 수 있다.

① 我们十一点左右下课。[시점]
   우리는 11시 정도에 수업이 끝난다.
② 我们上了三个小时左右。[시구간]
   우리는 세 시간 정도 수업했다.
③ 这袋米有50公斤左右。[기타 수량]
   이 쌀 포대는 50킬로그램 정도이다.

'前后'는 시간을 나타낼 때 시점에는 사용할 수 있지만 시구간에는 사용할 수 없다. 그리고 기타 수량을 나타낼 때도 사용할 수 없다.

④ 我春节前后回国。[시점]
   나는 春节 전후로 귀국한다.
⑤ *我们等了三天前后。[시구간]
⑥ *从我们学校到北京大学有10公里前后。[기타 수량]

'左右'는 시점을 나타낼 때 수량사 뒤에만 올 수 있고, 시간명사 뒤에는 올 수 없다.

⑦ a. 我12月25号左右回国。
　　　나는 12월 25일쯤에 귀국한다.
　 b. *我春节左右回国。

4. 수사의 활용

일부 수사는 숫자를 나타내지 않고, 숫자와 관련된 다른 의미를 나타내기도 한다. 예:

'三'이 '많음'을 뜻함: 再三, 三番五次, 三令五申
'三'이 '적음'을 뜻함: 三言两语
'七, 八'가 '엉망'을 뜻함: 乱七八糟, 七上八下, 七手八脚, 七嘴八舌
'三, 四'가 '부정 의미'를 나타냄: 不三不四, 朝三暮四
'百, 千, 万'이 '많음'을 뜻함: 百感交集, 千变万化, 千言万语
'十'가 '모두 갖춤, 매우 많음'을 뜻함: 十全十美

수사는 이처럼 다양하게 활용할 수 있는데 대부분 숙어의 성격을 가지고 있다. 따라서 개별적으로 암기해야 하며, 임의로 의미를 유추해서는 안 된다.

IX. 양사

> 1. 양사 및 유형
> 2. 명량사
>   2.1 명량사는 몇 개의 유형으로 나누어질까?
>   2.2 '一脸汗'과 '一碗饭'은 어떤 차이가 있을까?
>   2.3 부정양사 '一点儿': "我今天一点儿头疼"은 왜 잘못된 문장일까?
>   2.4 왜 '一伙人'은 맞는 표현인데 '一伙姑娘'은 잘못된 표현일까?
> 3. 동량사
>   3.1 전용 동량사란?
>   3.2 '次'와 '回'는 어떤 차이가 있을까?
>   3.3 '遍'과 '次'는 어떤 차이가 있을까?
>   3.4 동량사 '下, 场, 阵, 趟, 顿, 番'의 용법은?
>   3.5 차용 동량사란?
> 4. 시량사
>   4.1 시량사란?
>   4.2 '星期'와 '周'는 어떤 차이가 있을까?
> 5. 양사 중첩
> 6. 양사의 오류 분석
> 7. 양사 교육

1. 양사 및 유형

사물, 동작 행위, 시간의 수량을 표현할 때 수사만으로는 불가능하다. 반드시 수량 단위를 나타내는 단어를 사용해야 하는데, 사물이나 동작의 수량을 나타내는 단어가 양사이다. 예:

一本书(*一书)　　　　四个人(*四人)
来了两次(*来了两)　　跑了五趟(*跑了五)
学了三年(*学了三)
工作了六天(*工作了六)

양사가 다양하게 자주 사용되는 것이 중국어의 특징 중 하나이므로, 양사 교육은 특히 중요하다.

먼저 양사의 분류를 살펴보자. 양사는 3개 유형으로 나눌 수 있다.

(1) 명량사: 사물의 양을 나타내는 단위이다.
(2) 동량사: 동작 행위의 양을 나타내는 단위이다.
(3) 시량사: 시간의 양을 나타내는 단위이다.

이 3개 유형의 양사를 더 세분화할 수 있다.

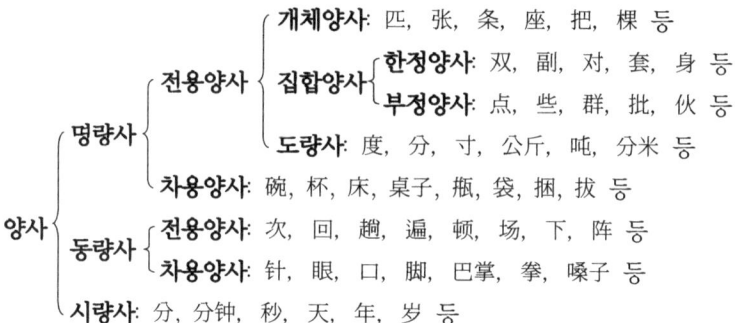

2. 명량사

2.1 명량사는 몇 개의 유형으로 나누어질까?

명량사에는 차용 명량사와 전용 명량사가 있다.

차용 명량사는 명사를 차용하여 양사로 쓰는데, '杯(一杯水), 碗(两碗饭), 箱(一箱苹果), 脸(一脸汗), 地(一地纸屑), 床(一床衣服)' 등이 있다.

주로 사물 용기를 나타내는 명사를 차용한다.

전용 명량사는 그 수가 많은데, 다음의 3개 유형으로 분류할 수 있다.

(1) 개체양사: 개체명사는 모두 특정한 개체양사를 가진다. 예를 들면 '书'는 '本', '笔'는 '支', '桌子'는 '张', '椅子'는 '把'이다. 특정 양사와 쓰이는 명사는 의미상으로도 관련이 있는데, 예를 들어 손잡이가 있는 물건은 '把', 엮어서 책이 되는 물건은 '本', 펼칠 평면이 있는 물건은 '张', 구부릴 수 있는 긴 물건은 '条', 작고 동그란 물건은 '颗' 등이다. 그러나 대부분의 명사가 취하는 양사는 관습적으로 굳어진 용례이다.

(2) 집합양사: 2개 또는 그 이상의 개체로 구성된 사물에 사용된다.

 一双 手/筷子/袜子/鞋
 一对 男女/夫妻/反义词
 一副 对联/眼镜/手套
 一套 房子/家具/邮票/西服
 一群 孩子/牛/人
 一批 货/学生/书
 一伙 坏人/歹徒/流氓
 一些 一些水果/青菜/面包

이상의 집합양사 중에서 일부는 특정 수량의 사물에 사용되는데, '双, 对' 등이다. 또 다른 일부는 불특정 수량의 사물에 사용되는데, '群, 伙, 些' 등이다.

(3) 도량사: 사물의 '度(도), 量(량), 衡(형)' 계산 단위를 나타낸다.

 길이: 米, 厘米, 公分, 里, 公里, 尺, 寸
 용량: 升, 公升, 毫升
 중량: 斤, 公斤, 吨, 两, 钱, 克
 면적: 平方米, 亩, 公顷

부피: 立方米, 立方厘米

2.2 '一脸汗'과 '一碗饭'은 어떤 차이가 있을까?
먼저 아래의 예를 살펴보자.

A조: 一桌子菜　　一脸汗　　一地瓜子儿　　一手泥　　一床衣服
B조: 一碗饭　　　一杯水　　一盆花　　　　一盒饼干　一车西瓜

위의 A조와 B조의 양사는 모두 차용양사로, 명사에서 차용한 것이다. 그러나 A조와 B조는 용법, 의미의 차이가 있다.

(1) B조에서 수사 '一'는 다른 수사로 바꿀 수 있다. 예:

两碗饭　　三杯水　　四盆花

반면, A조는 양사 '手, 腿, 脚' 앞에 수사 '一'와 '两'('两手灰', '两腿泥')이 출현하는 경우를 제외하고, 나머지 양사 앞의 수사는 '一'만 출현할 수 있다.

(2) A조는 양사와 명사 사이에 '的'를 삽입할 수 있지만, B조는 삽입할 수 없다. 예:

一桌子的菜　　一脸的汗　　一地的瓜子儿
*一碗的饭　　　*一杯的水　　*一盆的花

(3) B조는 명사를 생략할 수 있지만, A조는 생략할 수 없다.

① a. 你吃了几碗米饭?
　　 쌀밥 몇 공기를 먹었나요?

b. 一碗。
　　한 공기요.
② a. 你吃了多少菜?
　　음식을 얼마나 먹었나요?
b. *一桌子。

(4) 'A조'의 전체 구조는 '양이 많음'을 강조한다. '一桌子菜'는 '满桌子菜(한 상 가득한 음식)'의 의미이고, '一脸汗'은 '满脸汗(온 얼굴의 땀)'을 의미한다. 그러나 B조에는 이와 같은 의미가 없다.

2.3 부정양사 '一点儿': "我今天一点儿头疼"은 왜 잘못된 문장일까?

'一点儿'은 부정(不定)양사로, 수량이 적음을 의미하며, '정도가 낮음'의 의미로 확장될 수 있다. 학습자는 '一点儿'의 의미는 쉽게 이해하지만 그 용법은 어렵게 느끼는데, 이는 통사 구조 때문이다.

부정양사 '一点儿'은 명사성 성분만 수식할 수 있고, 형용사성, 동사성 성분은 수식할 수 없다. 형용사성, 동사성 성분을 수식하려면 부사 '有点儿'을 사용해야 한다. 이와 관련해 학습자의 오류 비율이 높은데, 예를 들면 다음과 같다.

① *昨天晚上和朋友聊天很晚，所以现在我一点儿困。(……所以现在我有点儿困。)
　　(…… 그래서 지금 조금 졸리다.)
② *刚上车我就觉得一点儿饿，可离饭馆还很远。(刚上车我就觉得有点儿饿……)
　　(차에 올라타자 나는 조금 배고픔을 느꼈다……)
③ *我的中国同屋这几天一点儿不舒服。(我的中国同屋这几天有点儿不舒服。)
　　(나의 중국 룸메이트는 요 며칠 몸이 조금 아프다.)

④ *今天是我的生日，所以我一点儿想家。(……所以我<u>有点儿想家</u>。)
(……그래서 나는 집이 조금 그립다.)

위의 문장은 모두 형용사서술어문 또는 동사서술어문이다. 학습자는 '一点儿'이 뒤의 형용사나 동사(심리동사)의 정도가 높지 않음을 나타낸다고 생각하지만, 그러한 의미를 나타낼 때는 부사 '有点儿'만 사용할 수 있다. 따라서 다음과 같이 정리할 수 있다.

一点儿+명사:
喝一点儿水, 吃一点儿菜, 买一点儿水果, 一点儿心意 등
有点儿+동사/형용사:
有点儿恨, 有点儿讨厌, 有点儿远, 有点儿脏 등

'有点儿+동사/형용사'구조에서 형용사는 부정 의미나 중립 의미의 형용사여야 한다. 긍정 의미의 정도 변화를 나타내거나, 그 변화가 크지는 않을 때는 동사/형용사 뒤에 '一点儿'을 사용한다.
학습자는 다음과 같은 오류를 범한다.

① *前几天冷得要命，今天总算一点儿暖和了。(……今天总算<u>暖和一点儿了</u>。)
(……오늘은 마침내 좀 따뜻해졌다.)
② *吃了中药后，他一点儿好了。(……他<u>好一点儿了</u>。)
(……그는 좀 나아졌다.)
③ *我们又说了半天，他才算是一点儿明白了。(……他才算是<u>明白一点儿了</u>。)
(……그는 그제서야 조금 이해했다.)
④ *到北京后我的汉语水平一点儿提高了。(到北京后我的汉语水平<u>提高一点儿了</u>。)

(北京에 오고 나서 나의 중국어 수준이 조금 향상되었다.)

이러한 경우 교사는 학습자에게 '동사/형용사(긍정 의미)+一点儿'구조를 알려주어야 한다.

부정양사 '一点儿'은 명사성 성분 앞에 위치해야 하며, 명사성 성분 뒤나 동사구 앞에 위치할 수 없다. '동사+一点儿+명사'구조를 이해하지 못하면 학습자에게 다음과 같은 오류문이 출현한다.

① *昨天下了雨一点儿。(昨天下了一点儿雨。)
   (어제 비가 조금 내렸다.)
② *他一点儿喝水后就开始工作了。(他喝一点儿水后就开始工作了。)
   (그는 물을 조금 마시고 일을 시작했다.)
③ *爸爸每天都喝酒一点儿。(爸爸每天都喝一点儿酒。)
   (아빠는 매일 술을 조금씩 드신다.)

앞에서 '一点儿'은 동사를 수식할 수 없다고 하였지만, '一点儿+(명사)+也/都+不/没+동사/형용사'구조로는 출현할 수 있다.

① 我们一点也不同意。
   나는 조금도 동의하지 않는다.
② 他一点儿都没嫉妒老朋友。
   그는 조금도 옛 친구를 질투하지 않았다.
③ 这房间一点儿也不脏。
   이 방은 조금도 더럽지 않다.

그러나 이 구조를 사용할 때는 목적어의 위치에 유의해야 한다. 일반적인 피행위자 목적어는 동사 뒤에 출현할 수 없고 태도, 감정, 감각을 나타내는 동사만 목적어를 수반할 수 있다. 비교하면 다음과 같다.

④ 他一点儿也不尊重老师。
그는 조금도 선생님을 존중하지 않는다.
⑤ 他们一点儿都没同情这个老人。
그들은 조금도 이 노인을 동정하지 않았다.
⑥ *我从来一点儿都不喝酒。(我从来一点儿酒都不喝。)
(나는 지금껏 술을 조금도 마시지 않았다.)

2.4 왜 '一伙人'은 맞는 표현인데 '一伙姑娘'은 잘못된 표현일까?

여러 사람이나 사물이 한곳에 모여 있음을 나타내는 양사는 '群, 伙, 堆, 批' 등인데, 이들의 용법은 각기 다르다.

'群': 한곳에 모여 있는 여러 사람이나 동물을 나타낸다.

① 大街上跑过来一群孩子。
거리에 한 무리의 아이들이 뛰어왔다.
② 湖边有一群牛在喝水。
호수에서 한 무리의 소들이 물을 마시고 있다.

'伙': 많은 사람들이 한곳에 모여 무리를 이루고 있음을 나타내는데, 주로 부정 의미를 나타낸다.

① 这伙人是专门偷废铁的。
이 무리는 전문적으로 폐철을 훔치는 자들이다.
② *昨天我请了一伙姑娘吃饭。(昨天我请了一群姑娘吃饭。)
(어제 나는 여러 여성분들께 식사를 대접했다.)

'人'은 중립어인데 '一伙人'은 부정 의미를 나타낸다. '姑娘'은 보통 긍정 의미이므로, '一伙姑娘'이라고는 말할 수 없다.

'堆': 많은 사람이나 사물이 한곳에 모여 있음을 나타내는데, '엉망진창이거나 불규칙함'의 의미를 강조한다.

① 那儿围着一堆人，也不知他们在看什么。
그곳에 한 무리의 사람들이 모여 있는데, 그들이 무엇을 보고 있는지 모르겠다.
② 她房间里有一大堆脏衣服，一点也不像女孩子的房间。
그녀의 방은 더러운 옷가지가 가득해서, 전혀 여자 방 같지가 않다.

'批': 동시에 행동하는 한 무리의 사람들, 수량이 많은 화물이나 문서(주로 동시에 도착 혹은 처리됨)를 나타낸다.

① 每年9月都会有一批新生入住。
매년 9월 한차례 신입생이 입주한다.
② 我这小店最近新进了一批玩具，有时间带孩子来看看吧。
나의 이 작은 가게에 최근 장난감이 새로 들어왔으니, 시간 있으면 아이를 데리고 와서 좀 보세요.
③ 这批文件到得很及时。
이 문서들은 제때에 도착했다.

중국어에는 '群', '伙', '堆', '批'처럼 유사 의미의 양사가 매우 많다. 예를 들면 명량사 '对'와 '双'의 경우, 학습자가 잘못 사용하지 않도록 두 양사의 차이를 가르칠 필요가 있다.

3. 동량사

3.1 전용 동량사란?

전용 동량사는 동작이나 변화의 횟수를 나타내는 단위 양사이다. 전용 동량사의 수는 많지 않은데, 주로 '次, 下, 回, 场, 阵, 顿, 趟, 番, 遍' 등이 있다. 이들은 동작이나 변화의 양을 나타낼 뿐만 아니라 개별적인 어휘 의미도 지니고 있다. 따라서 구체적인 용법에 유의하여 가르쳐야 한다.

3.2 '次'와 '回'는 어떤 차이가 있을까?

'次'와 '回'는 모두 동작의 횟수를 나타내는데, 보통 반복 출현하는 동작에 사용된다. '次'와 '回'는 종종 호환된다.

① a. 这件事我问过他一次，可他没告诉我。
  b. 这件事我问过他一回，可他没告诉我。
    이 일을 내가 그에게 한 번 물었던 적이 있는데 그는 내게 알려주지 않았다.
② a. 我找了你两次，你都不在。
  b. 我找了你两回，你都不在。
    제가 당신을 두 번 찾아갔었는데, 당신이 다 없었어요.

이 둘의 차이는 '回'는 구어체에 사용되고, '次'는 구어체와 문어체에 모두 사용될 수 있다는 점이다.

3.3 '遍'과 '次'는 어떤 차이가 있을까?

'遍'도 반복적으로 출현하는 동작에 사용되는데, 하나의 동작이 시작부터 끝날 때까지의 전 과정을 강조한다. 이 부분이 '次'와 다르다. 비교하면 다음과 같다.

① a. 这电影他看过三遍。
    이 영화를 그는 (처음부터 끝까지) 세 번 봤다.
  b. 这电影他看过三次。
    이 영화를 그는 세 번 봤다.
  c. 这电影他看过三次，但都没看到结尾。
    이 영화를 그는 세 번 봤는데, 모두 끝까지 보지 못했다.

예문①의 a는 "그가 매번 처음부터 끝까지 다 봤다"의 의미를 나타내지만, b는 이 같은 의미가 없고 오히려 "그가 매번 다 끝까지 보지 못했다"의 의미를 전달한다. c는 "이 영화를 그가 세 번 봤는데, 모두 결론까지 보지 못했다"의 의미이다.

3.4 동량사 '下, 场, 阵, 趟, 顿, 番'의 용법은?

(1) '下'는 동작의 진행 횟수를 나타내는데, 일반적으로 단시간 내 완성할 수 있는 동작에 사용된다.

① 他敲了一下自己的脑门。
그는 자신의 이마를 한 번 쳤다.
② 她点了一下头。
그녀는 고개를 한 번 끄덕였다.

'一下'는 동사 뒤에 쓰여 어조를 약화하는 기능이 있어, 반드시 동작의 횟수를 나타내는 것은 아니다.

① a. 你来一下。
좀 와보세요.
b. 你来。
오세요.
② a. 请你介绍一下具体情况。
구체적인 상황을 좀 소개해 주세요.
b. 你介绍具体情况。
구체적인 상황을 소개하세요.

위의 예에서 a문장은 b문장에 비해 훨씬 완곡한 표현이다.
(2) '场(chǎng)'은 문예 공연 및 스포츠 활동에 사용되는데, 처음부터 끝까지 한 차례 진행할 때 '一场'을 쓴다.

① 昨天我们看了一场比赛。
어제 우리는 경기를 한 차례 관람했다.
② 最近我们学校放了两场电影。
최근 우리 학교에서 두 차례 영화를 방영했다.

(3) '阵'은 시구간을 나타내는데, 돌발적이며 일정 시간 지속되는 상황에 사용된다.

① 下了一阵雨，空气好多了。
비가 잠깐 오고 나서, 공기가 많이 좋아졌다.
② 台下响起了一阵雷鸣般的掌声。
연단 밑에서 한 차례 우레와 같은 박수소리가 울렸다.

(4) '趟'은 주로 '走, 跑, 回, 来, 去, 游' 등의 이동동사와 결합하는데 한 번 갔다 돌아오는 의미에는 '一趟'이 쓰인다.

① 他上个月去了一趟上海。
그는 지난달에 上海에 한 번 다녀왔다.
② 你帮我跑一趟银行，好吗?
나 대신 은행 좀 다녀와 줄 수 있니?

(5) '顿'은 '吃饭, 斥责, 打骂' 등 동작의 횟수를 나타낸다. '吃, 喝, 说'('비판'의 의미), 批评, 打, 骂, 训' 등의 동사와 자주 결합한다.

① 咱们去饭馆好好吃一顿。
우리 음식점에 가서 한 끼 맛있게 먹읍시다.
② 他昨天被妈妈打了一顿。
그는 어제 엄마한테 한 차례 맞았다.

(6) '番'은 시간과 힘이 들어가는 행위에 많이 사용되며 앞에는 보통 수사 '一'만 출현할 수 있다. 구어체에는 거의 쓰이지 않는다.

① 他们讨论了一番，但还没有结果。
   그들은 한 차례 토론을 했지만, 결론이 나지 않았다
② 他们把旅行计划好好研究了一番。
   그들은 여행 계획서를 한 차례 잘 검토했다.

3.5 차용 동량사란?

차용 동량사에는 아래의 두 유형이 있다.

A조: 踢一脚   打一巴掌   瞪一眼   咬两口   打三拳
B조: 画一笔   打一针   射一箭   开两枪   砍三刀

A, B조의 양사는 모두 명사에서 차용한 것이다. A조는 신체 기관의 명칭을 나타내고, B조는 동작에 쓰이는 도구를 나타낸다.

4. 시량사

4.1 시량사란?

수사는 직접 명사를 수식할 수 없고, 중간에 양사를 삽입해야 한다. 예를 들면 '一本书', '三个苹果'이다. 그러나 일부 특수한 단어들은 수사와 결합할 때 양사가 요구되지 않는데 '分, 分钟, 秒, 天, 周, 年' 등으로, 이 단어들을 '시량사'라고 한다. 교사는 시량사의 특수한 용법을 강조해야 아래와 같은 학습자 오류를 피할 수 있다.

① *我在英国学习汉语三个年。
② *星期天我们在颐和园玩了一个天。
③ *我们只等你十个分钟。

4.2 '星期'와 '周'는 어떤 차이가 있을까?

'星期'는 '周'의 의미로, 용법상 공통점이 많다. 예:

| 星期一 | 一星期 | 上星期 |
| 周一 | 一周 | 上周 |

'星期一'를 '周一'로, '上星期'를 '上周'로도 말할 수 있지만 '星期'와 '周'는 용법상 차이가 있다. 예:

一个星期	上个星期	三个多星期
三星期多	第二个星期	*第二星期
*一个周	*上个周	*三个多周
三周多	*第二个周	第二周

'星期'와 '周'의 가장 큰 차이는 '星期'는 양사 '个'를 사용할 수 있고(때로 생략 가능), '周'는 앞에 양사를 사용할 수 없다는 것이다. 따라서 '星期'는 명사이고, '周'는 시량사에 속하는 양사이다.

5. 양사 중첩

도량형 양사를 제외하고 대부분의 양사는 중첩이 가능한데, 중첩 형식은 두 가지가 있다.

AA식: 个个, 条条, 件件, 张张, 次次, 回回, 趟趟 등
一AA식: 一个个, 一条条, 一件件, 一张张, 一次次, 一回回, 一趟趟 등

양사 중첩 후에는 새로운 의미와 용법이 생겨나는데, 주로 다음과 같다.
(1) '每一'의 의미를 나타낸다. 주어나 관형어가 될 수 있으나, 보통 목적어는 될 수 없다.

① 我说的<u>句句</u>都是真话。[주어]
  내가 하는 한마디 한마디가 모두 진심이 담긴 말이다.
② <u>条条</u>大路通罗马。[관형어]
  모든 길은 다 로마로 통한다.
③ 走出考场, 同学们<u>一个个</u>都手舞足蹈, 兴奋异常。[주어]
  고사장을 나오자, 동급생들은 한 명 한 명이 다 춤을 추면서, 너무 기뻐했다.
④ <u>一座座</u>青山连着<u>一座座</u>青山。[관형어]
  여러 채의 푸른 산들이 잇달아 이어져 있다.
⑤ *这些孩子都很可爱, 我喜欢<u>个个</u>。[목적어]
⑥ *这些孩子都很可爱, 我喜欢<u>一个个</u>。[목적어]

위 용법의 양사 중첩 형식과 대체사 '每'의 차이를 구별할 필요가 있다. 양사 중첩은 전체 중의 개체를 나타내지 않고 개체로 구성된 전체를 가리켜 '全部都……'의 의미를 나타낸다. '每'는 개체 하나 하나를 가리킬 수도, 전체를 가리킬 수도 있다.

⑦ a. 我们班<u>每个人</u>都感冒了。[전체]
     우리 반 사람은 모두 감기에 걸렸다.
  b. 我们班<u>人人</u>都感冒了。[전체]
     우리 반 사람은 전부 다 감기에 걸렸다.
⑧ a. 这本词典<u>每个学生</u>一本。[개체]

　　　　이 사전은 학생마다 한 권씩 가지고 있다.
　　b. *这本词典人人一本。[개체]

(2) '차츰' 또는 '하나 하나'의 의미를 나타내며, 부사어로 자주 사용된다.

　① 我们的生活在<u>步步</u>提高。
　　우리의 생활은 점점 나아지고 있다.
　② 你们要<u>一件件</u>仔细检查，千万别出岔子。
　　우리는 한 건 한 건 자세히 검사해야 한다. 절대로 실수하면 안 된다.

(3) '많음'을 나타내며, 부사어와 관형어로 자주 사용된다.

　① 我<u>一次次</u>地约他，但他都没答应。
　　나는 여러 번 그와 약속을 잡으려고 했지만, 그는 모두 응하지 않았다.
　② 我们家乡也修起了<u>一条条</u>宽敞的马路，建起了一座座高楼大厦。
　　우리 고향에도 널찍한 도로들이 생기고, 높은 빌딩들이 세워졌다.

6. 양사의 오류 분석

　다른 언어와 비교했을 때 중국어의 양사는 개수가 많고, 명사와의 결합 패턴도 엄격한 편이다. 이런 이유로 양사를 학습하는 과정에서 아래와 같은 오류가 자주 출현한다.
　(1) 양사의 누락 오류: 초급 학습자는 모국어의 영향을 받아 양사를 누락한다. 명사는 수사의 수식을 직접 받을 수 없고, 중간에 양사가 출현해야 한다.

　① *我有三中国朋友。(我有三<u>个</u>中国朋友。)
　　(나는 중국 친구가 세 명 있다.)

② *昨天我和我的中国同屋聊了三钟头。(昨天我和我的中国同屋聊了三个钟头。)
(어제 나와 중국 룸메이트는 세 시간 동안 수다를 떨었다.)
③ *妈妈又给我买了两裙子。(妈妈又给我买了两条裙子。)
(엄마가 또 나에게 치마 두 벌을 사주셨다.)

(2) 양사의 첨가 오류: 시량사 앞에 양사를 추가한다. 다만 이러한 오류는 드문 편이다.

① *我在曼谷生活十个年了。(我在曼谷生活十年了。)
(나는 방콕에서 10년을 살았다.)
② *她已经30个岁了。(她已经30岁了。)
(그녀는 이미 서른 살이다.)

(3) 양사의 대체 오류: 양사 A를 사용해야 하는데, B를 잘못 사용한다. 이 오류 유형의 비율은 꽤 높다.

① *他买了一条衬衫。(他买了一件衬衫。)
(그는 셔츠 한 벌을 샀다.)
② *椅子上坐着一双情人。(椅子上坐着一对情人。)
(의자에 커플 한 쌍이 앉아 있다.)
③ *我们教室有20张椅子。(我们教室有20把椅子)
(우리 교실에는 의자 20개가 있다.)
④ *我看到一头鱼，特别漂亮。(我看到一条鱼，特别漂亮。)
(내가 물고기 한 마리를 봤는데, 너무 예뻤다.)

7. 양사 교육

양사는 대부분 초급 단계에서 다뤄지고, 양사의 종류도 제한적으로 제시된다. 그리고 설명 또한 문법 기능에 치중되어 있다. 예를 들면 "명사 앞에 수사가 출현하면 반드시 명사와 수사 사이에 양사가 위치해야 한다", "명사마다 양사가 정해져 있다" 등이다. 그러나 양사 교육은 초급 단계에서 끝나서는 안 되며, 설명도 문법 기능에 국한되어서는 안 된다. 교사는 명사와 양사 간의 의미적 연관성을 분석해서 양사의 의미적 특징을 밝히고, 이를 통해 양사에 대한 이해와 기억을 도와야 한다. 교사는 아래의 몇 가지 부분에서 양사 교육을 진행해야 한다.

(1) 양사와 명사를 결합한 '수사+양사+명사'구조를 하나로 기억하게 하고, 수업에서 반복해서 강조한다.

명사는 대응 양사가 존재하므로 명사를 배울 때 대응 양사도 같이 학습해야 한다. 예를 들어 '鱼'를 배울 때 '一条鱼'를 같이 배운다. 양사를 학습할 때도 결합하는 명사를 같이 복습한다. 예를 들어 양사 '只'을 배울 때 '(一只)猫, (一只)狗, (一只)鞋'처럼 '只'와 결합하는 명사도 같이 복습한다.

(2) 일부 양사는 자주 결합하는 명사와 의미상으로 관련이 있는데, 학습자가 이러한 연관성을 기억할 수 있게 지도해야 한다.

条: 가늘고 긴, 구부릴 수 있는 사물과 결합하는데, '一条鱼, 一条毛巾, 一条马路' 등이다.

张: 평면 또는 펼 수 있는 사물과 결합하는데, '一张床, 一张桌子, 一张纸, 一张照片' 등이다.

把: 손잡이가 있는 물체와 결합하는데, '一把刀, 两把椅子, 一把扇子, 三把伞' 등이다.

根: 가늘고 긴 사물(생물)과 결합하는데, '一根头发, 一根黄瓜, 一根竹子, 一根葱' 등이다.

颗: 알갱이 형상과 결합하는데, '一颗珠子, 一颗心, 一颗星, 一颗珍珠, 一颗子弹' 등이다.

粒: 작은 입자 형상과 결합하는데, '一粒米, 一粒种子, 一粒沙子' 등이다.

滴: 액체 방울 형상과 결합하는데, '一滴眼泪, 一滴水, 一滴汗, 一滴酒, 一滴油' 등이다.

本: 책으로 제본된 종류와 결합하는데, '一本书, 一本词典, 一本杂志, 一本地图' 등이다.

棵: 식물과 결합하는데, '一棵树, 一棵草, 一棵花, 一棵白菜' 등이다.

座: 크고 고정된 사물과 결합하는데, '一座山, 一座桥, 一座楼房, 一座塑像' 등이다.

支: 얇고 길쭉한 사물과 결합하는데, '一支钢笔, 一支枪, 一支蜡烛, 一支烟' 등이다.

양사를 일일이 외워야 한다고 주장하는 사람도 있지만, 그럴 필요는 없다. 양사는 다양하나 무작위로 규칙성이 없는 것은 아니다. 양사와 관련 명사가 나타내는 사물은 형상 등에 유사 관련성이 있다. 양사를 사용할 때는 양사와 명사를 모두 선택해야 하기에 이들의 의미적 연관성을 학습자가 연상하게끔 해야 한다.

(3) 명사가 여러 양사와 결합할 경우에 교사는 학습자에게 그 양사들을 비교해서 차이를 인식하도록 해야 한다. 예를 들어 '一个蛋糕'와 '一块蛋糕'의 차이는 형상이 다르다는 것이다. '一块肉'와 '一片肉'도 두께와 형상이 다른데, 교육할 때는 도식이나 실물을 활용하여 차이를 명확히 알 수 있게 해야 한다.

(4) 동음 양사, 유사 형태/의미의 양사를 학습자에게 비교 분석해 주어야 한다. 예를 들어 '只一支一枝', '棵一颗', '对一双一副', '次一遍一趟' 등이다.

(5) 확장성이 없는 전용양사 외에, 확장성이 있는 차용양사도 가르쳐야 한다. 예를 들어 '一桌菜', '一身洋装', '一头汗', '一弯月亮' 등에서의 양사이다. 추상 사물과 결합하는 차용양사의 예로 '一串铃声', '一身正气' 등이 있다.

(6) 동량사를 양사 교육에 포함시켜야 한다.

양사 교육의 범위를 확대한다. 전용양사부터 차용양사까지, 구체적인 사물과 결합하는 양사부터 추상적인 사물과 결합하는 양사까지, 통사 분석에서 의미 분석까지, 기본 용법부터 응용 및 활용까지 여러 단계로 나누어 초, 중, 고급의 전 과정에 걸쳐 배치한다. 이를 통해 순차적으로 양사 교육을 실시해야 한다.

명량사를 예로 들어, 양사 교육의 단계를 논의해보자.

(1) 양사의 문법 기능을 설명한다. 수사와 명사 사이에 양사를 사용한다고 설명한다. 일부 전용양사('只, 个, 本, 间, 件, 杯, 条, 副, 套, 双')를 학습한다.

(2) 양사가 지시하는 사물의 의미적 연관성을 설명한다. 양사가 사물의 형상을 나타내는 예는 '条, 块, 幅, 片, 根, 面, 粒' 등이 있다. 사물 전체를 대표하는 일부를 나타내는 예는 '头, 口, 顶, 滴' 등이 있다. 관련 시간, 장소 또는 도구를 나타내는 예는 '阵, 幕, 盆' 등이 있다.

(3) 확장성이 있는 차용양사를 설명한다. 용기 명사 또는 사물이 부착된 장소를 지시하는 명사가 양사가 된 경우이다. 이때 양사와 명사 사이에는 '的'가 출현할 수 있다. 예로 '碗, 盆, 脸, 手, 头, 身' 등이 있다.

(4) 양사와 추상 사물의 결합 관계를 설명한다. 이것은 양사 의미가 허화된 것으로, 수사는 대부분 '一'를 사용한다. 예를 들어 '一串笑声, 一片真心, 一堆难题' 등이 있다.

(5) 의미가 유사한 양사를 설명한다. 예를 들면 '对'와 '双'이 있다. '一对恋人/情人/夫妇/夫妻/情侣'는 관계로 맺어진 한 쌍의 결합에 속하며, '一双鞋/袜子/手/耳朵/眼睛/脚'는 태생적인 조합에 속한다.

어휘량의 한계로 학습자가 활용할 수 있는 결합들이 많지 않다면 교사가 어휘를 추가로 제시하여 학습자가 그 속에서 규칙을 찾을 수 있게 한다. 학습자가 규칙을 찾지 못하면, 교사가 개입하여 적절하게 지도한다. 마지막으로 교사는 학습자가 귀납한 규칙을 기반으로 다시 재정리해서 설명해 준다.

X. 대체사

1. 대체사 및 문법 기능, 유형
   1.1 대체사란?
   1.2 대체사는 몇 개의 유형으로 나누어질까?
2. 인칭대체사
   2.1 '咱们'과 '我们'은 어떤 차이가 있을까?
   2.2 "人家能去, 我怎么就不能去?"와 "不嘛, 人家就喜欢这个。"에서 '人家'는 같을까?
   2.3 "张华对张华不满意"는 왜 잘못된 문장일까?
3. 지시대체사
   3.1 학습자는 왜 "我不喜欢这"라고 잘못 말할까?
   3.2 학습자는 왜 "姚明是篮球运动员, 那谁都知道"라고 잘못 말할까?
   3.3 왜 "今天那么热"는 잘못된 문장인데 "今天这么热"는 맞는 문장일까?
   3.4 "你别说这样"은 왜 잘못된 문장일까?
4. 의문대체사
   4.1 의문대체사란? 의문대체사는 몇 개의 유형으로 나누어질까?
   4.2 의문대체사의 비의문용법: "我哪儿知道他去哪儿了"에서 두 개의 '哪儿'은 같을까?
   4.3 학습자는 왜 자주 "我们哪儿也想去"라고 말할까?
   4.4 "你怎么来的?"와 "你怎么来了?"에서 '怎么'의 의미는 같을까?
5. 대체사의 오류 분석
6. 대체사 교육

1. 대체사 및 문법 기능, 유형

1.1 대체사란?

대체사는 대체 또는 지시 기능을 하는 단어이다. 대체사의 문법 기능은 다른 품사와 약간 다르다. 일반적으로 품사는 문법 기능을 근거로 분류하는데, 대체사는 그렇지 않다. 여러 언어에서 대체사는 독립적인 품사이나 공통적인 통사 기능이 없어 이를 근거로 한 분류가 불가능하다. 그래서 표현 기능에 해당하는 대체, 지시 기능을 근거로 분류한다. 따라서 대체사의 문법 기능은 대체사가 가리키는 단어의 문법 기능과 거의 일치한다고 볼 수 있다.

'这/那', '这些/那些' 등의 지시대체사와 '我, 你, 他' 등의 인칭대체사로 대체된 명사(구)는 주어, 목적어, 관형어가 될 수 있다. 그리고 '这样/那样', '这么/那么' 등의 대체형용사나 부사는 서술어, 관형어, 부사어가 될 수 있다.

① <u>这</u>是我的书。[주어]
　　이것은 나의 책이다.
② 我不喜欢<u>她</u>。[목적어]
　　나는 그녀를 좋아하지 않는다.
③ <u>那些</u>衣服都很贵。[관형어]
　　그 옷들은 다 매우 비싸다.
④ 你<u>这样</u>，我们会很为难。[서술어]
　　네가 이러면, 우리가 매우 난처해질 수 있어.
⑤ <u>这样</u>的行为是不受人欢迎的。[관형어]
　　이런 행동은 사람들이 싫어한다.
⑥ 你<u>这么</u>做是自私的表现。[부사어]
　　네가 이렇게 하는 것은 이기적인 행동이야.

1.2 대체사는 몇 개의 유형으로 나누어질까?

대체사는 지시 의미에 따라서 3개 유형으로 구분된다.

(1) 인칭대체사. 예:

我	咱	你(您)	他(她，它)
我们	咱们	你们	他们(她们，它们)
人家	别人	大家	自己

(2) 지시대체사. 예:

这	这儿	这里	这会儿	这些	这么	这样	这么样
那	那儿	那里	那会儿	那些	那么	那样	那么样
每	所有	一切	彼此				

(3) 의문대체사. 예:

谁	什么	哪	哪里	哪儿	多会儿
怎么	怎样	怎么样	几	多少	多

2. 인칭대체사

인칭대체사는 사람을 지칭하는데, 문장에서 주어, 목적어, 관형어로 쓰일 수 있다.

① 她总是乐于帮助别人。[주어/목적어]
그녀는 늘 기꺼운 마음으로 다른 사람을 돕는다.
② 你别老干涉他的自由。[관형어]
자꾸 그의 자유를 간섭하지 마세요.

2.1 '咱们'과 '我们'은 어떤 차이가 있을까?

'咱们'과 '我们'의 차이에 유의해야 한다. '咱', '咱们'은 화청자를 모두 포함하며, 구어체에서 자주 사용된다. 공식적인 상황에서는 잘 사용하지 않으며, 문어체에서의 사용도 드문 편이다.

① 李老师, 咱(们)走吧。[화청자를 모두 포함]
   이 선생님, 우리 갑시다.

'我们'은 청자를 포함하지 않아도 되고, 포함해도 된다.

① 李老师, 我们走了, 明天见。[청자 불포함]
   이 선생님, 저희 갈게요, 내일 뵈어요.
② 你安心养病吧, 我们明天再来看你。[청자 불포함]
   맘 편하게 쉬어요, 우리가 내일 다시 당신을 보러 올게요.
③ 李老师, 我们一起走吧。[청자 포함]
   이 선생님, 우리 같이 가요.

화자와 청자를 모두 포함하는 상황에서는 '咱们'과 '我们'을 모두 사용할 수 있지만, '咱们'이 더 예의를 갖춘 표현이다. "*你好好休息吧, 咱们明天来接你"에서 '내일 당신을 데리러 오는 사람'은 '청자', 즉 '你'를 포함하지 않는데 '咱们'은 통상 화청자를 모두 포함하기에 오류문이 된다. 따라서 '咱们'을 '我们'으로 고쳐야 한다.

2.2 "人家能去, 我怎么就不能去?"와 "不嘛, 人家就喜欢这个。"에서 '人家'는 같을까?

상술한 두 문장에서 '人家'의 의미는 다르다. 전자는 '别人'를 가리키고 후자는 '我', 즉 화자 자신을 가리킨다. 대체사 '人家'는 확정 지시와 포괄 지시에 모두 사용되며, 확정 지시일 때 1, 3인칭에 모두 사용될 수 있다. 용법은 세 가지이다.

첫째, 제3자에 대한 포괄 지시이다.

① 人家能去, 我怎么就不能去?
다른 사람들도 가는데 나는 왜 못 가?
② 你不能听人家说什么就信什么!
다른 사람들이 말하는 대로 다 믿지 마!

둘째, 특정한 제3자를 지칭한다. 선행 맥락에서 이미 언급했던 대상일 수도 있고, '人家'와 연용하여 중복 지시구를 구성할 수도 있다.

③ 你看人家詹华, 总有文章出来。
저 詹华 좀 보세요, 어떻게 하든 글을 써내잖아요.
④ 她不在, 你别乱翻人家的东西。
그녀가 없으니, 그녀의 물건을 함부로 뒤지지 마세요.

셋째, 1인칭을 확정 지시할 때 쓰이는데, 즉 화자 자신을 가리킨다. 이 용법은 젊은 여성층이 즐겨 쓰는데 애교스럽게 말할 때 구어체에서 사용된다.

⑤ 不嘛, 人家就喜欢这个!
아니야, 나 이거 좋아해.
⑥ 我真的不是故意的, 你就别生人家的气了。
나는 진짜 고의가 아니었으니, 나한테 그만 화 내세요.

2.3 "张华对张华不满意"는 왜 잘못된 문장일까?

"张华对张华不满意"의 문장에 출현하는 두 개의 '张华'는 동일인을 지칭하지만, 두 번째 위치에는 주어 명사를 반복해서 쓸 수 없으므로, 대체사 '自己'가 출현해야 한다. 따라서 "张华对自己不满意"로 고칠 수 있다.

대체사 '自己'는 인칭을 확정할 수 없는 특정인이나 사물을 나타낸다. 단독으로 사용할 수 있으며, 인칭대체사 또는 명사와 결합하여 중복 지시할 수 있는데, 구체적인 용법은 아래의 몇 가지가 있다.

첫째, 다른 단어 뒤에 쓰여 그 단어와 중복 지시 성분을 구성하는데, 특정인 본인이나 특정 사물 자체를 강조한다.

① 这件事都怪我自己操之过急。
　이 일은 모두 내 자신이 성급하게 처리한 탓이다.
② 我爸爸自己也明白不应该这样做。
　우리 아빠 자신도 이렇게 하면 안 된다는 것을 아신다.

둘째, 주어 위치에 있는 인칭대체사, 명사와 앞뒤로 호응하여 주어가 지시하는 사람이나 사물을 대체한다. 이때 '自己'는 문장에서 목적어, 관형어 등의 성분을 담당한다.

③ 我们老师对自己要求很高。 [전치사 목적어]
　우리 선생님은 자기 자신에 대한 요구치가 매우 높다.
④ 我妈总是把别人的事当做自己的事来管，也不想想自己的身体情况! [관형어]
　우리 엄마는 늘 남의 일을 자신의 일로 생각해 관여하고, 자신의 건강은 살피지 않는다.

셋째, 동사, 형용사를 수식하는 부사어의 역할을 한다.

⑤ 你没动，灯自己会开啊!
　당신이 손을 대지도 않았는데, 등이 저절로 켜졌다고요!

⑥ 这种病不用治，一个礼拜后，会<u>自己</u>好的。
　　이 병은 치료할 필요가 없다. 일주일 후면 저절로 나을 것이다.

이 용법의 '自己'를 중복 지시 성분이 아니라 부사어라고 하는 이유는 '自己' 앞에 '又, 还, 就, 常常' 등을 사용할 수 있기 때문이다.

⑦ 这灯怎么又<u>自己</u>灭了?
　　이 등이 왜 저절로 꺼지지?
⑧ 她常常<u>自己</u>傻笑。
　　그녀는 자주 혼자 바보처럼 웃는다.

반면 중복 지시 성분이 되는 '自己' 앞에는 이 같은 단어를 삽입할 수 없다.

⑨ *妈妈又自己舍不得吃舍不得穿，为女儿攒钱。

넷째, 모든 사람을 포괄 지시한다.

⑩ <u>自己</u>的事自己做。
　　자신의 일은 스스로 하세요.
⑪ <u>自己</u>的婚事自己做主。
　　자신의 혼사는 스스로 결정하세요.

다섯째, '친근함'의 의미로 사용한다.

⑫ 都是<u>自己</u>人，别客气。
　　모두 다 한 가족이야, 격식 차리지 마.

3. 지시대체사

지시대체사 중에서 기본 단어는 가까운 것을 지칭하는 '这'와 먼 것을 지칭하는 '那'이며, 나머지는 모두 이 둘에서 파생된 것이다. 지시대체사는 기능, 용법상의 차이가 있다.

기능	지시대체사	
사람, 사물을 대신 지칭	这	那
장소를 대신 지칭	这儿/里	那儿/里
시간을 대신 지칭	这时	那时
성질, 방식, 정도를 대신 지칭	这么/样	那么/样

3.1 학습자는 왜 "我不喜欢这"라고 잘못 말할까?

'这'와 '那'가 단독으로 주어는 될 수 있지만, 목적어가 되는 경우는 드물다. 동사의 목적어가 되려면 양사(명사)를 추가해야 한다.

① 我买这件, 你买那件吧。
   나는 이 옷을 살게, 너는 저 옷을 사라.
② 我不太喜欢这本书。
   나는 이 책을 좋아하지 않는다.
③ 别买了, 妈妈不爱吃这种水果。
   사지 마세요. 엄마는 이 과일을 즐겨 먹지 않으세요.
④ *我不喜欢这。(我不喜欢这个。)
   (나는 이것을 싫어한다.)
⑤ *你不能做那。(你不能那样做。)
   (당신은 그렇게 하면 안 돼요.)

3.2 학습자는 왜 "姚明是篮球运动员, 那谁都知道"라고 잘못 말할까?

"姚明是篮球运动员, 那谁都知道"는 잘못된 표현으로, '那'를 '这'로 바꿔야 한다. 앞에서 진술한 내용 혹은 사건을 지칭할 때는 통상 '这'를 사용한다.

① 他说, 去年四季度以来, 改革的措施出台比较多, 力度比较大, 这是形势的迫切需要, 是把中国社会主义现代化建设事业推向前进的需要。
그는 "작년 4분기 이후로 개혁 조치가 비교적 많이 발표되었고, 강도가 꽤 셌다. 이것은 급박한 정세적 요구에 따른 것으로, 중국 사회주의 현대화 건설 사업을 진전시키기 위한 필요성에서 비롯된 것이다"라고 말했다.

3.3 왜 "今天那么热"는 잘못된 문장인데 "今天这么热"는 맞는 문장일까?

지시대체사는 '这'류와 '那'류의 두 가지 유형이 있다. '这'류 지시대체사는 가까이 있는 것을 지칭하며, '那'류 지시대체사는 멀리 있는 것을 지칭한다.

① 他说: "你把床上的那本书拿到我这儿来。"
그가 "침대 위의 그 책을 저한테 가져다 주세요."라고 말했다.
② 冬天东京没有北京这么冷。
겨울의 도쿄는 北京만큼 이렇게 춥지 않다.
③ 夏天北京没有广州那么热。
여름의 北京은 广州만큼 그렇게 덥지 않다.

예문①에서 화자는 침대에서 멀리 떨어져 있어서 '床上的书'를 말할 때 '那本书'를 사용하고, 자신이 있는 곳을 말할 때는 '这儿'을 사용한다. 예문②, ③에서 北京은 도쿄나 广州에서 먼데 화자가 北京에 있어서 '北京' 뒤에는 '这么'를 사용하고, '广州' 뒤에는 '那么'를 사용한다. 학습자는

'这么'와 '那么'를 자주 혼동하는데, 'A(没)有B这么/那么+형용사'를 학습할 때 '这么', '那么'를 구분할 필요가 있다. 이들의 차이는 주로 화자와 'B'의 근접성 여부에 따라서 결정된다. 화자 가까이에 있으면 '这么'를, 멀리 떨어져 있으면 '那么'를 사용한다.

'今天'은 발화시간과 가까워 '오늘 날씨가 더운 정도'를 표현하려면 '那么'가 아니라 '这么'를 사용해야 한다. 반면 '어제 날씨의 정도'를 나타내려면 '那么'를 사용해야 한다.

④ 今天这么热。
오늘은 이렇게 덥다.
⑤ 今天没有昨天那么热。
오늘은 어제만큼 그렇게 덥지 않다.

3.4 "你别说这样"은 왜 잘못된 문장일까?

'这么/样'과 '那么/样'은 보통 동사, 형용사를 수식하는데, 문장에서 부사어로 쓰여 방식이나 정도를 나타낸다. 형용사를 수식할 때는 큰 문제가 되지 않지만, 동사를 수식할 때 학습자는 쉽게 실수를 해서 아래와 같은 오류문을 만든다.

① *我不认为这样。(我不这样认为。)
(나는 이렇게 생각하지 않는다.)
② *你别说这样。(你别这样说。)
(당신 이렇게 말하지 마세요.)
③ *中国父母总是希望孩子去替自己实现梦想，而泰国的父母不想这样。
(⋯⋯而泰国的父母不这样想。)
(⋯⋯그러나 태국의 부모는 이렇게 생각하지 않는다.)

4. 의문대체사

4.1 의문대체사란? 의문대체사는 몇 개의 유형으로 나누어질까?

의문대체사는 의문을 나타내는 대체사로, 의문문을 만드는 수단 중 하나이다. 질문 대상에 따라 의문대체사는 아래의 몇 가지로 나눌 수 있다.

기능	의문대체사
사람을 물어봄	谁 什么人 哪个
사물을 물어봄	什么 哪个
장소를 물어봄	哪儿 哪里 什么地方
시간을 물어봄	什么时候 什么时间
성질, 상태, 방식, 정도를 물어봄	怎么 怎么样 怎样
수량을 물어봄	多少 几
원인을 물어봄	什么

4.2 의문대체사의 비의문용법: "我哪儿知道他去哪儿了"에서 두 개의 '哪儿'은 같을까?

"我哪儿知道他去哪儿了"에서 두 개의 '哪儿'은 의미와 용법이 다르다. 뒤의 '哪儿'은 장소에 대한 의문을 나타내나, 앞의 '哪儿'은 의문 표지가 아니기에 '怎么'로 교체할 수 있다. '哪儿'뿐만 아니라, 다른 의문대체사 '谁, 什么, 怎么' 등도 때에 따라 비의문용법을 나타낼 수 있다. "你们班的同学谁都不想去吗?"의 문장에는 특수의문대체사 '谁'가 있지만 특지의문문이 아닌 시비의문문으로, '谁'는 의문을 나타내지 않는다. 의문대체사는 경우에 따라 문장에서 의문이 아닌 반어문, 포괄 지시, 허구 지시를 나타낸다.

첫째, 의문대체사가 반어문을 나타낸다. 의문대체사는 의문문 외에도 반어문에 쓰일 수 있다. 반어문 형식은 의문 형식과 동일하지만 기능이 다르다. 반어문에도 의문대체사가 있지만, 상대방에게 대답을 요구하는 것이 아니다. 문장에 부정사가 있으면 주로 긍정 의미를 나타내고, 부정사가 없으면 부정 의미를 나타낸다.

① 谁不认识她呀?
누가 그녀를 모르겠어요? [누구나 다 안다.]
② 我哪儿知道啊?
내가 어떻게 알아요? [나는 몰라요.]

둘째, 의문대체사가 포괄 지시를 나타낸다. 주로 아래 세 가지 구조로 사용된다.
(1) 谁/什么/哪儿/怎么/多少+也/都+(不/没)+동사(+不+동사)
의문대체사가 나타내는 범위는 어떤 사람이든 사물이든 예외 없음을 나타낸다.

① 谁都认识他。
누구나 다 그를 안다.
② 他什么都没吃。
그는 아무것도 먹지 않았다.
③ 我昨天一天哪儿也没去。
나는 어제 하루 동안 아무 데도 가지 않았다.

(2) 谁+也/都+(不/没)+동사
두 개의 '谁'는 서로 다른 사람을 가리킨다.

① 昨天他们吵架了, 今天谁也不理谁。
어제 그들이 싸워서, 오늘 누구도 서로 아는 척하지 않는다.
② 考试的时候谁也不能帮助谁。
시험을 볼 때는 누구도 누구를 도울 수 없다.

(3) 두 개의 동일한 의문대체사를 앞뒤로 호응시키는 구조
'谁……谁……', '哪儿……哪儿……', '怎么……怎么……', '多少……多少'
등이 있다. 이때 두 개의 의문대체사는 동일한 사람, 사물, 방식, 장소 등을 지칭한다. 앞의 의문대체사는 포괄 지시를 나타내며, 뒤의 의문대체사는 앞 의문대체사의 지시를 따른 동일 사람이나 사물, 즉 조건을 충족하는 그 대상임을 나타낸다.

① 我们两个谁有时间谁去。
　우리 둘 중 시간이 있는 (그) 사람이 간다.
② 哪个班人少就让他进哪个班。
　반에 사람이 적으면 그 반으로 그를 보내세요.
③ 怎么方便怎么去吧。
　편한 그대로 가세요.

포괄 지시를 나타내는 위의 세 구조는 사용 빈도가 높기 때문에 교사는 이를 구조화하여 각각 설명할 필요가 있다.

셋째, 의문대체사가 허구 지시를 나타낸다. 즉 말할 필요가 없거나 그럴 수 없는 사람/사물을 나타내므로, 대답을 요구하지 않는다.

① 他一定是有什么事瞒着我们。
　그는 분명 우리한테 뭔가 숨기는 일이 있다.
② 放假后我想带孩子去哪儿玩玩。
　방학하면 나는 아이를 데리고 어딘가로 놀러갈 생각이다.
③ 我好像在哪儿见过他。
　나는 어딘가에서 그를 만난 적이 있는 것 같다.
④ 他好像说了什么，我没听清楚。
　그가 무언가를 말한 것 같은데, 나는 정확히 듣지 못했다.

넷째, 의문대체사 '什么'는 열거할 때 사용한다.

⑤ 什么房子呀，车子呀，都不重要，最重要的是人品。
무슨 집이니, 차니 하는 것들은 다 중요하지 않다. 제일 중요한 건 인품이다.
⑥ 你别看那个铺子小，但我们需要的书呀，报呀什么的都有。
그 점포가 작다고 무시하지 마. 우리가 필요한 책, 신문, 모든 것이 다 있어.

4.3 학습자는 왜 자주 "我们哪儿也想去"라고 말할까?

'谁/什么/哪儿/怎么/多少+也/都+(不/没)+동사(+不+동사)'와 같은 총칭성 주어문에서는 '都'와 '也'를 자유롭게 사용할 수 없다.

① a. 这孩子你说什么他都不听。
　　　이 아이는 네가 뭐라고 해도 안 듣는다.
　b. 这孩子你说什么他也不听。
② a. 这些数字我怎么都记不住。
　　　이 숫자들은 나는 어떻게 해도 못 외우겠다.
　b. 这些数字我怎么也记不住。
③ a. 你去劝劝她，你说什么她都当作圣旨。
　　　당신이 그녀를 좀 설득해봐요, 당신이 무슨 말을 하든 그녀는 다 듣잖아요.
　b. *你去劝劝她，你说什么她也当作圣旨。
④ a. 北京哪儿都有这种花。
　　　北京 어디든 다 이런 꽃이 있다.
　b. *北京哪儿也有这种花。

상술한 대조를 통해 부정문에서는 '都'와 '也'가 호환 가능하다는 사실을 알 수 있다. 그러나 긍정문에서는 일반적으로 '都'만 사용하고 '也'는 거의 사용하지 않는다. 구어체에서 '谁都知道'를 '谁也知道'라고 할 수는 있지만 사용 빈도가 '都'만큼 높지는 않다. 교재는 이러한 미세한 차이를 다루지 않는 경우가 있어서 교사가 이 부분을 제대로 다루지 않으면 학습자도 그 차이를 익힐 수 없게 되고, 필연적으로 오류가 발생한다.

⑤ *他很聪明也很幽默，我们班谁也喜欢他。(……我们班谁都喜欢他。)
  (……우리 반은 모두 다 그를 좋아한다.)
⑥ *这种作料你放多少也行。(这种作料你放多少都行。)
  (이런 양념은 얼마만큼을 넣어도 다 괜찮다.)
⑦ *我觉得你送什么也可以。(我觉得你送什么都可以。)
  (내 생각에 당신이 무엇을 선물하든 다 괜찮아요.)

4.4 "你怎么来的?"와 "你怎么来了?"에서 '怎么'의 의미는 같을까?

'怎么'는 다양한 의미를 가지는데, 아래 문장을 보자.

① A: 你怎么来的?   B: 我坐飞机来的。
  A: 어떻게 왔어요? B: 저는 비행기 타고 왔어요.
② A: 你怎么来了?   B: 经理刚才打电话让我来的，我也没办法。
  A: 어떻게 왔어요? B: 매니저가 방금 전화로 오라고 해서, 나도 어쩔 수 없었어요.

예문①에서 '怎么'는 '来'의 방식을 묻는 것이고, 예문②에서 '怎么'는 원인을 묻는 것이다. 이 두 예문은 구조가 다르다. '怎么来的'는 '怎么来+的'이고, '怎么来了'는 '怎么+来了'이다.

부연 설명하면 '怎么来了'에서 '怎么'는 원인을 묻는 표현이지만 '为什么'와는 다르다. '怎么'는 '의아함, 놀람'을 나타내지만 '为什么'는 질문자가 대답을 듣고 싶을 뿐, '의아함'의 뉘앙스는 없다. 예문②를 보면 질문자는 청자가 오면 안 된다고 생각했는데 청자가 나타나서 의아함을 나타내고 있다. '怎么'의 이러한 용법에 관심을 갖고 가르칠 필요가 있다.

5. 대체사의 오류 분석

대체사의 중요한 기능은 단락 내에서의 연결이다. 대체사를 학습할 때 오류가 가장 많은 부분 역시 단락 내에서 의미의 연결과 관련된 것으로, 주로 아래의 몇 가지 유형이다.

(1) 대체사의 누락 오류.

① ?杭州非常漂亮，你应该去杭州看看。[두 번째 '杭州'를 '那儿'로 수정]
② ?珍淑很温柔，所以我很喜欢珍淑。[두 번째 '珍淑'를 '她'로 수정]

대체사의 중요한 기능은 문맥에서 이미 출현한 명사를 대체하는 것이고, 이러한 대체는 문단에서 연결 기능을 한다. 위의 두 예를 보면 문장 자체는 오류가 없지만, 문맥 연결에 있어 대체사를 사용하면 앞뒤의 두 문장이 더욱 긴밀하게 연결될 수 있다.

(2) 지시대체사의 누락 오류.

① *我从15岁就决定要当老师，跟我爷爷有关系。(……<u>这</u>跟我爷爷有关系。)
(……이것은 우리 할아버지와 관련이 있다.)
② *萨沙有个特点，就是喜欢打断别人的话。(……<u>那</u>就是喜欢打断别人的话。)
(……그것은 다른 사람의 말을 끊기를 좋아한다는 것이다.)

문단에서 문장 간의 연결은 보통 지시대체사로 중복 지시하는 것으로 이루어지는데, 중복 지시를 나타내는 지시대체사 '这', '那'를 누락한 오류이다.

(3) 장소 표현 지시대체사 '这儿, 这里, 那儿, 那里'의 누락 오류.

① *他从爷爷学会的。(他从爷爷那儿学会的。)
   (그는 할아버지에게서 배웠다.)
② *我从你知道下周放假。(我从你这儿知道下周放假。)
   (나는 당신한테 다음 주가 방학이라는 것을 들었어요.)

(4) '这么', '这样', '这种'의 대체 오류.

① *我们国家也有这么说法。(我们国家也有这种说法。/我们国家也这么说。)
   (우리나라에도 그런 말이 있다.)
② *我以前没见过这样人。(我以前没见过这样的人。/我以前没见过这种人。)
   (나는 전에 이런 사람을 만나본 적이 없다.)
③ *这种的视觉污染物在泰山随处可见。(这种视觉污染物在泰山随处可见。)
   (이런 환경 저해 방치물은 泰山 도처에서 볼 수 있다.)

'这么'는 동사, 형용사를 수식하는 부사어로 쓰이지만 명사를 수식하는 관형어로는 쓰일 수 없다. '这样'은 관형어로 쓰일 수 있지만 중간에 '的'를 추가해야 한다. '这种'은 명사를 직접 수식할 수 있어서 중간에 '的'가 필요 없다. 학습자는 이 3개의 지시대체사를 자주 혼동한다.

(5) '这样'의 어순 오류.

① *你别说这样。(你别这样说。)
   (이렇게 말하지 마세요.)

② *你觉得是她错了，我不认为这样。(你觉得是她错了，我不这样认为。)
　　　(그녀가 틀렸다고 생각하는데, 저는 그렇게 생각하지 않아요.)

　(6) 의문대체사의 어순 오류(하권 CHAPTER 5. Ⅲ. 2. 의문문을 학습할 때 자주 출현하는 오류는? 참고).

　　① *什么你今天吃？(你今天吃什么?)
　　　(오늘 무엇을 먹나요?)
　　② *怎么你想去？坐火车还是飞机？(你想怎么去？坐火车还是飞机?)
　　　(어떻게 가고 싶나요? 열차 탈래요 아니면 비행기 탈래요?)

　(7) 포괄 지시 용법의 구조상 오용 오류.

　　① *他们两个谁也喜欢谁。(他们两个谁也不喜欢谁。)
　　　(그들 둘은 누구도 서로를 좋아하지 않는다.)
　　② *你们应该谁都埋怨谁。(你们应该谁都别埋怨谁。)
　　　(누구도 서로를 원망하지 말아야 한다.)

'谁……谁'(두 개의 '谁'가 가리키는 것이 다름)는 부정문에만 사용되고, 긍정문에는 사용되지 않는다.

6. 대체사 교육

　단문에서 인칭대체사, 지시대체사와 관련된 오류는 많지 않다. 대체사 오류는 담화에서 생략하면 안 되는데 생략하는 경우와, 생략해야 하는데 생략하지 않는 경우로 구분된다. 교사는 학습자의 오류를 바탕으로 대체사의 생략 규칙을 도출하여 반복적으로 강조할 필요가 있다. 대체사의 중요한 기능은 문맥의 앞 단어나 내용에 대한 지시를 통해 문장이나 문단을 연결하는 것이다. 따라서 고급 단계에서는 대체사 교육을 단문에서 끝낼 것이 아니라, 복문에서 대체사 호응과 결합하여 대체사의 연결 기능을 설명하여야 한다.

의문대체사의 기본 용법은 그다지 어렵지 않다. 다만 초급 단계에 모국어의 부정적 전이로 인하여 어순 오류가 나타난다. 따라서 학습자가 언어 간 대조를 통해 자신의 오류 원인을 찾도록 유도하여야 한다. 중급 단계에는 의문대체사의 포괄 지시, 허구 지시 등 비의문용법, 특히 주어와 목적어 위치에 동일한 의문대체사를 사용하는 용법이 가장 중요하다. 먼저 포괄 지시의 세 가지 구조를 학습한 후, 그 의미와 문법 기능을 결합하여 비교하는 방식으로 설명해야 학습자가 혼동하지 않을 것이다.

XI. 전치사

> 1. 전치사 및 문법 기능
>   1.1 전치사란? 전치사의 문법 기능은?
>   1.2 전치사는 몇 개의 유형으로 나누어질까?
>   1.3 전치사와 동사의 차이: "我在教室"와 "我在教室上课"에서 '在'는 같을까?
> 2. 전치사 용법 예시
>   2.1 전치사 '从'의 용법은?
>   2.2 전치사 '在'의 용법은?
>   2.3 전치사 '凭'의 용법은?
> 3. 상용 전치사 분석
>   3.1 '对'와 '对于'는 어떤 차이가 있을까?
>   3.2 '对于'와 '关于'는 어떤 차이가 있을까?
>   3.3 '朝', '向', '往'은 어떤 차이가 있을까?
>   3.4 '从'과 '离'는 어떤 차이가 있을까?
>   3.5 '据'와 '根据'는 어떤 차이가 있을까?
>   3.6 '按'과 '按照'는 어떤 차이가 있을까?
>   3.7 '凭'과 '根据'는 어떤 차이가 있을까?
> 4. 전치사의 오류 분석
> 5. 전치사 교육

1. 전치사 및 문법 기능

1.1 전치사란? 전치사의 문법 기능은?

어떤 단어들은 단독으로 문장 성분이 될 수 없고, '동사+목적어'와 같이 다른 성분(대부분이 명사성)과 결합하여 구를 이룬다. 이렇게 구성된 구

를 '전치사구'라고 하며, 주로 부사어로 쓰인다. '전치사 구조'나 '개사 구조'로 칭하기도 한다. 예:

把, 被, 从, 对, 对于, 关于, 跟, 除, 连, 向, 往, 自, 自从, 在, 到, 比

전치사의 문법 기능은 다음과 같다.

(1) 단독으로 쓰일 수 없으며, 주어나 서술어 등의 문장 성분으로 쓰일 수 없다. 항상 다른 성분과 결합하여 전치사구를 이루어야 한다. 예:

把书, 被他, 从北京, 对你 등

(2) 전치사구는 일반적으로 단독으로 쓰일 수 없으며, 특히 서술어로 쓰일 수 없다. 예:

*把我的书   *我把书

그러나 특정 맥락의 대화에서 일부 전치사구는 단독으로 질문에 대한 대답에 쓰일 수 있다.

① 你们讨论什么了? — <u>关于去哪儿实习的问题</u>。
   너희는 무슨 토론을 했어? - 어디 가서 실습할지의 문제에 대해서요.
② 今天在哪儿开会? — <u>在八楼多功能厅</u>。
   오늘은 어디에서 회의합니까? - 8층 다목적실입니다.

(3) 전치사구는 주로 부사어로 쓰인다.

① 他从北京来。
   그는 北京에서 왔다.
② 我把书还了。
   나는 책을 돌려줬다.

(4) 일부 전치사구는 보어로도 쓰일 수 있다.

① 她生于1970年。
   그녀는 1970년에 태어났다.
② 麦兰妮来自美国。
   멜라니는 미국에서 왔다.

(5) 일부 전치사는 전치사구를 이루어 '的'를 수반하면, 명사를 수식하는 관형어로 쓰일 수 있다.

① 我们提出了很多对考试的意见。
   우리는 시험에 대해 많은 의견을 제시했다.
② 关于车票的问题我们待会儿再讨论。
   차표에 관한 문제는 우리 좀 있다 토론합시다.

1.2 전치사는 몇 개의 유형으로 나누어질까?

전치사는 주로 행위와 동작에 관련한 사물 또는 사건을 이끌어내는 역할을 한다. 이끄는 대상의 성질에 따라 전치사를 아래 몇 개 유형으로 나눌 수 있다.

(1) 시간이나 공간을 이끌어내는 전치사. 예: 自, 从, 离, 在, 打, 自从, 当, 朝, 向, 往, 沿着, 到 등.

(2) 관련 대상을 이끌어내는 전치사. 예: 对, 对于, 关于, 至于, 替, 为, 跟, 与, 比, 朝, 向 등.

(3) 원인이나 목적을 이끌어내는 전치사. 예: 由, 由于, 为, 为了, 为着 등.

(4) 근거를 이끌어내는 전치사. 예: 依据, 按照, 照, 依照, 依, 根据, 据, 鉴于 등.

(5) 행위자를 이끌어내는 전치사. 예: 被, 叫, 让, 给, 为 등.

(6) 배제된 대상을 이끌어내는 전치사. 예: 除了, 除 등.

(7) 처치나 사역의 대상을 이끌어내는 전치사. 예: 把, 将, 使 등.

1.3 전치사와 동사의 차이: "我在教室"와 "我在教室上课"에서 '在'는 같을까?

전치사는 대부분 동사에서 변화해 온 것이지만, 전치사마다 변화의 속도가 다르다. 변화가 빠른 전치사는 동사와의 의미 차이가 큰데 '被, 从, 以' 등이 있다. 변화가 느린 전치사는 동사에서 전치사로 완전히 전환되지 않은 것들로, '在, 给, 比, 经过' 등이 있다. 동사일 때도 있고, 전치사일 때도 있는데, 판단 기준은 전치사 뒤에 다른 동사나 형용사의 출현 여부이다. 다른 동사나 형용사가 출현하면 전치사이고, 그렇지 않으면 동사로 봐야 한다.

① a. 我在教室。[동사]
   나는 교실에 있다.
   b. 我在教室学习。[전치사]
   나는 교실에서 공부한다.
② a. 这本书给你。[동사]
   이 책은 너에게 줄게.
   b. 我给你买了一本书。[전치사]
   나는 너에게 책을 한 권 사줬다.

2. 전치사 용법 예시

2.1 전치사 '从'의 용법은?

전치사 '从'은 여러 용법이 있는데, 아래와 같다.

(1) 시작점을 나타낸다. '从'은 공간이나 시간의 시작점을 나타낼 수 있다. 또 사물의 영향이 미치는 범위나 변화의 시작점도 나타낼 수 있다.

① 我们都是从天津上的车。
   우리는 모두 天津에서부터 차를 탔다.
② 我们从6月28号开始放假。
   우리는 6월 28일부터 방학이 시작된다.
③ 她从一个整天又哭又闹的灰姑娘成长为一个大学生了。
   그녀는 하루 종일 울고 떼를 쓰는 신데렐라에서 대학생으로 성장했다.

예문①은 공간의 시작점을 나타내는데 '从+장소+동사'로 구조화할 수 있다. 예문②는 시간의 시작점을 나타내는데 '从+시간+동사'로 구조화할 수 있다.

'从'은 뒤에 장소사를 수반해야 한다. 장소명사가 아닌 일반명사일 때는 그 뒤에 방위사나 지시대체사를 부가해야 한다. 학습자는 이와 관련한 오류를 자주 범한다.

④ *她从书包掏出一本书。(她从书包里掏出一本书。)
   (그녀는 가방 속에서 책 한 권을 꺼냈다.)
⑤ *我从经理拿回了设计图。(我从经理那儿拿回了设计图。)
   (나는 사장님에게서 설계도를 가져왔다.)

(2) 통과 경로나 장소를 나타낸다.

① 阳光是从窗帘的缝隙里射进来的。
    햇빛은 커튼 틈새에서 비쳐 들어온 것이다.
② 我刚好从你家路过, 顺便带上你就行了。
    내가 너희 집을 지나는 길에, 너를 데리고 가면 된다.

(3) 근원을 나타낸다.

① 写作要从生活中寻找素材。
    글쓰기는 생활에서부터 소재를 찾아야 한다.
② 这股香味不知是从哪儿飘出来的。
    이 향기는 어디서부터 날아왔는지 모르겠다.

(4) 근거를 나타낸다.

① 从这件小事, 就可看出他的为人。
    이 작은 일만으로도 그의 됨됨이를 알 수 있다.
② 从她的脸色我们分明读出了不乐意。
    그녀의 얼굴빛에서 우리는 분명 내키지 않음을 알아차렸다.

근거를 나타낼 때 '从'의 목적어는 주로 추상적 의미의 단어이다. 그리고 서술어는 주로 인지동사인데 그 예로 '看出, 读出, 体会, 知道, 懂得, 感到' 등이 있다.
(5) '从'으로 구성된 상용 구조
'从'은 일부 단어와 결합하여 특정한 구조를 이룬다. 자주 사용되는 구조는 다음과 같다.
　　从……到……: 시간, 장소의 시작점부터 종결지점까지를 나타낼 수 있으며 인물, 수량, 기타 사물의 범위도 나타낼 수 있다. '从+시간$_1$/장소$_1$+到+시간$_2$/장소$_2$'로 구조화할 수 있다.

① 从北京到天津大约要1个小时。
北京부터 天津까지 대략 1시간이 소요된다.
② 从学生到老师都很紧张。
학생부터 선생님까지 모두 긴장한다.

从……起: '……부터 시작하여'라는 의미이며 특정 시구간의 시작점을 나타낸다. 그 시점은 과거일 수도 있고, 현재나 미래일 수도 있다. 문장의 앞쪽에서 주로 부사어로 쓰인다.

③ 我从12岁起就离开了家乡。
나는 12살에 곧바로 고향을 떠났다.
④ 从今天起，你每天都必须来上课。
오늘부터, 너는 매일 수업하러 와야 한다.

从……以来: 과거의 어떤 시간부터 발화 시점까지 일정 시간 지속됨을 나타낸다. 해당 시간은 반드시 과거여야 한다.

⑤ 从上学以来，他没有迟到过。
학교를 다닌 후로, 그는 지각한 적이 없다.
⑥ 从结婚以来，他们就没吵过架。
결혼한 이후로, 그들은 말다툼을 한 적이 없다.

从……来说(说来): '……방면에서 문제를 논하다'는 뜻이다.

⑦ 从这部电影的内容来说，小学生看是不太合适。
이 영화 내용에 대해서 말하자면, 초등학생이 보기에 별로 적합하지 않다.
⑧ 从目前的状况来说，今年的生源受到了很大的影响。
현재 상황에 대해서 말하자면, 올해 신입생 공급에 큰 영향을 받았다.

从……来看: 문제를 바라보는 관점을 나타낸다.

⑨ <u>从以往的经验来看</u>, 基本上没有什么问题。
  과거의 경험에서 볼 때, 기본적으로 별 문제가 없다.
⑩ <u>从她的表现来看</u>, 似乎是已经起作用了。
  그녀의 표정에서 볼 때, 거의 이미 효과가 나타났다.

2.2 전치사 '在'의 용법은?

'在'는 동사, 전치사, 부사(예:"他在看书")로 쓰일 수 있다. '在'가 전치사로 쓰일 때는 주로 뒤에 오는 목적어와 결합한 전치사구가 되어, 동사 앞에서 부사어로 쓰인다. 이때는 동작 행위의 발생 시간, 장소, 범위를 나타낸다.

(1) 동작 행위의 발생 시간을 나타낸다.

① 就<u>在昨天这个时候</u>, 她还在和我开玩笑呢, 今天她竟然……
  바로 어제 그 때, 그녀는 여전히 나랑 농담을 했는데, 오늘 그녀가 뜻밖에도……
② <u>在那段艰苦的岁月里</u>, 我们的化学老师给了我很大的帮助。
  그 힘든 세월 동안, 우리 화학 선생님은 내게 큰 도움을 주셨다.

'在'로 구성된 시간구는 '在……的时候, 在……时期, 在……的同时, 在……之前/之后' 등이 있다.

(2) 장소를 나타낸다.

① 就这样, 我们<u>在操场</u>玩了一个晚上。
  이렇게 우리는 운동장에서 밤새워 놀았다.
② 你先<u>在我这儿</u>住下吧, 等找到合适的房子再搬走。
  우선 내가 있는 여기에서 지내. 마땅한 집을 찾으면 이사를 가면 되지.

이 용법은 '在+장소+동사'로 구조화될 수 있다. 그러나 '从'이 장소를 수반하는 요건은 동일하다. 뒤에 장소를 나타내지 않는 명사가 오면, 그 뒤에 방위사나 지시대체사 '这儿, 那儿' 등을 수반해야 한다. 학습자는 가끔 여기에서 오류가 발생한다.

① *星期天我们在李老师玩了一天。['李老师' 뒤에 '这儿' 혹은 '那儿' 추가]
② *他们随便把垃圾扔在地。['地' 뒤에 '上' 추가]
③ *他在朋友聊天。['朋友' 뒤에 '那儿' 추가]

(3) 범위, 경계를 나타낸다.

① 在我们这个小组里, 大家都亲如兄弟, 情同手足。
우리 이 팀에서는, 모두 형제처럼 친하다.
② 在金钱和友谊之间, 确实有的会选择前者, 可是选择后者的人肯定也不在少数。
금전과 우정 사이에서 확실히 전자를 선택하는 사람이 있지만, 후자를 선택하는 사람도 분명 소수는 아닐 것이다.
③ 水要在100摄氏度以上才会变成蒸汽。
물은 섭씨 100도 이상이어야 수증기로 변하게 된다.
④ 在10人以下我们是不会开课的。
10인 이하일 때 우리는 수업을 개설하지 않을 것이다.

'在'가 범위를 나타낼 때는 종종 방위사와 결합하여 '在……里/中/之间/内' 등의 구조가 된다. '在'가 방위사와 결합하여 경계 의미를 나타내는 구조로는 '在……以上/以下/之内/之外/以外' 등이 있다.

(4) '在……上/中/下'는 시간, 공간, 범위, 방면, 조건 등을 나타낸다.

在……上: 실질적 장소를 나타내지 않고 범위, 방면, 조건을 나타낼 수 있다. 중간에 명사(구), 또는 동사(구)를 삽입할 수 있다.

① 最近这孩子在学习上的进步是很显著的。
최근 이 아이는 학습상의 발전이 뚜렷하다.
② 这项任务让我们来完成，在人力上是没有问题的，可是在经济上可不是我说了算的。
이 임무는 우리가 완수하기에 인력 면에서는 문제가 없다. 그러나 경제적인 면에서는 내가 말한다고 되는 것은 아니다.

在……下: 대개 조건을 나타낸다. 조건을 나타내는 동사가 자주 쓰이는데, '影响, 教育, 支持, 鼓励, 帮助, 带动' 등이 있다. 유의할 점은 이들은 보통 단독으로 사용하면 안 되고, 반드시 관형어가 수반되어야 한다는 것이다. 따라서 '在+사람+的+동사+下, +절'로 구조화할 수 있다.

③ 在老师的指导下，我逐渐找到了思路。
선생님의 지도 아래, 나는 점차 생각의 갈피를 잡았다.
④ 在爸爸的影响下，他也开始喜欢上了武术。
아버지의 영향 아래, 그도 무술을 좋아하기 시작했다.

在……中: 동작이 발생하거나 상태가 존재하는 환경, 범위, 과정 등을 나타낸다. 중간에 대개 명사(구), 동사(구)가 출현한다.

⑤ 在我记忆中，爸爸很少笑。
내 기억 속에, 아버지는 웃음이 적었다.
⑥ 这样的教材正在编写中。
이런 교재를 마침 집필 중이다.

(5) '在……看来'는 어떤 관점이나 견해를 가진 당사자를 가리키는 데 쓰인다.

在……看来, (+구): 어떤 관점이나 견해를 가진 사람을 이끌어내는 데 쓰인다. 중간에 사람을 나타내는 명사나 대체사가 위치한다. 그 뒤에 제시한 관점은 개인의 주관적인 견해로, 반드시 사실인 것은 아니다.

① 这样的做法，在父母看来，肯定是不合适的。
    이러한 방식은, 부모가 보기에 분명히 적합하지 않다.
② 在孩子看来，每一个妈妈都是那么啰嗦。
    아이가 보기에, 엄마들은 모두 그렇게 잔소리가 많다.

(6) '在……'는 동사 뒤의 보어로 쓰일 수 있으며, 동작 행위가 발생한 장소나 시간을 나타낸다.

① 她把那一堆东西扔在了地上。
    그녀는 그 한 무더기의 물건을 땅에 던졌다.
② 那件事发生在我三岁的时候。
    그 일은 내가 세 살 때 발생했다.

2.3 전치사 '凭'의 용법은?

전치사 '凭'은 근거를 이끌어내는데, 아래 두 가지 용법이 있다.

(1) 동작이 완료, 실현될 수 있는 근거로 활용되는 사물이나 행위를 이끌어낸다. 주로 아래 두 가지 상황이 있다.

첫째, 근거로 사용되는 사물이 신분을 증명하는 명사일 수 있다. '身份证, 学生证, 护照, 介绍信, 会员卡, 电影票' 등이다.

① 你们凭学生证就可以参观。
    너희는 학생증으로 참가할 수 있다.
② 凭票入场。
    표로 입장하다.

둘째, 근거로 사용되는 사물이 경험이나 능력을 나타내는 명사일 수 있다. '能力, 本事, 本领, 经验, 感觉, 直觉, 医术' 등이다.

① 你不能凭经验办事。
경험에 의해서 일을 처리하면 안 된다.
② 我是凭自己的本事参与竞争的。
나는 내 실력으로 경쟁에 참여한 것이다.

(2) 주관적 판단이나 체험의 근거를 이끌어낸다. 이런 근거는 대개 사람의 감각기관이나 이와 관련된 사물이다.

① 她凭手感就能判断这不是真丝。
그녀는 손의 느낌으로 이것이 진짜 실크가 아니라는 것을 판단할 수 있었다.
② 我凭直觉就知道这不是他干的。
나는 직감으로 바로 이것이 그가 한 것이 아님을 알 수 있었다.

3. 상용 전치사 분석

전치사의 유의어는 학습자가 특히 쉽게 오류를 범하는 문법 항목 중 하나이다. 그러므로 자주 쓰이는 전치사에 대해 분석할 필요가 있다.

3.1 '对'와 '对于'는 어떤 차이가 있을까?

'对'와 '对于'는 의미와 용법이 완전히 같지는 않다. 동작과 관련된 대상을 이끌어내는데, 다양한 상황에서 둘 다 쓰일 수 있다.

① 对于/对这个问题, 我们有不同的看法。
이 문제에 대해, 우리는 견해가 다르다.

'对于'가 쓰이는 곳에 보통 '对'가 쓰일 수 있다. 그러나 '对'가 쓰이는 곳에 반드시 '对于'가 쓰일 수 있는 것은 아니다. 아래 두 가지 경우가 있다. 첫째, 사람 간의 관계를 나타낼 때는 '对'를 쓰고 '对于'는 쓰지 않는다.

① 他对我很友善。
그는 나에게 우호적이다.
② 男人对孩子总是缺乏应有的耐心。
남자는 아이에게 가져야 할 인내심이 언제나 모자라다.

둘째, '向, 朝, 对待'와 같이 동작 행위의 대상을 이끌어낼 때는 '对'를 쓰고 '对于'는 쓰지 않는다.

③ 我对他说: "你快走吧。"
나는 그에게 "얼른 가세요"라고 말했다.
④ 他突然对我点了点头。
그가 갑자기 나에게 고개를 끄덕였다.

'对'와 '对于'는 문장에서의 위치도 다르다. '都, 也' 등의 정도부사나 '能, 会, 应该, 必须' 등의 능원동사가 있을 때, '对'는 보통 그 뒤에 위치하지만 '对于'는 문두에 위치한다.

⑤ a. 你一定要对这种孩子严加管教。
너는 반드시 이런 아이에 대해 엄하게 가르쳐야 한다.
b. *你一定要对于这种孩子严加管教。
c. 对于这种孩子你一定要严加管教。
이런 아이에 대해 너는 반드시 엄하게 가르쳐야 한다.
⑥ a. 我们会对这件事进行严肃处理的。
우리는 이 일에 대해 엄중히 처리할 것이다.

b. *我们会对于这件事严肃处理的。
　　c. 对于这件事我们会严肃处理的。
　　　　이 일에 대해 우리는 엄중히 처리할 것이다.

3.2 '对于'와 '关于'는 어떤 차이가 있을까?

'对于'와 '关于'는 상황에 따라 호환할 수 있다.

① 对于/关于食品安全问题，我们专门进行了调查。
　　식품의 안전문제에 관해 우리는 전문적으로 조사를 진행했다.

그러나 이 두 단어는 의미와 문법적으로 여전히 차이가 있다. 의미를 보면 '对于'는 주로 대상을 이끌어내는데, 당사자의 태도가 미치는 대상이다. 그러나 '关于'는 주로 범위를 나타내어 관련 사물을 이끌어낸다. 만일 목적어가 둘 중 하나의 의미만 나타내면, '对于'와 '关于'는 서로 호환될 수 없다.

② 对于这里的环境，他还不太熟悉。
　　이곳의 환경에 대해, 그는 아직 별로 익숙하지 않다.
③ 关于这座桥，有个美丽的传说。
　　이 다리에 관해, 아름다운 전설이 있다.

'对于'와 '关于'로 구성된 전치사구는 부사어로 쓰이는데, 문장 내 위치가 다르다. '对于'구는 문두나 동사 앞에 위치하는데, '关于'구는 문두에만 위치한다.

④ a. 对于这个问题，我们还有一些意见。
　　　이 문제에 대해서, 우리는 아직 의견이 좀 있다.
　　b. 我们对于这个问题还有一些意见。
　　　우리는 이 문제에 대해서 아직 의견이 좀 있다.

⑤ a. 关于这个问题，我们下次再讨论。
　　　이 문제에 관해, 우리 다음에 다시 토론합시다.
　b. *我们关于这个问题下次再讨论。

3.3 '朝', '向', '往'은 어떤 차이가 있을까?

전치사 '朝', '向', '往'의 차이는 비교적 복잡하다. 두 가지 측면에서 공통점과 차이점을 논할 수 있다.

(1) 방향을 나타낼 때 '朝', '向', '往'을 모두 쓸 수 있다.

① 你朝/向/往这边看。
　이쪽으로 보세요.
② 火车朝/向/往上海开去。
　기차는 上海로 출발한다.

그러나 '朝', '向', '往'은 아래와 같이 구별할 수 있다.

첫째, 결합한 명사를 보면 '往'은 방향, 장소를 나타내는 명사만 결합할 수 있다. '朝'와 '向'은 사람, 방향, 장소를 나타내는 명사와 모두 결합할 수 있다.

③ 他往/朝/向机场的方向看了看。
　그는 공항 쪽을 보고 또 봤다.
④ a. 他朝/向我走过来。
　　　그가 나에게 걸어온다.
　b. *他往我走过来。

둘째, 전치사구의 위치를 보면 '朝'로 이루어진 전치사구는 동사 앞에 위치해서 부사어로만 쓰일 수 있다. 그러나 '向'과 '往'으로 이루어진 전치사구는 부사어로 쓰일 수 있고, 동사 뒤에 위치하여 보어로도 쓰일 수 있다.

⑤ a. 火车朝上海开去。
   기차는 上海로 출발한다.
   b. *火车开朝上海。
⑥ a. 火车向/往上海开去。
   기차는 上海로 출발한다.
   b. 火车开向/往上海。
   기차는 上海로 출발한다
⑦ a. 这条路通往/向西藏。
   이 길은 티베트로 통한다.
   b. *这条路通朝西藏。

방향을 나타내는 '向'과 '往'은 특정 상황에서 호환될 수도 있으나 여전히 차이가 있다.

첫째, 결합할 수 있는 동사: '往'은 '开, 飞, 通, 逃, 运, 寄, 赶, 送' 등 일부 동사 뒤에서만 쓰일 수 있다. 반면 '向'과 결합할 수 있는 동사는 '开, 飞, 通, 逃, 运, 寄, 赶, 送, 投, 射, 抛, 扑' 등으로 매우 많다.

둘째, 목적어에 대한 제약: '往'의 뒤에 오는 명사는 예정된 명확한 목적지를 나타낸다. 그러나 '向' 뒤에 오는 명사는 명확한 목적지를 나타낼 뿐 아니라 대략적인 방향, 범위, 심지어 추상적인 목표까지 표시할 수 있다.

⑧ a. 飞机已经飞向蓝天。
   비행기는 이미 푸른 하늘로 날아갔다.
   b. *飞机已经飞往蓝天。
⑨ a. 我们正在走向胜利。
   우리는 승리를 향해 걸어간다.
   b. *我们正在走往/朝胜利。
⑩ a. 让我们勇敢地奔向未来吧。
   우리 미래를 향해 용감히 달려가자.
   b. *让我们勇敢地奔往未来吧。

(2) '朝'와 '向'은 동작의 대상을 이끌어낼 수 있지만, '往'은 불가능하다.

① a. 他朝/向我伸出了右手。
   그가 나를 향해 오른손을 내밀었다.
　 b. *他往我伸出了右手。
② a. 他朝/向我鞠了一躬。
   그가 나에게 허리를 굽혀 인사했다.
　 b. *他往我鞠了一躬。
③ a. 麦克朝/向他笑了笑。
   마이크가 그를 보고 웃음을 지었다.
　 b. *麦克往他笑了笑。

　동작의 대상을 이끌어내는 '朝'와 '向'은 경우에 따라 호환될 수 있으나 차이점도 있다. 수식하는 동사를 보면 '朝' 전치사구는 일반적으로 '点头, 摇头, 笑, 做鬼脸, 鞠躬, 问好, 招手, 叫, 骂' 등 신체 동작과 관련된 동사를 수식한다. 그러나 '向' 전치사구는 이런 제한을 받지 않고 위의 서술어동사뿐만 아니라 '挑战, 学习, 请教, 打听, 负责, 解释, 索取, 提出, 汇报' 등의 다른 동작동사도 수식할 수 있다.

④ 他朝/向大家鞠了一躬。
   그가 사람들에게 허리를 굽혀 인사를 했다.
⑤ 爸爸朝/向他树起了大拇指。
   아빠가 그를 향해 엄지손가락을 세웠다.
⑥ a. 我要向你挑战。
   나는 너에게 도전할 거야.
　 b. *我要朝你挑战。
⑦ a. 我要向你学习。
   나는 너한테 배울 거야.
　 b. *我要朝你学习。

⑧ a. 去之前你最好向当地人打听一下。
　　가기 전에 현지인에게 알아보는 것이 제일 좋다.
　b. *去之前你最好朝当地人打听一下。

3.4 '从'과 '离'는 어떤 차이가 있을까?

전치사 '从'과 '离'는 전치사구를 이루어 동사나 형용사 앞에 위치한다. 이때 부사어로 쓰일 수 있지만 의미와 용법이 다르다.

'从'은 시간과 장소의 시작점을 나타낸다. '从+명사(시간/장소)+开始'와 '从+명사₁(시간/장소)+到+명사₂(시간/장소)'의 구조에서 '从'의 뒤에는 주로 시간이나 장소의 시작점이 온다. 다음 그림과 같이 나타낼 수 있다.

　　　　A ⟶ B : 从A……
　　　　○

① 从现在开始，我要努力学习了。
　　지금부터 나는 열심히 공부할 것이다.
② 从这儿到北京火车站很远。
　　여기에서부터 北京 기차역까지 매우 멀다.

반면 '离'는 두 개의 지점이나 사건 사이의 간격을 나타낸다. '(명사₁)+离+명사₂……'의 구조에서 '离'의 뒤에는 시간이나 장소의 종착점이 온다. 그림으로 나타내면 다음과 같다.

　　　　A ⟶ B : A离B
　　　　　　　○

③ 北京离上海很远。
　　北京은 上海에서 매우 멀다.
④ 现在离春节还有10天。

현재 설날까지 아직 10일이 남았다.

학습자는 다음과 같은 오류를 자주 범한다.

⑤ *离北京大学到北语不远。['离'를 '从'으로 수정]
⑥ *北京从天津很近。['从'을 '离'로 수정]
⑦ *这儿从天安门不太远。['从'을 '离'로 수정]

3.5 '据'와 '根据'는 어떤 차이가 있을까?

전치사 '据'와 '根据'는 모두 어떤 결론이나 판단의 근거를 이끌어내는 데 쓰인다. 이 두 단어의 주요 차이는 뒤에 오는 단어의 품사가 다르다는 점이다. '据'는 뒤에 동사성 단어나 주술구가 오는데 '根据'는 뒤에 명사성 단어가 온다.

① a. 据介绍, 这个小镇有300家工厂。
   소개에 따르면, 이 작은 마을에 300개의 공장이 있다.
   b. 根据镇长的介绍, 这个小镇有300家工厂。
   이장의 소개에 따르면, 이 작은 마을에 300개의 공장이 있다.
② a. 据他说, 情况非常严重。
   그의 말에 따르면, 상황이 매우 심각하다.
   b. 根据他的说法, 情况非常严重。
   그의 말에 따르면, 상황이 매우 심각하다.

吕叔湘은 『现代汉语八百词』에서 '根据' 뒤에 동사성 단어가 출현하면 뒤에 목적어가 올 수 없으며, '根据' 뒤에 행위자를 나타내는 단어가 출현하면 중간에 '的'를 삽입한다고 하였다.

3.6 '按'과 '按照'는 어떤 차이가 있을까?

전치사 '按'과 '按照'는 의미가 비슷한데 어떤 표준, 조건, 규정을 준수하여 동작이 진행됨을 나타낸다. 이 두 단어의 차이는 문체와 후속 성분의 음절 수에서 나타난다.

'按'은 주로 구어체에 쓰이는데 목적어는 단음절, 이음절, 다음절 등의 단어나 구일 수 있다.

① 按理说，你应该来一趟。
　　이치대로라면, 네가 한번 와야 한다.
② 房租应该按月交。
　　집세는 달마다 내야 한다.
③ 我们按实际情况决定方案。
　　우리는 실제 상황에 따라 방안을 결정한다.

'按照'는 구어체와 문어체에 모두 쓰인다. 목적어로 단음절 명사는 안되고, 이음절이나 다음절의 단어 또는 구여야 한다.

④ 我们按照实际情况决定方案。
　　우리는 실제 상황에 따라 방안을 결정한다.
⑤ *按照理说，你应该来一趟。
⑥ *房租应该按照月交。

3.7 '凭'과 '根据'는 어떤 차이가 있을까?

학습자는 '凭'과 '根据'를 자주 혼동한다.

① *虽然他很年轻，但他根据自己的能力挣了很多钱，给父母买了一套房子。
② *凭中国的法律，我们不能做这样。

그렇다면 이 둘의 차이점은 무엇일까?

만일 어떤 결론과 관점이 근거가 있으며 분석, 판단, 추리 등의 이성적 사고를 통해 얻었다면 보통 '根据'가 쓰인다. '根据'의 목적어는 '成绩, 材料, 法律, 规定, 决定, 决议, 计划, 规划, 计划书' 등의 추상적인 사물이나, 변별성을 나타내는 '特点, 特征, 标志' 등이 올 수 있다.

③ 我们是根据入学考试的成绩分班的。
　우리는 입학시험의 성적에 따라 분반한 것이다.
④ 根据法律他不能随便离开。
　법률에 따르면 그는 마음대로 떠날 수 없다.

이처럼 '根据'의 목적어는 주로 객관적 근거를 나타낸다. 이런 용법의 '根据'는 '凭'으로 교체할 수 없다. 반면 '凭'의 목적어는 주로 행위자의 소유 대상이다.

⑤ 他凭自己的努力终于得到了领导的赏识。
　그는 자신의 능력으로 드디어 지도자의 인정을 받았다.
⑥ 她总是凭经验就能做出正确的判断。
　그녀는 항상 경험으로 정확한 판단을 할 수 있다.

이 같은 용법의 '凭'은 '根据'로 교체할 수 없다.

4. 전치사의 오류 분석

학습자에게 자주 출현하는 오류는 아래 몇 가지 유형이 있다.
(1) 전치사의 누락 오류.

① *你到上海后一定要打电话我吧。(你到上海后一定要给我打个电话。)
   (上海에 도착하면 반드시 나에게 전화해.)
② *她历史没兴趣。(她对历史没兴趣。)
   (그녀는 역사에 대해 관심이 없다.)
③ *你要赔不是她，不然她不会理你了。(你要给她赔不是，不然她不会理你的。)
   (그녀에게 사과하지 않으면, 그녀는 너를 상대하지 않을 거야.)
④ *请问好你的父母。(请向你的父母问好。)
   (당신의 부모님께 안부를 전해주세요.)
⑤ *小时候，妈妈经常发火我。(小时候，妈妈经常向我发火。)
   (어릴 때 엄마는 나에게 자주 화를 냈다.)

(2) 전치사의 첨가 오류.

① *老师，我跟你同意。(老师，我同意你的看法。)
   (선생님, 저는 당신의 견해에 동의합니다.)
② *你跟那些抬轿子的人问问吧，他们真的觉得不好意思吗?(你问问那些抬轿子的人吧，他们真的觉得不好意思吗?)
   (저 가마를 메고 있는 사람에게 물어봐, 그들이 정말 부끄러워할까?)
③ *你对她们问问，他们的想法是什么。(你问问她们，他们的想法是什么。)
   (그들의 생각이 무엇인지, 그녀들에게 물어봐.)

'同意'와 '问'은 타동사이기 때문에 뒤에 전치사 없이 바로 목적어가 출현할 수 있다.

(3) 전치사의 대체 오류.

① *在古时候中国女人比男人不平等。(在古时候中国女人跟男人不平等。)
   (옛날에 중국은 여자와 남자가 불평등했다.)

② *她经常对我们操心。(她经常为我们操心。)
(그녀는 항상 우리를 걱정한다.)
③ *老师，你给我们的要求太高了。(老师，你对我们的要求太高了。)
(선생님, 우리에 대한 기대가 너무 높으세요.)
④ *关于我的选择，我没有后悔过。(对于我的选择，我没有后悔过。)
(나는 나의 선택에 대해 후회한 적이 없다.)
⑤ *她没有对老人让座。(她没有给/为老人让座。)
(그녀는 노인에게 자리를 양보하지 않았다.)
⑥ *你尽管放心，我一定为你的问题加以处理。(你尽管放心，我一定会对你的问题加以处理。)
(마음을 푹 놔. 내가 반드시 네 문제를 처리할 거야.)
⑦ *老师凭成绩把我分到A班了。(老师根据成绩把我分到A班了。)
(선생님은 성적에 따라 나를 A반에 배정했다.)
⑧ *你无论如何要参加考试，要不然老师会给你蹲班的。(你无论如何要参加考试，要不然老师会让你蹲班的。)
(어찌되었든 시험에 참가해야해. 그렇지 않으면 선생님이 너를 유급시키실 거야.)

상술한 예문은 A전치사를 B전치사나 동사로 잘못 사용한 오류이다. 예문⑧과 같은 오류는 출현 빈도가 매우 높아, 유의어를 잘 구별할 수 있도록 가르쳐야 한다.

(4) 전치사의 어순 오류.

① *我给妈妈没买礼物。(我没给妈妈买礼物。)
(나는 엄마에게 선물을 사드리지 않았다.)
② *她常常说这样对我。(她常常对我这样说。)
(그녀는 자주 나에게 이렇게 말했다.)
③ *我现在可以说话了自由地跟中国人。(我现在可以跟中国人自由地说话了。)
(나는 지금 중국사람과 자유롭게 이야기를 나눌 수 있다.)

④ *她学习了在台湾。(她在台湾学习的。)
   (그녀는 타이완에서 공부하였다.)
⑤ *我想买一本书关于中国瓷器。(我想买一本关于中国瓷器的书。)
   (나는 중국 도자기에 관한 책을 한 권 사고 싶다.)

예문①의 '没'가 부정하는 범위는 '给妈妈买礼物'이다. 따라서 '没'는 동사 '买礼物' 앞에 위치할 수 없고, '给妈妈买礼物' 앞에 위치해야 한다. 예문②-④의 전치사구는 모두 부사어이다. 부사어는 시간부사어, 장소부사어, 대상부사어에 관계 없이 모두 동사 앞에 위치해야 하는데, 문장 끝에 배치하는 오류를 범했다. 예문⑤의 전치사구는 관형어로 쓰였기 때문에 수식하는 중심어의 앞에 위치하여야 한다.

5. 전치사 교육

전치사는 수량이 많지 않지만 사용 빈도가 높다. 문법 의미도 다양해서 하나의 전치사가 다양한 용법을 가진다. 그래서 학습자는 전치사를 학습하고 활용하는 과정에서 오류가 자주 출현한다. 그러므로 교사는 '문법 어휘화'의 방식, 즉 동사, 형용사, 문형, 고정구 내에서 전치사를 가르쳐야 한다. 학습자는 이렇게 실용적인 어휘, 구조의 용법을 통해 전치사의 용법을 제대로 파악할 수 있다.

사람₁+对……+热情/冷淡/友好 ['对'는 행위의 대상을 이끌어냄]
사람₁+给+사람₂+让座/鼓掌 ['给'는 동작을 받아들이는 대상을 이끌어냄]
사람₁+和/跟/与/同+사람₂+见面/结婚/商量
   ['和/跟/与/同'는 동작을 협력하는 대상을 이끌어냄]
……至于+화제,…… ['至于'는 토론 중에 다른 화제 혹은 대상을 이끌어냄]

사람₁+替+사람₂+동사 ['替'는 대신 동작을 제공하는 대상을 이끌어냄]
A+比+B+형용사 ['比'는 비교 대상을 이끌어냄]
趁+명사/형용사/구+동사 ['趁'은 어떤 기회의 이용을 이끌어냄]
连……也/都…… ['连'은 화제 대조 초점을 이끌어냄]
从+시간₁/장소₁+到+시간₂/장소₂

['从'은 시간 또는 장소의 시작점을 이끌어냄]
打+시간₁/장소₁ ['打'는 동작의 시작점 또는 경로 장소를 이끌어냄]

이밖에, 전치사 교육은 아래 사항에 유의해야 한다.

(1) 의미와 용법이 다양한 전치사는 각각의 의미와 용법을 구별해주고, 마지막에 전체적으로 내용을 정리해준다.

전치사는 동사가 기능화된 것이어서, 의미와 용법이 주로 기본 의미에서 파생되었다. 교사는 학습자가 전치사의 기본 의미를 파악하고, 전치사의 의미적 특징을 구별할 수 있게 유도한다. 한 예로, '给'는 '给予'를 강조하고 '对'는 '对待'를 강조한다. 일부 전치사는 학습자가 여러 의미 간의 파생 관계를 명확하게 이해하여, 해당 전치사를 제대로 이해하고 변별할 수 있도록 가르쳐야 한다.

(2) 전치사의 유의어는 학습자가 반복 훈련을 통해 분별할 수 있도록 유도해야 한다.

전치사의 용법은 전치사의 목적어, 전치사구와 결합하는 동사를 통해 알 수 있다. 교사는 학습자가 이 두 가지 방면에서 유의어를 변별하고 분석하도록 유도할 수 있다.

XII. 접속사

> 1. 접속사 및 유형
>   1.1 접속사란? 접속사는 몇 개의 유형으로 나누어질까?
>   1.2 접속사와 전치사의 차이: "我和她是好朋友"와 "我和她说过这事"에서 '和'
>   는 같을까?
> 2. 상용 접속사 분석
>   2.1 '或者'와 '还是'는 어떤 차이가 있을까?
>   2.2 '因为', '由于', '为了'는 어떤 차이가 있을까?
>   2.3 '和', '而', '并': "我们唱歌和跳舞了"는 왜 잘못된 문장일까?
> 3. 접속사의 오류 분석

1. 접속사 및 유형

1.1 접속사란? 접속사는 몇 개의 유형으로 나누어질까?

접속사는 허사로 단어, 구, 절, 문장을 서로 연결하는 데 쓰이며 이들 간의 관계를 나타낸다. 접속사는 문장 성분으로 쓰일 수 없다. 일부 접속사는 '和', '跟'처럼 단독으로 쓰일 수 있고, '因为……所以……'처럼 짝을 이루어 사용되기도 한다.

접속사는 성분에 따라 다음의 3개 유형으로 나눌 수 있다.

(1) 단어나 구는 연결하지만 단문이나 문장은 연결할 수 없다. 예: 和, 跟, 同, 与, 及.

(2) 절이나 문장만 연결할 수 있다. 예: 尽管, 即使, 哪怕, 只要, 只有, 不论, 不管, 然而, 可是, 否则, 况且, 何况, 如果, 因此, 由于, 即使.

(3) 단어나 구를 연결하고, 절이나 문장도 연결 할 수 있다. 예: 或者, 还是, 并, 并且, 而, 而且.

접속사가 나타내는 의미 관계에 따라 2개 유형으로 나눌 수 있다.
(1) 연합 관계를 나타내는 접속사.
병렬 관계: 和, 跟, 同, 与, 以及 등
선택 관계: 或, 或者, 还是, 与其, 宁可 등
점층 관계: 不但, 不仅, 并且, 而且 등

(2) 주종 관계를 나타내는 접속사.
인과 관계: 因为, 由于, 所以, 因此 등
가정 관계: 假如, 如果, 要是 등
양보 관계: 虽然, 固然, 尽管, 固然 등
양보가정 관계: 即使, 哪怕, 就是 등
조건 관계: 只有, 只要, 无论, 不论, 不管 등
전환 관계: 但是, 可是, 然而, 不过 등
추론 관계: 既然, 可见 등

1.2 접속사와 전치사의 차이: "我和她是好朋友"와 "我和她说过这事"에서 '和'는 같을까?

이 두 문장에서의 '和'는 다른데 전자는 접속사이고, 후자는 전치사이다. 이것은 전치사와 접속사를 구분하는 문제와 관련된다. '和, 跟, 与, 同'과 같이 접속사와 전치사를 겸하는 단어들은 문장에서 접속사인지 전치사인지 어떻게 구분할 수 있을까? '和'를 예로 들면 아래 몇 가지 측면에서 접속사와 전치사를 구분할 수 있다.
(1) '和' 앞뒤 성분이 서로 위치를 바꿀 수 있고 의미가 변하지 않으면

접속사이다. 이와 반대인 경우는 전치사이다.

① 我和他是大学同学。= 他和我是大学同学。
  나와 그는 대학 동기이다. = 그와 나는 대학 동기이다.
② 我和校长反映过这个问题。≠ 校长和我反映过这个问题。
  나는 교장한테 이 문제를 보고했다. ≠ 교장은 나한테 이 문제를 말했다.

예문①의 '和'는 접속사이고, 예문②의 '和'는 전치사이다.

(2) '和' 앞에 '今天, 确实, 是不是' 등을 삽입할 수 있으면 전치사이고, 그렇지 않으면 접속사이다.

① 他和妻子发脾气了。 → 他今天/确实和妻子发脾气了。
  그는 아내한테 화를 냈다. 그는 오늘/확실히 아내한테 화를 냈다.
            → 他是不是和妻子发脾气了?
              그는 아내한테 화를 냈습니까?
② 小王和小张辞职了。
  小王과 小张은 회사를 그만두었다.
            → *小王今天/确实和小张辞职了。
            → *小王是不是和小张辞职了?
            → 小王和小张今天/确实辞职了。
              小王과 小张은 오늘/확실히 회사를 그만두었다.
            → 小王和小张是不是辞职了?
              小王과 小张은 회사를 그만두었습니까?

예문①의 '和'는 전치사이고, 예문②의 '和'는 접속사이다.

2. 상용 접속사 분석

2.1 '或者'와 '还是'는 어떤 차이가 있을까?

'或者'와 '还是'는 모두 선택 관계를 나타내고, 단어 혹은 문장을 연결할 수 있다. 그러나 의미나 용법은 차이가 있다.

'还是'는 의문 선택을 나타내어, 일반적으로 선택의문문에 쓰인다.

① 你们是今天去还是明天去?
   너희는 오늘 가니 내일 가니?
② 你喝咖啡还是喝茶?
   커피를 마시니 차를 마시니?

'还是'는 평서문에서 쓰이기도 한다.

③ 我不知道他是韩国人还是日本人。
   나는 그가 한국인인지 일본인인지 모르겠다.

위에서 "他是韩国人还是日本人"은 여전히 의문 선택을 나타낸다.

'或者'는 비의문 선택을 나타내서 선택 의문사가 포함되지 않은 문장에서만 쓰일 수 있다.

④ 我们或者星期六去，或者星期天去。
   우리는 토요일에 가거나, 일요일에 간다.
⑤ 暑假我或者去打工，或者去旅游。
   여름방학에 나는 아르바이트를 하거나, 여행을 간다.

2.2 '因为', '由于', '为了'는 어떤 차이가 있을까?

(1) '因为, 由于'는 원인을 나타내고, '为了'는 목적을 나타낸다. 때로 원인이 목적이 될 수도 있는데, 이때는 '因为, 由于, 为了'가 모두 쓰일 수 있다.

① 为了锻炼身体, 我每天骑自行车去学校。
　 몸을 단련하기 위해, 나는 매일 자전거를 타고 학교에 간다.
② 因为/由于要锻炼身体, 我每天骑自行车去学校。
　 몸을 단련해야 해서, 나는 매일 자전거를 타고 학교에 간다.

예문①과 예문②의 의미는 차이가 있다. 전자는 "我每天骑自行车去学校"의 목적을 강조하고, 후자는 "我每天骑自行车去学校"의 원인을 강조한다. 그러나 아래 예문의 경우 원인이 후행절의 목적은 아니기 때문에, '因为/由于'를 '为了'로 바꿀 수 없다.

③ a. 因为/由于没有买车票的钱, 他每天走路去学校。
　　　 차표 살 돈이 없어서, 그는 매일 걸어서 학교 간다.
　 b. *为了没有买车票的钱, 他每天走路去学校。
④ a. 因为/由于他变了很多, 我都没认出他来。
　　　 그가 많이 변해서, 나는 그를 몰라봤다.
　 b. *为了他变了很多, 我都没认出他来。

(2) '因为, 由于'는 모두 원인을 나타내지만 차이가 있다. '因为'로 연결된 절은 결과를 나타내는 절 앞이나 뒤에 모두 위치할 수 있다.

① a. 因为身体不舒服, 他没来上课。
　　　 몸이 좋지 않아서, 그는 수업에 오지 않았다.
　 b. 他没来上课, 因为身体不舒服。

그가 수업에 오지 않는 것은, 몸이 좋지 않기 때문이다.

'由于'로 연결된 절은 결과를 나타내는 절의 앞에 위치할 수 있으나, 뒤에는 올 수 없다.

② a. <u>由于</u>身体不舒服, 他没来上课。
   몸이 좋지 않아서, 그는 수업에 오지 않았다.
   b. *他没来上课, 由于身体不舒服。

'因为, 由于'는 단독으로 쓰일 수 있고, '所以'와 결합하여 쓰일 수도 있다. 그러나 '由于'는 '因而, 因此'와 결합하여 쓰일 수 있지만 '因为'는 결합하여 쓰일 수 없다.

2.3 '和', '而', '并': "我们唱歌和跳舞了"는 왜 잘못된 문장일까?

접속사 '和', '而', '并'은 단어나 구를 직접 연결할 수 있다. 그런데 용법이 완전히 똑같을까?

① a. 故宫<u>和</u>长城都很值得去看。
   故宫과 长城은 모두 가볼만하다.
   b. *故宫而/并长城都很值得去看。
② a. 她<u>和</u>哥哥都很高。
   그녀와 오빠는 모두 키가 크다.
   b. *她而/并哥哥都很高。
③ a. 我最不喜欢长<u>而</u>空的文章了。
   나는 길고 별 내용 없는 문장을 제일 좋아하지 않는다.
   b. *我最不喜欢长和/并空的文章了。
④ a. 他聪明<u>而</u>善良, 很多姑娘都喜欢他。
   그는 똑똑하고 착해서 여러 아가씨가 다 그를 좋아한다.

b. *他聪明和/并善良，很多姑娘都喜欢他。
⑤ a. 这些材料都已经整理并分了类。
　　　이 재료들은 모두 이미 정리해서 분류했다.
　　b. *这些材料都已经整理和/而分了类。
⑥ a. 大家讨论并原则上通过了决议。
　　　모두 토론을 해서 원칙적으로 결의안을 통과시켰다.
　　b. *大家讨论和/而原则上通过了决议。

비교를 통해서 접속사 '和', '而', '并'이 연결할 수 있는 단어나 구가 각기 다른 것을 알 수 있다.

명사/대체사$_1$+和+명사/대체사$_2$　　黄河和长江
형용사$_1$+而+형용사$_2$　　聪明而善良
동사$_1$+并+동사$_2$　　搜集并整理

이 외에 '并'으로 연결된 동사는 점층 관계나 시간상 전후 관계에 있다.
'和'를 가르칠 때 몇 가지 유의사항이 있다.
첫째, '和'로 연결된 성분이 두 개 이상이면 '和'는 마지막 두 개의 중간에 위치한다.

⑦ 女真人常在那里用山货跟汉人交换铁器，粮食，盐和纺织品。
　　여진족은 그곳에서 자주 한족들과 산간지대 생산물을 철기, 식량, 소금 그리고 방직물로 교환한다.

둘째, '和'는 동사나 형용사가 병렬될 때 사용할 수 있다. 그러나 이렇게 형성된 연합구가 서술어로 직접 쓰일 수는 없다.

⑧ *她漂亮和聪明。
⑨ *孩子们唱歌和跳舞。
⑩ *她是一位温和和善良的妻子。

연합구 앞에 부사어가 있거나 뒤에 목적어가 있을 경우만 서술어로 쓰일 수 있다.

⑪ 你要多跟别人交流和讨论，别一个人默默地想。
다른 사람이랑 교류와 토론을 많이 하고, 혼자서만 묵묵히 생각하지 마세요.
⑫ 他们的品质那样地纯洁和高尚，他们的意志那样地坚韧和刚强，他们的胸怀那样地美丽和宽广。
그들의 인품은 그토록 순결하고 고상하며, 그들의 의지는 그토록 강인하고 강직하고, 그들의 가슴은 그토록 아름답고 넓다.
⑬ 会议研究和提出了明年我区基建项目前期工作和利用外资工作的初步设想。
회의에서 내년 우리 지역 기반시설 프로젝트의 예비 작업과 외자 활용에 대한 기초 계획을 연구하여 제안했다.

이 같은 연합구는 주어, 목적어, 관형어로도 쓰일 수 있다.

⑭ 保护和改善人类环境，关系到各国人民的福利和经济发展，是人民的迫切愿望。
인류 환경 보호와 개선은, 국민의 복지 및 경제 발전과 직결되며, 국민의 간절한 바람이다.
⑮ 贺龙从小就不怕困苦和死亡的性格。
贺龙은 어려서부터 고난과 죽음을 두려워하지 않는 성격이었다.
⑯ 他们制作各种模具，使产品具有牢固和漂亮的外观。
그들은 다양한 모형을 제작하여, 제품이 견고하고 예쁜 외관을 갖게 하였다.

셋째, 구 또는 문장을 연결할 수 없다.

⑰ *他去了上海，和去了广州。(他去了上海，<u>也</u>去了广州。)
(그는 上海에 가고, 广州에도 갔다.)
⑱ *我们昨天喝了很多酒，和吃了很多花生。(我们昨天喝了很多酒，吃了很多花生。)
(우리는 어제 술을 많이 마시고, 땅콩을 많이 먹었다.)
⑲ *这个星期六恰好有时间和我不曾去过石花洞，所以我和你们一起去。
(这个星期六恰好有时间，我<u>又</u>不曾去过石花洞，所以我和你们一起去。)
(이번 토요일에 마침 시간도 되고, 나도 石花洞에 가 본 적이 없으니, 너희와 같이 갈게.)

3. 접속사의 오류 분석

학습자는 아래와 같은 오류를 자주 범한다.
(1) '和'의 대체 오류.

① *我们昨天比赛时跑步了和跳绳了。(我们昨天比赛时跑步了<u>并</u>跳绳了。)
(우리는 어제 시합 때 달리기를 하고 줄넘기도 했다.)
② *我的语伴很聪明和很善。(我的语伴聪明<u>而</u>善良。)
(나의 언어파트너는 똑똑하고 착하다.)
③ *奶奶眼睛很好，和身体很好。(奶奶眼睛很好，身体<u>也</u>很好。)
(할머니는 시력도 좋고, 몸도 건강하시다.)

'和'는 동사성/형용사성 성분, 심지어 문장을 무한으로 연결한다. 그러나 명사, 대체사 성분과 동사, 형용사성 성분, 또는 문장을 연결할 때에 많은 제약이 있다.

(2) 접속사의 유의어 대체 오류(하권 CHAPTER 7. 복문 참고).

① a. *不管房间的价格很贵，反正他要订。['尽管'을 '不管'으로 잘못 사용]
　 b. 尽管房间的价格很贵，但他也要订。
　　 방 가격이 비싸더라도, 그는 예약해야 한다.
　 c. 不管房间的价格多贵，反正他要订。
　　 방 가격이 아무리 비싸도, 어쨌든 그는 예약해야 한다.
② a. *既然你很喜欢她，所以告诉她吧。['就'를 '所以'로 잘못 사용]
　 b. 既然你很喜欢她，就告诉她吧。
　　 이왕 네가 그녀를 좋아한다면, 그녀에게 말해.
③ a. *因为她很努力，于是考得很好。['所以'를 '于是'로 잘못 사용]
　 b. 因为她很努力，所以考得很好。
　　 그녀는 노력을 했기 때문에, 시험을 잘 봤다.

XIII. 조사

1. 조사 및 유형
    1.1 조사란? 조사의 문법 기능은?
    1.2 조사는 몇 개의 유형으로 나누어질까?
2. 구조조사
    2.1 구조조사 '的'
        2.1.1 구조조사 '的'의 용법은?
        2.1.2 '的'를 학습할 때 자주 출현하는 오류는?
    2.2 구조조사 '地'
    2.3 구조조사 '得'
        2.3.1 구조조사 '得'의 용법은?
        2.3.2 '得'를 학습할 때 자주 출현하는 오류는?
    2.4 '的', '地', '得' 교육에서 유의할 점은?
    2.5 구조조사 '所'
3. 동태조사
    3.1 동태조사 '了$_1$'
        3.1.1 '了$_1$'과 '了$_2$' : "我下了课就去"와 "苹果红了"의 '了'는 같을까?
        3.1.2 '了$_1$'의 문법 의미와 용법은?
        3.1.3 '了$_1$'의 문장을 완결시키지 못하는 성질: "我昨天看了书"는 단독으로 문장이 될 수 있을까?
        3.1.4 '了$_1$'은 한국어의 '았/었'일까?
        3.1.5 '了$_1$'을 학습할 때 자주 출현하는 오류는?
        3.1.6 '了$_1$' 교육에서 유의할 점은?
    3.2 동태조사 '着'
        3.2.1 '着'의 문법 의미와 용법은?
        3.2.2 "她穿着一条裙子"와 "她正在穿裙子"는 같을까?
        3.2.3 '着'를 학습할 때 자주 출현하는 오류는?
        3.2.4 '着' 교육에서 유의할 점은?

3.3 동태조사 '过'
   3.3.1 '过'의 문법 의미: "他来了"와 "他来过"는 어떤 차이가 있을까?
   3.3.2 '过'를 학습할 때 자주 출현하는 오류는?
   3.3.3 '过' 교육에서 유의할 점은?
3.4 동태조사 '来着'
   3.4.1 어떤 상황에서 '来着'를 사용할까?
   3.4.2 '来着' 교육에서 유의할 점은?
4. 조사 '们'

1. 조사 및 유형

1.1 조사란? 조사의 문법 기능은?

조사는 단어나 구의 뒤에 위치하여 특정한 구조 관계나 문법 의미를 표현하는 단어이다. 조사의 공통적 특징은 결어력이 강하다는 것이며, 단어, 문장과 결합하여 추가적인 문법 의미를 나타내도록 도와준다.

조사는 개수가 극히 적은, 폐쇄적인 품사 유형이다. 수는 적지만 매우 중요한 기능을 갖는다. 중국어는 형태 변화가 엄격하지 않고, 조사와 같은 단어를 부가하는 방식으로 문법 의미를 표현하기 때문이다. 기존에 품사를 분류하는 과정에서 결어력이 강하나 다른 품사로 분류하기 힘든 단어들을 모두 조사에 포함시켰다. 이에 따라 조사 범주는 어떠한 내적 관계도 없고 개별 특징이 뚜렷하여, 사실상 차이점이 공통점보다 크다고 볼 수 있다.

조사의 문법 기능을 대략 정리하면 다음과 같다.

(1) 결어력이 강하고 문장 성분이 될 수 없으며, 질문에 단독으로 답할 수 없다.

(2) 실질적인 단어 의미는 없고, 문법 의미만을 나타낸다.

(3) 일반적으로 경성으로 읽는다.

1.2 조사는 몇 개의 유형으로 나누어질까?

조사의 기능과 용법에 근거하여, 대략 다음과 같이 나눌 수 있다.

구조조사: 的, 地, 得, 所
동태조사: 着, 了, 过, 来着
비유조사: 似的, 一样, 一般
열거조사: 等, 等等
복수조사: 们

2. 구조조사

구조조사는 단어 간의 구조 관계를 나타내는 조사인데, 단어를 연결하여 어떤 문법 관계가 있는 구를 구성한다. 예를 들어 '的'로 관형어와 중심어를 연결하고, '地'로 부사어와 중심어를 연결하며, '得'로 중심어와 보어를 연결한다.

상용 구조조사로는 '的, 地, 得, 所'가 있다. 학습자가 자주 오류를 범하는 이유는 '的', '地', '得'의 3개 구조조사의 차이점을 잘 파악하지 못했기 때문이다. '的', '地', '得'는 모두 'de'로 읽지만, 각자 다른 문법 기능을 지닌다. 이들의 차이는 무엇일까?

2.1 구조조사 '的'

2.1.1 구조조사 '的'의 용법은?

'的'는 아래와 같이 다양한 용법이 있다.

(1) 관형어와 중심어 사이에 사용하며, 이들을 연결하는 기능을 한다. '的'로 연결된 관형어는 중심어로 출현한 사람이나 사물이 다른 것과 구별됨을 나타내기 때문이다. 예:

聪明的孩子   他的书   南边的大楼   北京的气候

'的' 뒤에 오는 중심어는 보통 명사지만, 동사나 형용사일 수도 있다.

① 随着生活水平的提高，出国读书的人越来越多。
　　생활수준이 높아지면서, 외국에 나가 공부하는 사람이 점점 많아진다.
② 他的细心是出了名的。
　　그는 세심한 것으로 유명하다.

보통 '的'를 명사 앞에서 사용한다고 말하는데, 명사 앞에서만 사용한다고 착각해선 안 된다.
(2) '的'는 명사, 동사, 형용사, 구별사, 구 뒤에 올 수 있고, '的'자구를 구성할 수도 있다. '的'자구는 사물을 지칭하는데 명사성이 뚜렷하고, 구별 기능을 한다. 예:

塑料的   漂亮的   彩色的   吃的   看书的   跑过来的

위 예에서 '塑料的'는 플라스틱으로 만든 물건을 가리키지 다른 재료로 만든 물건은 아니다. '漂亮的'는 예쁜 물건을 가리키지 못생긴 물건이 아니다. '跑过来的'는 뛰어온 사람/동물을 가리키지 걸어온 사람 또는 동물이 아니다.
'的'자구는 문장에서 주어나 목적어로 쓰일 수 있다.

① 塑料的好看，但没品位。
　　플라스틱으로 된 것은 보기는 좋지만, 품위가 없다.
② 我不喜欢红的。
　　나는 붉은 것은 좋아하지 않는다.

(3) '的'는 이합사 또는 관용어 중간에 위치할 수 있으며, 동작의 대상을 이끌어낸다.

① 到现在妈妈还生我的气呢。
　　아직 엄마는 나한테 화가 나 계시다.
② 张大夫救了我姐姐的命，她有什么困难我都会尽力帮她的忙。
　　张大夫가 언니의 목숨을 구했으니, 그녀에게 어떤 고난이 있어도 나는 최선을 다해 그녀를 도울 것이다.

(4) 고정 형식에 사용한다.

① 大冬天的，吃什么冰淇淋啊! [大+명사+的]
　　한겨울에 무슨 아이스크림을 먹어!
② 你看买的枣，大的大，小的小。[형용사₁+的+형용사₁, 형용사₂+的+형용사₂]
　　사 온 대추 좀 봐, 큰 거는 크고, 작은 거는 작아.

(5) 서술어로 쓰이는 묘사성 형용사 뒤에 위치한다.

① 外面乱哄哄的，我不想出去的。
　　밖이 시끌벅적해서, 나는 나가고 싶지 않았다.
② 她的房间永远干干净净的。
　　그녀의 방은 항상 깨끗하다.

2.1.2 '的'를 학습할 때 자주 출현하는 오류는?

학습자가 '的'를 배우고 활용하는 과정에서 다양한 오류가 출현한다(하권 CHAPTER 4. IV. 관형어 참고). 간단히 나열하면 다음과 같다.

(1) '的'의 누락 오류.

① *上高中时候, 我天天回家吃饭。[동사/형용사/주술구와 '时候' 사이에 '的' 추가해야 함]
② *她男朋友是个英俊小伙子。[이음절 형용사가 관형어로 쓰일 때 뒤에 '的' 추가해야 함]
③ *他是我们班最刻苦学生。[부사의 수식을 받는 형용사가 관형어로 쓰일 때 뒤에 '的' 추가해야 함]
④ *她的眼睛大大, 个子高高。[형용사 중첩이 서술어/관형어로 쓰일 때 뒤에 '的' 추가해야 함]
⑤ *随着中国经济发展, 我们的生活会越来越好。[중심어가 동사나 형용사일 때 그 앞에 '的' 추가해야 함]
⑥ *看到他心急火燎样子, 我也不知道该怎么说。[사자성어를 관형어로 쓸 때 뒤에 '的' 추가해야 함]
⑦ *这样办法我觉得不好。['这样'이 관형어로 쓰일 때 뒤에 '的' 추가해야 함]

(2) '的'의 첨가 오류.

① *上课的时, 我不敢说话。[시간 표현의 '时'가 중심어면 '的' 사용 안 함]
② *来中国的以前, 我对中国知道得很少。[시간 표현의 '前, 后, 以前, 以后'가 중심어면 '的' 사용 안 함]
③ *我的姐姐的单位组织大家去云南了。[소유 관형어와 호칭 명사 사이에 일반적으로 '的' 사용 안 함]
④ *大的苹果比小的苹果好吃。[단음절 형용사가 관형어로 쓰일 때 '的' 사용 안 함]

⑤ *这种的视觉污染物在泰山随处可见。['这种'이 관형어로 쓰일 때 '的' 사용 안 함]

(3) '的', '地', '得'의 대체 오류.

① *他又受到了老师地批评。[관형어 뒤에 '的'를 '地'로 잘못 사용]
② *看到他狡猾地样子，我不禁生气起来。[관형어 뒤에 '的'를 '地'로 잘못 사용]
③ *她画得画很好看。[관형어 뒤에 '的'를 '得'로 잘못 사용]
④ *惠婷非常认真的检查了一遍卷子。[부사어 뒤에 '地'를 '的'로 잘못 사용]
⑤ *韩财把房间收拾的干干净净……[보어 앞에 '得'를 '的'로 잘못 사용]

조사 '的'와 '地'는 독음이 비슷하고, 모두 수식구에 쓰일 수 있다. 학습자는 '的'와 '地'의 용법을 자주 헷갈려서 '的'를 사용해야 할 때 '地'로 쓰고, '地'를 사용해야 할 때 '的'로 쓴다.

⑥ *李老师教汉语地方法非常好。['的'를 '地'로 잘못 사용]
⑦ *现在人民的生活水平有了很大地提高。['的'를 '地'로 잘못 사용]
⑧ *他们很努力的学习。['地'를 '的'로 잘못 사용]
⑨ *妈妈高兴的来学校看我。['地'를 '的'로 잘못 사용]

'的'와 '地'의 혼용은 문장을 읽는 상대방이 잘못 이해하게 만들 가능성이 있다.

⑩ *大家在海滩上又唱又吼又跳，疯狂的跳了一夜。['地'를 '的'로 잘못 사용]

'疯狂'은 아마도 부사어일 것이다. "다들 해변에서 밤새도록 미친 듯이 춤을 췄다"의 의미이므로 '疯狂' 뒤의 '的'는 '地'로 고쳐야 한다. '地'를 '的'

로 잘못 사용하면 "其中疯狂的人跳了一夜(그 중에 미친 사람들이 밤새도록 춤췄다)"로 잘못 이해할 수 있다. 문어체에서 수식어 뒤에 오는 '地'와 '的'를 구분하는 것은, 읽는 이가 정확히 이해하는 데 도움이 된다. 따라서 교사는 가르칠 때 반드시 '地'와 '的'의 다른 용법을 명확히 설명하고 학습자의 오류를 계속 교정해 주어야 한다.

2.2 구조조사 '地'

'地'는 부사어와 중심어 사이에 놓여, 이 둘을 연결하는 기능을 한다.

① 她仔细地看了看那封信。
그녀는 그 편지를 자세히 보고 또 봤다.
② 大家都激动地大喊大叫。
다들 흥분하여 고함을 질렀다.

부사어 뒤에 오는 '地'는 활용이 복잡한 편이다. 어떤 경우는 '地'를 사용해야 하고, 어떤 경우는 사용할 필요가 없다. 또 사용을 해도 되고 안 해도 된다. 따라서 학습자는 '地'를 배우고 활용하는 과정에서 다양한 오류를 자주 범할 수 있다(하권 CHAPTER 4. Ⅴ. 부사어 참고). 간단히 제시하면 다음과 같다.
(1) '地'의 누락 오류.

① *她兴奋说: "我得了第一名。" [심리 태도를 묘사하는 이음절 형용사가 부사어로 쓰일 때 '地' 추가해야 함]
② *妈妈客气请她进来房间里。[심리 태도를 묘사하는 이음절 형용사가 부사어로 쓰일 때 '地' 추가해야 함]
③ *他非常仔细检查了那个箱子。[부사가 수식한 형용사는 부사어로 쓰일 때 '地' 추가해야 함]

④ *孩子们高高兴兴跑去买东西了。[형용사 중첩이 부사어로 쓰일 때 '地' 추가해야 함]
⑤ *差不多先生断断续续说"死和活也差不多"。[형용사 중첩이 부사어로 쓰일 때 '地' 추가해야 함]
⑥ *她忐忑不安坐在那儿等着。[사자성어가 부사어로 쓰일 때 '地' 추가해야 함]

(2) '地'의 첨가 오류.

① *早地睡对身体好。[단음절 형용사가 부사로 쓰일 때 '地' 사용 안 함]
② *你们快地走吧, 要不然火车赶不上了。[단음절 형용사가 부사로 쓰일 때 '地' 사용 안 함]
③ *他竟然地跑进去手术室了。[부사(특히 어기사)가 부사어로 쓰일 때 '地' 사용 안 함]

(3) '地'와 '的'의 대체 오류.

① *刚起床她就匆匆的出门了。['부사어+地'인데 '的' 사용]
② *他吃亏就在于盲目的信仰老师教的大道理……['부사어+地'인데 '的' 사용]
③ *在朋友地帮助下, 她终于又开始工作了。['관형어+的'인데 '地' 사용]

2.3 구조조사 '得'

2.3.1 구조조사 '得'의 용법은?

'得'는 동사, 형용사 뒤에 위치한다. 가능성, 상태, 정도를 나타내는 보어를 수반하여, 보어와 중심어를 연결하는 기능을 한다.

① 这么小的西瓜我们吃得完，你放心吧。
　　이렇게 작은 수박은 우리가 다 먹을 수 있으니, 마음 놓아도 돼.
② 你爬得上去吗?
　　올라갈 수 있겠어요?
③ 教室打扫得非常干净。
　　교실을 매우 깨끗하게 청소했다.
④ 我们都笑得直不起腰来。
　　우리는 모두 허리를 펴지 못할 만큼 웃었다.
⑤ 这药苦得不得了，我实在喝不下去。
　　이 약은 너무 써서 정말 마실 수가 없다.

2.3.2 '得'를 학습할 때 자주 출현하는 오류는?

'得'의 오류는 '的', '地'보다 적은 편이다. 다음의 몇 가지 오류 유형이 있다.

(1) '得'의 누락 오류.

① *我表姐写很好看。['写' 뒤에 '得' 추가해야 함]
② *吴千之唱好极了, 像个歌星。['唱' 뒤에 '得' 추가해야 함]
③ *他妈妈已经50岁了，但是打扮漂漂亮亮的。['打扮' 뒤에 '得' 추가해야 함]

(2) '得'와 '的'의 대체 오류. 보어 표지인 '得'를 '的'로 잘못 쓰거나, 관형어 표지인 '的'를 '得'로 잘못 사용한 유형이다.

① *我们教授写的非常快，我不知道什么他写。[보어 앞에 '得'를 사용해야 하는데 '的'로 잘못 사용]
② *阿凡达跑的很快。[보어 앞에 '得'를 사용해야 하는데 '的'로 잘못 사용]
③ *她做得衣服很时髦。[관형어 '做' 뒤에 '的'를 사용해야 하는데 '得'로 잘못 사용]

(3) '得'의 어순 오류.

① *我跑步得很累。(我跑步跑得很累。)
   (나는 달리기를 해서 지쳤다.)
② *马雅唱歌得很好。(马雅唱歌唱得很好。)
   (마야는 노래를 잘 부른다.)

2.4 '的', '地', '得' 교육에서 유의할 점은?

'的'가 관형어의 표지이고, '地'가 부사어의 표지이고, '得'가 보어의 표지라는 것을 학습했다. 그렇다면 어떻게 가르쳐야 학습자가 이 부분을 이해하는 데 도움이 될까?

'的', '地', '得'의 구별에 관한 전통적인 방식을 간단히 정리하면 아래와 같다.

관형어+的+중심어
부사어+地+동사/형용사
동사/형용사+得+보어

이러한 구조화는 학습자가 이해하기에 다소 어려움이 있다. 왜냐하면 학습자는 관형어, 부사어, 보어, 중심어가 무엇인지 모르기 때문이다. 그렇다면 어떻게 해야 학습자가 이 단어들의 차이점을 잘 파악할 수 있을까?

교사는 단계를 분리하는 방법으로 난이도를 낮출 수 있다. 초급 단계에서는 학습자에게 비교적 자주 사용하는 구조만 알려줄 수 있다. 예:

……的+명사:
  我的书   红色的裙子   南边的教室   衣服的价格

형용사/부사 +地+동사/형용사:
认真地学习　　渐渐地明白　　特别地感动　　极其地漂亮

동사/형용사 +得+어떠함:
玩得很开心　　漂亮得不得了　　高兴得跳起来　　紧张得说不出话

사용 빈도가 높지 않고 상대적으로 어려운 '……的+동사'는, 출현할 때마다 하나씩 가르치는 방법이 효과적이다. 예:

挨　+어떤 사람+的+批评/骂/打/训
受到+어떤 사람+的+批评/影响/表扬
得到+어떤 사람+的+支持/鼓励

한꺼번에 가르치는 것보다, 위의 몇 단계를 통해 학습자가 한 번에 하나씩 고정된 구조를 통해 점차적으로 '的'의 사용 규칙을 배우도록 해야 한다.
3개의 'de'가 헷갈리는 것 외에도, 구조조사 오류는 누락 오류와 첨가 오류의 두 유형에서도 드러난다. 따라서 어떤 상황에서 구조조사를 반드시 사용하고, 어떤 상황에서 사용할 필요가 없는지를 설명할 필요가 있다.

2.5 구조조사 '所'

'所'는 타동사 앞에 쓰이며, '所见所闻', '所答非所问'과 같이 명사성의 '所'자구를 이룬다. '所'자구는 고대중국어에서 전해져 온 것이므로 문어체에서 많이 사용한다. 현대중국어에서 '所'자구가 단독으로 주어, 목적어로 쓰이는 상황은 드물고, '所'와 '的'를 결합해서 사용하는 것이 흔한 표현이다.

① 他当时<u>所用的</u>笔名是鲁迅。
그가 당시에 사용한 필명은 鲁迅이다.
② 我<u>所见到的</u>也不过只有两三人。
내가 만난 것은 불과 두세 명 뿐이다.
③ 这正是他<u>所想的</u>。
이것이 바로 그가 생각한 바이다.

이 용법의 '所'는 문어체에서 많이 나타난다. 이때 '所'는 딱히 의미가 없어서 생략해도 문장 의미는 변하지 않고 구어체 느낌이 강해진다.
'所'는 '有' 뒤에도 사용할 수 있는데, 정도가 '높지 않음'을 나타낸다. 뒤에 동사 목적어가 출현하는데, 주로 이음절 동사이다.

④ 我们的生活水平最近几年<u>有所提高</u>。
우리의 생활 수준은 최근 몇 년간 다소 향상되었다.
⑤ 对于奶奶的不耐烦，他早已<u>有所察觉</u>，只是不好说破，也不好马上离开。
할머니의 조바심에 대해 그는 벌써 눈치챈 바가 있었는데, 말하기도 바로 떠나기도 좀 그랬을 뿐이다.

이 외에도 '所'는 '为'나 '被'와 결합하여 '为……所……', '被……所……'와 같이 피동구로 쓰일 수 있다(하권 CHAPTER 6. Ⅲ. 피동구문 참고).

3. 동태조사

동작 사건을 서술할 때는 동작의 발생, 완료, 진행, 지속 등을 표현하게 된다. 이때 동사 뒤에 동태조사 '了', '着', '过'를 사용한다. '了'는 동작의 완료 또는 실현을 나타내고, '着'는 동작이나 상태의 지속을 나타내며 '过'는 경험을 나타낸다.

① 奶奶买了一斤香蕉。　　　　他洗了两条裤子。
　　할머니는 바나나 한 근을 사셨다.　그는 바지 두 벌을 빨았다.
② 他听着音乐呢。　　　　　　书在桌上放着呢。
　　그가 노래를 듣고 있다.　　　책이 책상 위에 놓여 있다.
③ 我去过长城。　　　　　　　我没吃过烤鸭。
　　나는 长城에 가본 적이 있다.　나는 烤鸭를 먹어본 적이 없다.

3.1 동태조사 '了₁'

3.1.1 '了₁'과 '了₂': "我下了课就去"와 "苹果红了"의 '了'는 같을까?

위 두 문장의 '了'는 문장 내 위치와 문법 의미가 동일하지 않다. 첫 번째 문장의 '了'는 동사 뒤에 위치하여 동작 실현을 나타낸다. 두 번째 문장의 '了'는 문미에 위치하여 어떤 상태의 변화를 나타낸다.

① 旅游时他认识了一个中国姑娘。
　여행할 때 그는 한 중국 여성을 알게 되었다.
② 我现在有点儿想家了。
　나는 지금 집이 조금 그립다.

문장 내 위치와 문법 의미에 따라 '了'는 2개로 나뉜다. 하나는 동사 뒤에서 사용하여 동작의 완료나 실현을 나타내는 동태조사 '了'인데, '了₁'이라 칭한다. 또 다른 하나는 문미에 출현하여 상태 변화를 나타내는 어기조사 '了'인데, '了₂'라고 칭한다. 때로 '了₁'과 '了₂'가 하나로 합쳐질 수도 있다.

③ 奶奶的眼睛突然瞎了。
　할머니의 눈이 갑자기 멀었다.
④ 他去英国的事我已经知道了。
　그가 영국에 간다는 건 이미 알고 있다.

여기서는 '了₁'과 관련된 문제만 다룰 것이다.

3.1.2 '了₁'의 문법 의미와 용법은?

'了₁'이 동사 뒤에서 동작의 완료나 실현을 나타낸다고 말하는데, 학습자에게 이 같은 설명은 너무 포괄적이다. '了₁'의 기능은 구체적으로 아래 3개로 나눠볼 수 있다.

첫째, 사건의 발생이나 완료.

① 上星期我读了一本好书。
　　지난주에 나는 좋은 책 한 권을 읽었다.
② 她昨天逛街时碰到了小学同学。
　　그녀는 어제 거리를 구경하다가 초등학교 친구를 만나게 되었다.
③ 我学了三年日语，还是没学好。
　　나는 3년 동안 일본어를 배웠지만, 여전히 제대로 배우지 못했다.

위의 용법은 기본적인 기능이므로 제일 먼저 설명해야 한다. 유의할 것은 '了₁'은 사건문에만 쓰고, '상태'(본 절 3.1.4 질문 참고)를 서술할 때는 쓰지 않는다는 점이다. 어느 정도 학습한 후에는, 나머지 두 개의 기능도 소개한다.

둘째, 사건의 전후 순서. '사건 발생의 선후'를 나타낸다. 즉, 시간성이 있어 앞 동작에 이어 다음 동작이 발생함을 나타낸다. 이를 '동작₁+了+동작₂'로 구조화할 수 있다.

④ 妈妈看了一眼就出去了。
　　엄마는 한번 훑어보고 바로 나가셨다.
⑤ 他昨天吃了早饭就去单位了。
　　그는 어제 아침밥을 먹고 바로 직장에 갔다.

⑥ 我明天下了课就去你那儿。
　　내일 수업이 끝나고 바로 네 쪽으로 갈게.
⑦ 我们打算放了假去海南。
　　우리는 방학하면 海南으로 갈 계획이다.

위 예문을 보면 선행 동작이 꼭 과거에 실현된 것은 아니고, 예문⑥과 ⑦처럼 미래 시점에 실현될 수도 있다.

셋째, 주요 사건의 지표. 과거 사건이라도 '了₁'을 사용하지 않을 수도 있다.

⑧ A: 你昨天去哪儿了?
　　　어제 어디에 갔었니?
　B: 我父母前天到天津来看我妹妹了。我妹妹打电话告诉我，我就到天津去了。
　　　우리 부모님이 그저께 天津에 내 여동생을 보러 왔어. 내 여동생이 나한테 전화해서 알려줘서, 내가 바로 天津으로 갔어.

위에서 '打电话'와 '告诉我'는 당연히 과거에 발생한 사건이므로, 화자는 '了'를 추가해서 '打了电话'와 '告诉了我'라고 말해도 된다. 그러나 실제로 이 두 '사건'은 전체 중 '작은 사건'일 뿐이다. 화자가 말하고자 하는 중점은 '到天津去了'이기에 주요 사건에만 '了₁'을 사용한 것이다. 일련의 사건들 중에서 특정 사건을 서술하는 동사 뒤에 '了₁'를 사용하면, 그 사건이 주요 사건이며 그 외에는 모두 부차적 사건임을 나타낸다. 이 부분을 인지하면, 아래 陆俭明과 马真(1985)이 예시로 제시한 학습자의 오류문을 분석할 수 있게 된다.

⑨ *我下车后，中国同学热情地帮了我搬行李。

'搬行李'가 주요 사건이고, '帮我'는 부차적 사건이다. 따라서 주요 사건인 '搬行李'에만 '了₁'을 사용하고, '帮我'에는 '了₁'을 사용할 필요가 없다.

'说, 讲, 告诉' 등의 인용 동사 뒤에 화자가 전달하고자 하는 중점 내용이 온다면, 그 인용 동사 뒤에는 '了₁'을 쓸 필요가 없다.

⑩ 他昨天打电话告诉我，先生已经离开了北京。
　　그가 어제 전화를 걸어, 나에게 선생이 이미 北京을 떠났다고 알려줬다.
⑪ 老板刚才跟我说，下星期可以不来上班了。
　　사장님이 방금 나에게 다음 주에 출근하지 않아도 된다고 말했다.

이는 인용문에서 '인용된 내용'이 '인용 행위' 자체보다 훨씬 더 중요하기 때문이다. 그러나 반대로 '인용 행위' 자체가 '인용된 내용'보다 중요하다면, 인용 동사 뒤에 '了₁'을 사용해야 한다.

⑫ 我昨天就跟你说了，今天不能迟到，你怎么还是迟到了?
　　내가 어제 너에게 말했지, 오늘은 늦으면 안 된다고. 어째서 또 늦었어?

3.1.3 '了₁'의 문장을 완결시키지 못하는 성질: "我昨天看了书"는 단독으로 문장이 될 수 있을까?

동작의 완료, 실현을 나타내는 '了'는 목적어 앞뒤에 모두 올 수 있다. 어떤 위치에 출현하는가를 말할 때, 아래의 3개 상황이 있다.

첫째, 목적어가 단순 형식이고 강조할 필요가 없으면 일반적으로 '了'는 목적어 뒤에 온다.

① 我昨天去超市了。
　　나는 어제 슈퍼에 갔다.
② 我们上星期看京剧了。
　　우리는 지난주에 경극을 보러 갔다.

위 문장의 '了'는 '了₁'과 '了₂'가 합쳐진 형식이다.

둘째, 목적어가 복잡하여 수량구로 된 관형어의 수식을 받거나 혹은 강조할 필요가 있으면, '了'는 목적어 앞에 온다.

③ 昨天晚上我去了一家法国超市。
어제 저녁에 나는 프랑스 슈퍼마켓 한 곳에 갔다.
④ 我们上个星期看了一场京剧。
우리는 지난주에 경극 한 편을 봤다.

셋째, 목적어가 단순 형식이지만 문장이 완결되지 않았고 뒤에 내용이 이어진다면 '了'가 목적어 앞에 온다.

⑤ 我们下了课才走的。
우리는 수업이 끝난 후에야 갔다.
⑥ 她洗了衣服才出来。
그녀는 빨래를 한 후에야 나갔다.

아래 예문에서 '동사+了+단순목적어'와 같은 문장은 완결된 문장이 아닙니다.

⑦ ?我看了电视。
⑧ ?我买了书。
⑨ ?他去了商场。

문장이 완결되려면 아래 조건이 필요하다.

첫째, 목적어 앞에 수식 성분(한정성 관형어)을 추가한다.

① 我买了一本书。
　　나는 책 한 권을 샀다.

둘째, 문장에 시간, 장소, 원인, 방식 등을 나타내는 부사어를 추가한다.

② 我刚吃了饭。
　　나는 방금 밥을 먹었다.

셋째, 동작의 완료 후에 이어지는 다른 사건을 서술하는 후속 성분을 추가한다.

③ 我吃了饭就走。
　　나는 밥을 먹고 바로 갔다.

넷째, 목적어 뒤에 문장 완결 기능을 하는 '了₂'를 추가한다.

④ 我吃了饭了。
　　나는 밥을 먹었다.

3.1.4 '了₁'은 한국어의 '았/었'일까?

우선 한국어의 '았/었'이나 영어의 '과거시제'는 과거에만 쓰일 수 있고, 현재나 미래에는 사용할 수 없다. 중국어에서도 '동사+了+목적어'의 '了'는 주로 과거에 쓰이는데, 특히 문장에 명확한 시간을 나타내는 단어가 없을 때는 '了'를 사용하면 과거의 일을 지칭하게 된다. 그러나 '了'가 반드시 과거에 쓰인다고 생각하면 안 된다.

① 下午看了电影去吃麻辣烫吧?
  오후에 영화 보고 麻辣烫 먹으러 갈 거지?
② 我下了课就去找你。
  수업이 끝난 후에 바로 너를 찾으러 갈게.

이 두 문장의 '了'는 모두 미래 시제에 쓰인 것이다. 미래 시제에 사용할 때, 보통 문장에 두 개 사건이 출현한다. '了'는 그 중 첫 번째 동사 뒤에 위치하여 해당 사건이 완료되면 곧이어 두 번째 사건이 발생함을 나타내는데 '동사$_1$+了+목적어+동사$_2$'로 구조화할 수 있다.

이렇게 '了'는 동작의 완료나 실현을 나타낸다. 다만 완료 동작은 주로 이미 발생한 사건이기 때문에 '了'도 과거 시간과 관련된다. 그렇다고 '了'가 과거에만 쓰이는 것은 아니다. 위와 같이 '了'는 과거에도, 미래에도 쓰일 수 있다.

다음으로, 한국어와 영어는 과거에 발생한 일이면 상태, 사건과 관계없이 모두 '았/었'이나 과거형을 사용해야 한다. 반면 중국어의 '了$_1$'은 과거 사건문에만 사용하고, 상태문에는 출현할 수 없다. 이것을 이해하지 못하면, 학습자는 아래의 오류를 범할 수 있다.

③ *他以前很喜欢了她, 可现在不喜欢了。[과거지만 '很喜欢'은 상태임]
④ *我小时候妈妈希望了我长大当医生。[과거지만 '希望'은 상태임]
⑤ *我刚到北京时, 妈妈很担心了。[과거지만 '担心'은 상태임]
⑥ *小时候她很漂亮了。[과거지만 '漂亮'은 상태임]

과거의 동작 사건이라도 반드시 '了'를 사용할 필요는 없다. 많은 학습자가 과거라면 모두 '了'를 사용한다고 생각한다. 그러나 어떤 때는 사용하지 않고, 또 사용하면 안 되는 경우도 있다.

⑦ <u>去年</u>他每天都去跑步。
   작년에 그는 매일 달리러 갔다.
⑧ <u>小时候</u>, 我经常生病。
   어릴 때 나는 자주 아팠다.
⑨ <u>上小学的时候</u>妈妈常说我懒。
   초등학교 다닐 때 엄마는 자주 내가 게으르다고 말했다.

위의 예문은 모두 과거를 서술하고 있지만 '了₁'을 사용하지 않았다(본절 3.1.5. 참고).

이렇게 '了₁'은 한국어의 '았/었'이나 영어의 과거형과 유사하지만 완전히 같은 것은 아니다.

3.1.5 '了₁'을 학습할 때 자주 출현하는 오류는?

'了'는 사용 빈도가 압도적으로 높지만, 학습자의 '了'의 오류 비율이 매우 높고 오류 유형도 다양하다. 陆俭明(1980)은 "허사 교육에는 아직 여러 난제가 있는데, 하나만 꼽자면 일상적으로 가장 많이 사용하는 허사인 '的'와 '了'이다. 우리는 지금까지도 효과적인 설명법을 찾지 못했다. 이 2개 허사는 외국 학생들이 중국어를 배울 때 가장 어려운 문법 항목이라 할 수 있다"고 하였다.

대화에서의 사용 빈도가 높을수록 쉬운 단어라고 생각하기 쉽지만, 그만큼 용법도 복잡해서 학습자가 제대로 파악하기가 어렵다. 陆俭明(1980)은 "외국 학생의 허사 오용 오류문이 문법 오류문의 65%를 차지한다. … 이 중 '了'의 오용 오류가 12%를 차지한다."라고 지적하며, '了₁'의 오류 유형을 네 가지로 나눌 수 있다고 하였다.

첫째, '了₁'의 누락 오류.

① *昨天我们一起参观798工厂。
② *4月23号我参加首师大运动会，但没有赢，中国学生太厉害。
③ *大学四年我们在一个班慢慢地变成好朋友。
④ *明天吃饭就出发。
⑤ *安娜辞职，与其说是因为她不喜欢这个工作，倒不如说是因为她找到更好的工作。

사건이 과거 어느 시점에 발생했음을 서술하려면 해당 동사 뒤에 '了₁'을 사용해야 한다. 미래의 경우, 특정 사건이 완료된 후에 다른 사건이 발생했을 때 선행 사건 뒤에 '了₁'을 사용해야 한다. 그러나 학습자는 자주 이 용법의 '了₁'을 누락한다.

둘째, '了₁'의 어순 오류.

⑥ *我们鼓掌了很多次。
⑦ *他们吵架了两次。
⑧ *昨天我去了打球。

'了'는 이합사의 중간에 위치해야 하므로 예문⑥과 ⑦은 잘못된 문장이다. 또 문장에 동사가 연속 출현하는 연동구문에서 '了'는 주요 동사 뒤에 위치해야 하므로, 예문⑧ 역시 잘못된 문장이다.

셋째, '了₁'의 오용 오류.

⑨ *你在哪儿买了这本书。
⑩ *我们旅游时认识了。
⑪ *我去的时候不是一个人去了，而是和很多朋友一起去了。

'了₁'과 '是……的'는 모두 과거의 일을 서술할 때 사용하는 등 유사한 기능으로 많은 학습자가 이 둘을 헷갈려 한다. 예문⑨—⑪은 모두 이와 관련된 오류이다(이 둘의 차이점은 하권 CHAPTER 6. Ⅳ.'是……的'구문 참고).

다른 예를 들면:

⑫ *老师笑了介绍自己。['了'를 '着'로 수정]
⑬ *他指了墙上的照片告诉我们, 那就是他爸爸。['了'를 '着'로 수정]
⑭ *他看了儿子说"你真棒!" ['了'를 '着'로 수정]

위 오류문에서 앞 동작은 뒤 동작의 동반 상태로 시간상의 선후 관계를 나타내지 않는다. 이때는 '着'를 사용하고, '了₁'을 사용하지 않는다.

넷째, '了₁'의 첨가 오류. 즉, '了₁'을 사용하면 안 되는데 사용하는 것이다. 앞 3개 유형의 오류에 비해, 이러한 오류의 발생 확률이 가장 높다. 어떤 학습자는 작문이나 대화에서 과거 상황을 서술할 때마다 모두 '了'를 사용하기도 한다.

⑮ *我小时候经常得了病, 妈妈就特别担心了我, 给了我吃了好吃的东西, 所以我很胖了。

동태조사 '了₁'은 동사 뒤에 위치하여 동작의 완료, 실현을 나타내고 과거 시제와 유사한 부분이 있지만 완전히 같지는 않다. 그래서 학습자는 모국어의 영향을 받아 오류를 범하게 된다. '了₁'이 완료를 나타내지만 맥락이나 화자의 주관적 의지 등에 따라 완료일 때도 사용하지 않을 수 있다.

위에서 학습자의 오류 발생 확률이 제일 높은 유형이 '了₁'을 사용하면 안 되는데 사용하는 오류라는 것을 발견하였다. 이에 따라 교사가 먼저 개괄해서 학습자에게 '了₁'의 전반적인 사용 상황을 알려주면, 학습자의 오류 발생 확률이 자연스럽게 낮아질 수 있다. 다시 말해, '了₁'이 동사 뒤에 쓰여 동작의 완료, 실현을 나타낸다는 것을 설명한 후에 사용 제약 규칙을 가르쳐서, 오류 분석의 관점에서 학습자에게 어떤 상황에서 '了₁' 을 사용하면 안 되는지를 알려줄 필요가 있다.

(1) 다회성, 반복성, 상시성 동작에 '了'를 첨가한 오류.

① *他从上大学开始，一直学了汉语。['了' 삭제]
② *我每年都在上海过了很长时间。['了' 삭제]
③ *我小时候经常得了病。['了' 삭제]
④ *读本科时我一直想了怎么当老师。['了' 삭제]
⑤ *小时候我经常去那儿爬山了。['了' 삭제]
⑥ *来中国以前，我每天都游泳了。['了' 삭제]

'了₁'을 상시성, 일관성, 반복성의 동작에 쓸 수 없는 이유는 '了₁'이 나타내는 완료의 본질이 일종의 '변화'를 표현하기 때문이다. 그런데 상시성, 반복성의 동작 행위는 시간적 흐름은 있으나 변화는 발생하지 않기 때문에 의미상 모순된다. 따라서 예시를 드는 방법으로 학습자가 '*经常/常常/往往/每……+동사+了+목적어'가 오류문임을 이해하도록 가르쳐야 한다.

(2) 구체적인 동작이나 변화의 완료를 나타내지 않는데, 상태동사 뒤에 '了₁'을 첨가한 오류.

① *现在他很想念了陆地上的生活。['了' 삭제]
② *我去年就盼望了来北京。['了' 삭제]
③ *刚开始在北京生活，我感觉了很难。['了' 삭제]
④ *听到他说中文，我很吃惊了。['了' 삭제]
⑤ *见到他时，我感觉了他很聪明，但不喜欢说话。['了' 삭제]

'想念, 盼望, 感觉, 很吃惊' 등은 모두 사람의 심리 상태를 나타내는 상태동사로 일반 동작동사가 아니기 때문에 당연히 동태조사 '了₁'을 수반할 수 없다. 동일한 유형으로 '是, 姓, 属于' 등의 관계동사가 있다.

(3) 목적어 종속절의 동사 뒤에 '了₁'을 첨가한 오류.

 ① *在很小的时候, 我就发现了我很喜欢中国。['了' 삭제]
 ② *我发誓了我一定要学好汉语。['了' 삭제]
 ③ *我决定了暑假去旅游。['了' 삭제]
 ④ *我已经知道了他不再爱我了。['了' 삭제]

'发现, 决定, 发誓' 등의 뒤에는 목적어절이 온다. 목적어절을 수반하는 동사 뒤에는 일반적으로 '了₁'을 사용할 수 없다. 특수한 맥락에서 앞 동작을 강조하고 뒤 절의 내용은 강조하지 않을 때는 '了₁'를 사용할 수 있지만, 그때는 중간에 쉼표로 분리시킨다.

 ⑤ 我已经决定了, 我要放弃, 你们谁也不要再说了。
   나는 이미 결정했다, 나는 포기할 거야, 너희들 누구도 더 이상 말하지 마.

동사 뒤에 동량보어가 오고, 그 뒤에 다시 직접인용문이 오면 동사 뒤에 종종 '了₁'를 사용한다.

 ⑥ 他突然大喊了一声, "你们快来呀!"
   그는 갑자기 "너희들 빨리 와라!"라고 크게 소리 질렀다.

(4) 겸어구문에서 앞 동사의 뒤에 '了₁'을 첨가한 오류.

 ① *他请求了我原谅他。['了' 삭제]

② *去年公司派了我去上海出差。['了' 삭제]
③ *我们都劝了她不要再等了。['了' 삭제]

겸어구문의 앞 동사 뒤에는 일반적으로 동태조사 '了₁'을 추가할 수 없다.

(5) 연동구문에서 뒤의 동사가 앞 동사의 목적을 나타낼 때 앞 동사의 뒤에 '了₁'을 첨가한 오류.

① *昨天朋友来了看望我。['了' 삭제]
② *他去了火车站买票。['了' 삭제]
③ *我们已经想了办法解决这个问题。['了' 삭제]

(6) 부정부사 '没'와 '了₁'를 함께 사용한 오류. 즉 '没有'를 수식한 동사 뒤에 '了₁'을 첨가한 오류.

① *早上我没吃饭了。['了' 삭제]
② *过去我没去过了上海。['了' 삭제]
③ *老师, 我今天真没迟到了。['了' 삭제]
④ *他杀了十多个学生, 可是没死了。[문장 끝의 '了' 삭제]
⑤ *这些年轻人没投案自首了。['了' 삭제]
⑥ *我女朋友被四个女孩子打, 学校还没处理了。['了' 삭제]

이러한 예는 학습자의 매우 보편적인 오류이다. 부사 '没有'는 동작 행위가 발생하지 않았음을 나타낸다. 그러나 '了₁'은 동작 행위의 완료나 실현을 나타내므로 이 둘은 모순 관계로 함께 출현할 수 없다. 즉 '没+동사+了'는 잘못된 표현이다. 그러나 부정사 '没有' 앞에 시구간 어휘가 출현하는 경우, 즉 '시구간+没+동사+了'는 올바른 표현이다.

⑦ 我三天没吃饭了。
　　나는 3일 동안 밥을 먹지 않았다.
⑧ 他一个星期没来上课了。
　　그는 1주일 동안 수업하러 오지 않았다.

위 문장의 '了'는 어기조사 '了₂'로 '没吃饭'과 '没来上课'와 같은 상태가 3일, 1주일 동안 지속되었음을 나타낸다. 이때 '了₂'는 동사와 직접적으로 관련이 있는 것이 아니라, 시구간과 관련이 있다.

그리고 '没(有)+명사+了'도 올바른 표현임을 유의해야 한다.

⑨ 我没有钱了。
　　나는 돈이 없다.
⑩ 瓶子里没有水了。
　　병 안에 물이 없다.

문장에서 '没有'는 동사 '有'의 부정형이지 부정부사가 아니다. 이로 인해 문미의 '了'는 어기조사 '了₂'가 되며, 동태조사 '了₁'로 볼 수 없다.

학습자에게 두 유형의 '没有', '了'의 차이점을 과도하게 설명하는 것은 좋지 않다. 간단한 방법은 다음과 같이 구조화된 방법으로 학습자에게 알려주는 것이다.

•没有+**동사**+了　　　　　　예:*没吃饭了。
시구간 어휘+**没**+**동사**+了　　예: 三天没吃饭了。
没有+**명사**+了　　　　　　예: 我没钱了。

(7) '才, 刚, 刚才, 刚刚' 등의 부사 수식을 받는 동사 뒤에 '了₁'을 첨가한 오류.

① *我爸爸刚回来了。
② *他刚刚来了。
③ *他昨天12点才起床了。

'刚'과 '刚刚'은 동작이 직전에 완성되었음을 나타낸다. 부사 '才'도 동작이 늦게 발생했거나(예: "他10点才吃早饭" 그는 10시에 겨우 아침을 먹었다), 막 완성되었음을 나타낸다(예: "他才出门" 그는 금방 나갔다). 그러나 '了₁'은 동작이 이미 실현되었음을 나타내기 때문에 위의 부사들과 의미상으로 상충한다.

(8) 형용사가 서술어로 쓰일 때 '了'를 첨가한 오류.

① *那时候我就发现了, 她很善良了。
② *去年冬天很冷了。

형용사가 서술어로 쓰일 때는 과거 상태를 나타내더라도 '了'를 사용하지 않는다. 다만 특별히 변화를 강조하는 상황이라면 '了₂'를 사용할 수 있다.

③ 她胖了。
　 그녀는 살쪘다.

위의 오류 분석을 통해, 학습자가 자주 오류를 범하는 이유는 '了'를 한국어의 '았/었'과 동일하다고 생각하기 때문임을 알 수 있다.

3.1.6 '了₁' 교육에서 유의할 점은?
'了' 교육에 있어서 아래의 몇 가지 사항을 건의한다.
(1) '了₁'과 '了₂'의 선후순서 문제: 현행 중국어 교재는 일반적으로 먼저

완료를 나타내는 '了₁'가 나오고, 그 뒤에 변화를 나타내는 '了₂'가 나온다. 그러나 邓守信(1999)에 따르면 영어를 모국어로 하는 학습자는 '了₂'를 비교적 일찍 습득하고, 오랜 시간이 흐른 뒤에 '了₁'을 습득한다. 그러므로 邓守信은 '了' 교육에서 '了₂'를 '了₁'보다 먼저 가르쳐야 한다고 주장하였다. '了₁'은 상당한 수의 기본 동사와 '昨天, 上个星期, 今天早上' 등의 시간사를 배운 이후에 가르쳐야 한다. 이런 결론은 말뭉치 연구에서 도출한 결과이므로 매우 설득력이 있다. '了₂'는 성질의 변화, 형태, 행위, 일의 시작을 나타낼 수 있다. 동사 뒤에 사용할 수 있고 형용사, 명사, 수량구 뒤에도 사용할 수 있다. 또한 문장 완결의 기능도 있다. '了₁'과 비교하면 구조와 용법이 훨씬 광범위하여 '了₁'보다 먼저 가르쳐야 한다.

(2) 초급 단계에 '了₁'을 가르칠 때 '了'의 문법 의미를 자세하게 가르칠 필요는 없고, 문법 의미를 여러 구조에 배치하여 학습자가 자주 사용되는 문형을 숙달할 수 있도록 하는 것이 가장 효과적이다. 예:

주어+동사+了+수량사+목적어 예: 我买了一本书。
나는 책 한 권을 샀다.

주어+동사₁+了+목적어+동사₂ 예: 我洗了衣服就去。
나는 옷을 씻고 바로 갔다.

주어+동사+了+시간보어+목적어 예: 我看了半小时书。
나는 반 시간의 책을 봤다.

주어+동사+了+동량보어+목적어 예: 我看了三次京剧。
나는 경극을 3번 봤다.

주어+동사+결과보어+了+목적어 예: 我做完了作业。
나는 숙제를 다 했다.

첫 번째 구조는 '了₁'의 첫 번째 기본문형으로 간주할 수 있다. 따라서 먼저 학습자에게 가르치고, 다른 문형은 보어나 연동구문 등과 결합할 수 있음을 강조한다.

(3) 최대한 구조화의 방법을 사용하고, '了'의 사용 가능 여부를 반드시 강조하여 '了'의 대다수 오류를 예방한다.

- 经常, 常常, 往往, 每……+동사+了+목적어   예: *他以前常常迟到了。
- 才, 刚, 刚刚, 刚才+동사+了+목적어   예: *他才来了。
- 没有+동사+了   예: *没吃饭了。
- **시구간 어휘+没+동사+了**   예: 三天没吃饭了。
                                                     3일 동안 밥을 먹지 않았다.
- 没有+**명사**+了   예: 我没钱了。
                         나는 돈이 없다.

(4) 중급 단계 이상이 되면 가능한 '了'를 단락이나 텍스트에서 가르쳐야 한다. 단문에서 '了'의 사용도 복잡하지만 복문이나 단락에서는 '了'를 생략할 수 있거나 사용하면 안 되는 경우도 있기 때문이다.

3.2 동태조사 '着'

3.2.1. '着'의 문법 의미와 용법은?

'着'는 동작, 상태의 지속을 나타낸다. 동작의 지속일 수 있고 상태의 지속일 수도 있다. 전자는 다음과 같다.

① 她躺在沙发上无所事事地翻<u>着</u>杂志。[동작의 지속]
그녀는 소파에 누워 할일 없이 잡지를 넘기고 있다.
② 她嘴里嚼<u>着</u>口香糖, 还不停地吹<u>着</u>泡泡。[동작의 지속]
그녀는 입속에 껌을 씹으면서, 끊임없이 풍선을 불고 있다.

③ 他的桌子上放着一摞书。[상태의 지속]
그의 책상 위에 책 한 더미가 놓여 있다.
④ 他头上戴着一顶礼帽。[상태의 지속]
그는 머리 위에 중절모 하나를 쓰고 있다.

형용사 뒤에 '着'를 추가해도 상태의 지속을 나타낼 수 있다. 그러나 '형용사+着'는 독립적으로 문장을 이룰 수 없고, 대구로 이루어진 문장에서 출현하거나 앞에는 '还', 뒤에는 '呢'를 추가해야 한다.

⑤ 教室的灯亮着, 宿舍的灯熄了。
교실의 등은 켜져 있고, 기숙사의 등은 꺼져있다.
⑥ 她的脸还红着呢。
그녀의 얼굴은 아직도 빨갛다.

'着'가 자주 사용되는 상황은 아래와 같다.

(1) 연동구문에서 앞 동작은 뒤 동작의 진행 상태나 방식, 즉 동반 상태를 나타낸다. 앞 동사 뒤에 '着'를 추가해서 '동사$_1$+着+동사$_2$'로 구조화할 수 있다.

① 我们走着聊吧。
우리 걸으면서 이야기 나누자.
② 老师尽量不要坐着讲课。
선생님은 가능한 앉지 않고 강의하려고 한다.

(2) 연동구문에서 앞 동작은 방식, 상태를 나타내고 뒤 동작은 원인, 목적을 나타내는데, 앞 동작 뒤에 '着'를 추가해서 '동사$_1$+着+동사$_2$'로 구조화할 수 있다.

① 她小时总是<u>闹着</u>去天安门。
그녀는 어릴 때 언제나 天安门에 가자고 떼를 썼다.
② 她<u>忙着</u>装修房子呢。
그녀는 집을 인테리어하느라 바쁘다.

(3) 존현구문에 '着'를 사용한다.

① 他头上戴<u>着</u>一顶鸭舌帽，上身穿<u>着</u>西服，下身穿<u>着</u>喇叭裤，脚上还穿<u>着</u>一双老式皮鞋，很是滑稽。
그의 머리 위에 헌팅캡을 쓰고, 상의는 양복을 입고, 하의는 나팔바지를 입고, 발에는 심지어 구식 구두를 신어서 매우 우스꽝스럽다.

(4) 명령문에서 누군가에게 모종의 상태를 유지하기를 요청할 때 '着'를 사용한다.

① 你先躺<u>着</u>别动。
누워서 움직이지 마.
② 你拿<u>着</u>!
네가 들고 있어!

(5) 동작의 지속 진행을 나타낼 때 '着'를 사용한다.

① 她认真地听<u>着</u>，仔细地观察<u>着</u>，还不停地在笔记本上写<u>着</u>。
그녀는 열심히 듣고, 자세히 관찰하면서, 끊임없이 노트에 필기도 했다.
② 我们的车在高速公路上快速行驶<u>着</u>。
우리 차는 고속도로에서 빠른 속도로 달리고 있다.

유의할 점은 동작의 지속 진행을 나타내는 '동사+着'는 일반적으로 단독으로 문장을 이룰 수 없다.

③ ?她看着书。
④ ?我们聊着天儿。
⑤ ?他们喝着酒。

만약 이 표현이 단독으로 문장이 될 수 있게 하려면 앞에 부사어를 추가하거나 뒤에 절을 추가하여야 한다. 가장 흔한 방법은 뒤에 '呢'를 추가하는 것이다.

⑥ 她正看着书呢。
　　그녀는 마침 책을 보고 있다.
⑦ 我们聊着天儿呢。
　　우리는 이야기를 나누고 있다.
⑧ 他们正喝着酒呢。
　　그들은 마침 술을 마시고 있다.

(6) 앞 동사를 두 번 연달아 쓰고 각각 '着'를 추가한 후, 뒤에 또 다른 동사를 추가하면 첫 번째 동작이 진행 중일 때 두 번째 동작이 무의식 중에 발생했음을 나타낸다. '동작$_1$+着+동작$_1$+着+동작$_2$'로 구조화할 수 있다.

① 我听着听着就睡着了。
　　나는 듣다가 잠이 들었다.
② 奶奶讲着讲着又哭了。
　　할머니는 말씀하시다가 또 우셨다.

3.2.2 "她穿着一条裙子"와 "她正在穿裙子"는 같을까?

'着'는 도대체 무엇을 나타내는 것일까? 아래 두 세트의 예문을 보자.

A조
她穿着一条裙子。
그녀는 치마 한 벌을 입고 있다.

她家开着门。
그녀의 집은 문이 열려 있다.

B조
她手里拿着一张 『南方周末』。
그녀는 손에 『南方周末』 한 장을 들고 있다.

她脸上带着一种安详。
그녀의 얼굴에는 평안함을 띠고 있다.

A조는 동작 행위가 이미 끝났지만 끝난 후에 발생한 상태가 여전히 지속됨을 나타낸다. 예:

她穿着一条裙子。 ≠ 她正在穿一条裙子。
그녀는 치마 한 벌을 입고 있다. ≠ 그녀는 치마 한 벌을 입는 중이다.

'穿'의 동작이 이미 끝났지만 그녀가 옷을 입고 있는 상태는 지속된다. "裙子穿在她身上"이라는 상태는 지속 중이다.

B조는 동작 행위, 상황이 지속상태에 있음을 나타낸다. 예: '拿着'는 동작 행위가 계속 진행 중임을 강조하는 것이 아니라 '拿'의 동작이 아직 끝나지 않고 지속 중인 상태를 나타낸다.

때로는 '正+동사+呢'와 '着'를 같이 사용하기도 한다.

① 外面正下着雨呢。
　 밖에 비가 내리는 중이다.
② 她正上着课呢。
　 그녀는 수업하고 있는 중이다.

이때 '正······呢'는 '진행'을 나타내고, '着'가 강조하는 것은 '상태가 지속 중'인 것이다.

3.2.3 '着'를 학습할 때 자주 출현하는 오류는 ?
학습자가 '着'를 학습할 때 출현하는 오류는 아래 몇 가지로 나뉜다.
(1) '着'의 어순 오류.

① *我们正吃饭着的时候, 爸爸突然病倒了. ['着'가 '吃饭' 중간에 위치]
② *我去的时候, 他们正吵架着. ['着'가 '吵架' 중간에 위치]

이런 문장은 이합사를 포함하고 있으므로, '着'는 그 중간에 위치하여야 한다.
(2) '着'의 대체 오류.

① *看见挂着墙上的照片, 他哭了. ['着'를 '在'로 수정]
② *班长帮我把行李放着桌子上. ['着'를 '在'로 수정]
③ *我坐着汽车里看书. ['着'를 '在'로 수정]

위 예에서 '着' 뒤에 장소 표현이 오는데, 사람이나 사물이 동작 행위를 통해 어떤 장소에 도달하였음을 나타낸다. 이러한 의미를 나타내려면 '着'가 아니라 '在'를 사용해야 한다.
(3) '着'의 누락 오류.

① *很久以前在一个村子里住一对老夫妇. ['住' 뒤에 '着' 추가]
② *我的桌子上放一本书. ['放' 뒤에 '着' 추가]
③ *她牵孩子的手过马路. ['牵' 뒤에 '着' 추가]
④ *他躺看书. ['躺' 뒤에 '着' 추가]

이 유형은 '着'를 써야 하는데 사용하지 않은 오류이다. 어떤 장소에 사람/사물이 출현했음을 나타낼 때 장소명사 뒤에 '着'를 사용해야 한다. 또 예문을 보면, 전후 두 개의 동작 가운데 전자는 후자에 수반되는 동작이나 방식이다. 전자는 부차적인 정보이고, 후자가 핵심 정보이다. 이때는 '동사구₁+着+동사구₂'의 구조를 사용해야 한다.

3.2.4 '着' 교육에서 유의할 점은?

기존의 교재에서는 한 과 내에서 '着'의 모든 용법을 설명하기도 하는데, 내용도 많고 난이도도 높아서 학습자가 '着'를 학습하고 터득하는 데 불리하다. '着'의 주요 용법이 상태나 동작의 지속을 나타내기 때문에 우선 학습자에게 지속의 개념을 정립시켜야 한다. 그리고 여러 단원으로 분산하여 '着'를 가르쳐야 한다.

(1) '着'는 상태의 지속을 나타내는데 이는 정태적인 지속으로, 기본 용법에 해당한다. 아래 두 문형이 자주 출현한다. 예:

명사 + 在 + 장소 + 동사 + 着
书　　在　床上　　扔　　着。책이 침대 위에 던져진 채이다.
衣服　在　柜子里　挂　　着。옷이 옷장에 걸려 있다.

장소　　+　동사 + 着 + 명사구
图书馆里　坐　着　不少学生。도서관에 여러 학생이 앉아 있다.
桌上　　　放　着　一副眼镜。책상 위에 안경 하나가 놓여 있다.

학습자는 자주 지속과 진행을 똑같이 보고 '着'를 진행 표지로 사용한다. 위의 예문을 보면 지속과 진행이 다르다는 것을 알 수 있다. 진행은 "他们正在跳舞"와 같이 동작이 반드시 진행 중이어야 한다. 그러나 지속은 "门开着呢"처럼 정적인 지속일 수 있다.

(2) '着'는 동작의 지속을 나타낸다.

① 大雪不停地下着。
   폭설이 끊임없이 내린다.
② 他们沿着河边走着。
   그들은 강가를 따라 걷고 있다.

(3) '동사₁+着+동사₂'에 사용하여 동반 상황을 나타낸다.

① 孩子不应该躺着看书。
   아이는 누워서 책을 보면 안 된다.
② 老师坐着讲课不太好。
   교사가 앉아서 수업을 하면 별로 좋지 않다.

모두 초급 단계의 문장들이다. '着'의 다양한 용법은 여러 단원으로 분산하여 학습을 진행하여야 한다.

3.3 동태조사 '过'

3.3.1 '过'의 문법 의미: "他来了"와 "他来过"는 어떤 차이가 있을까?

"他来了"와 "他来过"의 의미는 동일하지 않다. 전자는 "그가 왔고, 지금 여전히 여기에 있다"를 의미하지만 후자는 "그가 왔지만 지금은 이미 떠나서 여기에 없다"를 의미한다. 이것은 '了'와 '过'의 문법 의미가 다르기 때문이다. '过'는 어떤 동작이 발생한 적이 있으며, 모종의 상태로 존재했지만 이제는 그 동작을 더 이상 진행하지 않거나 해당 상태가 이미 존재하지 않음을 나타낸다. 동일 유형의 예문은 다음과 같다.

① 他结婚了。[지금 '결혼한' 상태임]
　그는 결혼했다.
② 他结过婚。[지금은 이미 '결혼한' 상태가 아님]
　그는 결혼한 적이 있다.
③ 我爸爸去了上海。[지금 아빠는 아직 上海에 있음]
　우리 아빠는 上海에 갔다.
④ 我爸爸去过上海。[지금 아빠는 이미 上海에 없음]
　우리 아빠는 上海에 가본 적이 있다.

위의 예문에서 두 문장은 '了'와 '过'로 인해 의미가 달라진 것을 알 수 있다. 과거의 특정 시간에 어떤 일을 했음을 나타내려면 '了'를 사용해야 한다. 그리고 과거에 어떤 경력, 경험이 있었으나 지금까지 지속되지 않았음을 나타내려면 '过'를 사용해야 한다.

또 '过' 앞의 동작이나 상태는 현재 언급하는 것과 관련이 있거나 그것에 어떤 영향이 있는지를 설명하는 기능이 있다.

⑤ A: 周末我们去天津吧。
　　주말에 우리 天津에 갑시다.
　 B: 我去过。[화용 의미: 나는 가지 않겠다]
　　저는 가봤는데요.

따라서 '过'를 사용한 문장은 주로 단순히 발생한 적이 있는 어떤 일이나 상태가 아니라, 어떤 원인을 설명한다. 뒤에는 화자가 진짜 표현하고 싶은 의미가 있는데, 그 의미는 맥락상 화자가 말하지 않아도 청자가 알 수 있는 것이다.

3.3.2 '过'를 학습할 때 자주 출현하는 오류는 ?

동태조사 '过'는 '着'나 '了'와 비교했을 때 오류가 비교적 적다. 구조적 오류는 다음과 같다.
(1) '过'의 첨가 오류.

① *小时候我很喜欢看书，所以常常去过书店。['过' 삭제]
② *来北京以前，我有时候看过中国的京剧。['过' 삭제]

다회적, 반복적 발생을 나타내는 '经常, 有时候' 등의 단어가 포함되었으므로 동태조사 '过'를 사용할 수 없다.
(2) '过'의 어순 오류.

① *昨天我去过北大看朋友。['过'가 '看'의 뒤에 위치]
② *以前我去过参观故宫。['过'가 '参观'의 뒤에 위치]
③ *我们已经见面过。['过'가 '见'의 뒤에 위치]
④ *她洗澡过以后躺在沙发上看电视的时候，电话响了。['过'가 '洗'의 뒤에 위치]

예문①과 ②는 모두 연동구문으로 두 번째 동사가 나타내는 동작이 첫 번째 동사가 나타내는 동작의 목적이고, 문장 의미의 핵심은 두 번째 동사에 있다. 이런 조건에서 첫 번째 동사 '来', '去', '到' 등의 뒤에는 동태조사 '过'를 사용할 수 없다. 예문③과 ④는 모두 이합사를 포함하는데, 동태조사는 이합사의 중간에 위치하여야 한다.
(3) '过'의 누락 오류.

① *我以前学日语，但是现在都忘了。['学'의 뒤에 '过' 사용]
② *小时候妈妈带我去法国。['去'의 뒤에 '过' 사용]

어떤 동작이 발생한 적이 있고 특정 상태로 지속되었지만 현재는 더 이상 그러하지 않음을 나타낼 때는, 동사 뒤에 '过'를 사용해야 한다.

3.3.3 '过' 교육에서 유의할 점은?

'过'를 학습할 때 어려운 부분은 의미상의 오류들이다. 이는 학습자가 어떤 상황에서 '过'를 사용하는지 모르기 때문에 발생한다.

동태조사 '过'는 동사 뒤에 위치하여 과거에 가졌던 경험이나 경력을 나타낸다. 그렇다면 도대체 어떤 맥락에서 '过'를 사용하는 것일까? '过'의 용법을 효과적으로 습득하려면 몇 단계로 나누어 교육을 진행할 수 있다.

첫 번째 단계: '过'가 발생했던 동작이나 상태가 더 이상 계속되지 않음을 나타낸다.

① 我曾经学过日语。[지금 이미 더 이상 배우지 않음]
나는 예전에 일본어를 배운 적이 있다.
② 我们学校举行过大型运动会。[이미 과거가 되었음]
우리 학교에서 대형 운동회를 연 적이 있다.

'过'의 긍정 형식은 '주어+동사+过+목적어'이고, 부정 형식은 '주어+没+동사+过+목적어'이다.

이러한 용법을 구체적으로 가르칠 때 대화 방식을 활용할 수 있다. 이때 교사는 '了'와 '过'의 차이점을 설명하여야 한다. 먼저 학습자에게 예문을 보여준다.

③ 王再山去年去过美国。[王再山이 지금 반에서 공부하고 있음]
王再山은 작년에 미국에 가본 적이 있다.
④ 王晓娜去年去了上海。[王晓娜는 지금 上海에 있고, 학습자도 알고 있음]
王晓娜는 작년에 上海에 갔다.

③에 대해서 교사가 학습자에게 "王再山은 지금 아직도 미국에 있습니까?"라고 묻는다. 올바른 대답은 "없습니다. 그는 지금 北京에 있습니다." 이다. ④에 대해서 교사가 학습자에게 "王晓娜는 지금 아직도 上海에 있나요?"라고 묻는다. 올바른 대답은 "그녀는 지금 아직도 上海에 있습니다." 이다.

마지막으로 교사는 다음과 같이 설명한다. "'过'는 단지 과거에 이런 경험이 있었던 적이 있고, 지금은 이미 더 이상 지속되지 않음을 나타냅니다. 그러나 '了'는 과거 모종의 행위가 지금까지도 지속될 수 있습니다."

⑤ 我当过十年老师, 从来没见过你这样的学生。 [지금은 이미 교사가 아님]
　나는 10년간 교사를 했는데, 너 같은 학생을 만난 적이 없다.
⑥ 我当了十年老师, 从来没见过你这样的学生。 [지금도 교사임]
　내가 10년간 교사를 하면서, 너 같은 학생은 만난 적이 없다.

두 번째 단계: '过'는 어떤 이치나 관점에 대해 설명하거나 해석하는 데 쓰인다. 즉, '过'가 수반된 문장은 문장에서 표현된 경험에 관해 그 이치를 밝히고 관점을 설명한다.

⑦ 你去过那儿, 应该知道人家那儿的禁忌。
　너는 거기에 가본 적 있으니, 그 쪽 사람들의 금기도 알 거야.
⑧ A: 那部电影很有意思, 快去看吧!
　　저 영화는 매우 재미있어. 얼른 보러 가자!
　B: 你怎么知道?
　　어떻게 알아?
　A: 我刚看过, 当然知道。
　　방금 전에 봤으니까, 당연히 알지.

3.4 동태조사 '来着'

3.4.1. 어떤 상황에서 '来着'를 사용할까?

'来着'는 가까운 과거에 발생한 어떤 일을 나타낸다. 주로 평서문이나 특수의문문의 문미에 위치하고, 구어체에도 쓰인다.

① 我刚才看电影来着。[얼마 전에 발생한 일을 나타냄]
   내가 아까 영화를 봤다.
② 他刚才还说你来着。[얼마 전에 발생한 일을 나타냄]
   그가 아까 당신에 대해 말했다.
③ 你说什么来着? [얼마 전에 발생한 일을 질문함]
   뭐라고 말한 거야?
④ 谁在这儿抽烟来着? [얼마 전에 발생한 일을 질문함]
   누가 여기에서 담배를 피웠습니까?

3.4.2 '来着' 교육에서 유의할 점은?

'来着'를 학습할 때 유의할 점은 아래와 같다.

(1) 동사 뒤에 '了'나 '过'를 사용하면 안 된다.

① *我刚才看了电影来着。

(2) '来着'는 이미 발생한 일에만 사용해서, 부정 형식은 없다.

① *我没抽烟来着。

(3) '来着'를 사용한 문장에서 서술어동사는 보어를 수반하면 안 되고, 부사어의 수식도 받을 수 없다.

① *我做完作业来着。
② *我已经做作业来着。

(4) '来着'는 아주 오래전에 발생한 일에도 사용할 수 있다.

① <u>小时候他还打你来着</u>。
어릴 때 그는 너를 때리기까지 했다.

4. 조사 '们'

'们'은 대체사 '我, 你, 他, 它' 등의 뒤에 쓰여 복수를 나타내는 접미사이다. 사람을 지칭하는 명사(구) 뒤에 쓰여서 복수를 나타내는 조사이다.

① <u>同学们</u>都陆续进了教室，可<u>老师们</u>还在外面议论着。
반 친구들이 잇달아 교실로 들어오는데, 선생님들은 아직도 밖에서 의논하고 계신다.

학습자가 '们'을 학습할 때 자주 출현하는 오류는 다음과 같다.
(1) 모든 명사 뒤에 '们'을 첨가한 오류.

① *我买了一些书们。
② *我打算去超市买一点儿水果们。

'们'은 사람을 나타내는 명사 뒤에 쓰여 복수를 나타낸다. 즉, 다른 명사 뒤에는 '们'을 추가하여 복수를 나타낼 수 없다. 학습자는 모국어의 부정적 전이로 인하여 모든 명사에 '们'을 추가한다.
(2) '们'을 확정 수량구와 같이 사용한 오용 오류.

① *一下子来了20个同学们。
② *我们学校有50位老师们。

학습자는 '们'이 사람을 나타내는 명사 뒤에만 쓰인다는 것을 알면서도 가끔 위의 오류를 범한다. 그러므로 교사는 학습자에게 '们'이 어림수의 복수만 나타내기 때문에 확정 수량을 나타내는 수량구와 함께 사용하면 안 된다는 것을 알려 주어야 한다.

XIV. 어기사, 감탄사, 의성사

> 1. 어기사
>   1.1 어기사 및 유형
>   1.2 어기사 了₂
>   1.2.1 '了₂'의 문법 의미 : "她不参加"와 "她不参加了"는 어떤 차이가 있을까?
>   1.2.2 '了₂'의 화용 기능
>   1.2.3 "他走了一天了"와 "他走了一天"은 같을까?
>   1.3 '的, 了, 呢, 嘛, 罢了, 着呢'는 어떤 차이가 있을까?
>   1.4 의문 어기사 '吗, 呢, 吧, 啊'는 어떤 차이가 있을까?
> 2. 감탄사
> 3. 의성사

1. 어기사

1.1 어기사 및 유형

어기사는 단독으로, 혹은 억양을 수반하여 다양한 뉘앙스를 표현하는 단어이다. 어기사는 아래의 두 가지 특징이 있다.

(1) 어기사는 일반적으로 문장의 끝에 위치한다.

(2) 어기사는 통상 경성으로 읽지만, 때로는 2개의 어기사를 연용하여 한 음절로 합칠 수 있는데, 예를 들면 '了+啊=啦'가 있다.

어기사는 문장 형태에 따라 아래의 4개 유형으로 분류할 수 있다.

진술문에 사용되는 어기사: 啊, 的, 了, 罢了, 呢, 嘛 등
의문문에 사용되는 어기사: 啊, 吗, 呢, 吧 등

명령문에 사용되는 어기사: 啊
감탄문에 사용되는 어기사: 啊

동일한 어기사라도 다른 문장 유형을 나타낼 수 있다. 또한, 동일한 어기사가 각기 다른 단어 뒤에 위치하면 음의 변화가 발생해 다르게 읽힐 수 있다. 예:

① 谁呀? ['啊'가 '-i' 뒤에서 '呀'로 바뀜]
   누구야?
② 真好哇! ['啊'가 '-u(ao)' 뒤에서 '哇'로 바뀜]
   진짜 좋아!
③ 真漂亮啊! ['啊'가 '-g' 뒤에서 'a'로 읽힘]
   정말 예쁘다!

어기사는 문장의 중간에도 위치할 수 있는데, 주로 주어 혹은 부사어 뒤에 위치한다.

⑤ 这个人呀, 每天都迟到。
   이 사람은요, 매일 지각해요.
⑥ 关于这个问题嘛, 我们下次再谈吧。
   이 문제에 관해서는, 우리 다음에 다시 이야기하죠.

교사는 초급 단계에 반드시 사용해야 하는 어기사인 '吗', '吧', '呢' 등만 가르치고, 다른 어기사는 중고급 단계에 천천히 가르친다.

1.2 어기사 '了₂'

어기사 '了₂'는 사용 빈도가 높고 난이도도 있는 문법 항목이다. '了₂'는 문미에 위치하여 문장을 완결하는 기능을 한다.

1.2.1 '了₂'의 문법 의미: "她不参加"와 "她不参加了"는 어떤 차이가 있을까?

"她不参加"는 "그녀가 활동에 참가할 계획이 없다"라는 의미지만 "她不参加了"는 "지금은 생각이 바뀌어서 참가할 계획이 없어졌다"라는 의미로 상황 변화를 설명하는 데 중점을 둔다. 이는 어기사 '了₂'의 문법 의미와 관련이 있다.

'了₂'의 문법 의미에 대한 설명은 시대별로 조금 상이하여 교육에서도 다소 난해한 부분이 있다. 특정 기간 내에 출현한 상황 혹은 발생한 일을 나타낸다고도 하고, '새로운 상황의 출현', '새로운 변화의 발생' 등을 나타낸다고도 한다. 여러 가지 설명이 있지만 기본적인 의미는 모두 '특정 시간에 이르자 새로운 상황이 출현했다'는 것이다.

아래 '了₂'를 사용한 문장과 그렇지 않은 문장을 비교해보자.

① 他很胖。 他胖了。
   그는 뚱뚱하다. 그는 뚱뚱해졌다.
   [이전에는 뚱뚱하지 않았음]

② 今天晴天。 今天晴天了。
   오늘은 날이 맑다. 오늘 날이 맑아졌다.
   [어제는 맑지 않았음]

③ 我妈妈身体很好。 我妈妈身体好了。
   우리 엄마는 건강하시다. 우리 엄마는 몸이 건강해지셨다.
   [이전에는 몸(건강)이 좋지 않으셨음]

④ 她喜欢宠物。 她喜欢宠物了。
   그녀는 애완동물을 좋아한다. 그녀는 애완동물을 좋아하게 되었다.
   [이전에 좋아하지 않았으나, 지금 좋아하게 되었음]

'了₂'는 변화가 발생했고, 새로운 상황이 출현했음을 나타낸다. 구체적으로 '了₂'는 주로 아래의 상황에 사용된다.

(1) 미발생에서 발생.

① 花开了。
  꽃이 피었다.

(2) 미완성에서 완성.

① 写完了。
  다 썼다.

(3) 동작의 진행에서 정지.

① 车停下来了。
  차가 멈췄다.

(4) 사물의 상태 성질의 변화.

① 他病了。
  그가 병이 났다.
② 我40岁了。
  나는 마흔이 되었다.

(5) 바람, 능력의 변화.

① 他不想参加了。
  그는 참가하고 싶지 않아졌다.

화자는 '了₂'를 사용하여 청자에게 모종의 변화나 새로운 상황이 출현했음을 알리고자 한다. 그 목적은 청자의 주의 환기, 권고, 건의 등을 이끌어 내기 위함이다.

'了₂'는 문미에 쓰여 새로운 상황의 출현을 나타내는데, 이는 현재일 수도, 과거일 수도, 미래일 수도 있다. 시간 개념은 '了₂'에 있는 것이 아니고 통상 문장에 출현한 시간사에 의해 결정된다.

② 爸爸的身体好了。 [현재]
　아빠의 건강이 좋아지셨다.
③ 上个星期爸爸的身体就好了。 [과거]
　지난주에 아빠의 건강이 좋아지셨다.
④ 明年一开春爸爸的身体就会好了。 [미래]
　내년 봄이 되면 아빠의 건강이 좋아지실 것이다.

문미의 '了'가 동태조사 '了₁'인지 어기조사 '了₂'인지 구분하기 어려운 경우가 있다. 일부 학자나 교재에서는 이 문미의 '了'를 '了₁'과 '了₂'가 합쳐진 것으로 본다.

1.2.2 '了₂'의 화용 기능

'了₂' 교육은 오랫동안 형식과 의미에 치중되어 있었다. 그러나 '了₂'에 대해 정확하게 이해하려면 '了₂'의 화용 기능에 대해 알아야 한다. 吕文华(1992)에 의하면 '了₂'는 담화 환경에서 정보 제시의 화용 기능을 가진다. '了₂'가 포함된 문장은 정보 내용을 나타내며, '了₂'는 청자의 주의를 끄는 기능을 한다. 더 나아가 화자의 어떤 의도를 나타내는데, 그 의도는 문맥에 의해서 결정된다.

"唉, 已经下班了!"는 화자가 청자에게 단순히 출근에서 퇴근까지의 시간 경과를 알리고자 하는 것이 아니라, 이 정보를 통해 청자에게 "가야 한다" 혹은 "쉬어야 한다" 등의 행동을 촉구하거나 상황에 대한 주의를 환기시키려는 것이다.

서술어에 수량사가 포함되어 있을 때, 화자는 그 수량이 한도에 도달했거나 초과했다고 보고, 청자의 주의를 환기시켜 특정 의도를 표현하고자 한다. 예를 들어 "爸, 你都七十了"는 아버지가 69세에서 70세가 되었다는 변화를 서술하는 것이 아니라 화자가 70세가 되었다는 정보를 청자에게 환기시키고, 더 나아가서 자신의 의도를 표현하고자 하는 것이다. 그것이 어떤 의도인지는 문맥에 따라 다를 수 있다. 예를 들어 "그렇게 걱정하지 마세요", "나이 많은 것을 신경 쓰지 마세요" 등이 가능하다. 또 다른 예를 들면,

① 快四十度了, 快送医院吧。
   40도야, 빨리 병원으로 옮겨요.
② 他喝了三瓶了, 不能再喝了。
   그는 세 병을 마셨어요, 더 이상 못 마셔요.

화자는 또 '$了_2$'를 사용하여 어떤 사실을 인정하거나, 더 나아가 이 사실을 근거로 자신이 언급한 관점과 상황을 설명, 증명하고자 한다.

① A: 去深圳根本不用带毛衣, 那儿暖和着呢。
     深圳 가는데 스웨터를 가져갈 필요 없어요, 거기는 아주 따뜻해요.
   B: 我看天气预报了, 那儿也才18度。不穿毛衣哪行啊!
     일기예보를 봤는데, 거기도 겨우 18도예요, 스웨터를 안 입고 어떻게 하나요!

화자는 "我看天气预报了"를 근거로 삼아, 자신의 주장인 '要穿毛衣'를 증명하려고 한다.

그밖에 '了₁'과 비교했을 때, '了₂'는 문장을 완결시키는 기능을 한다. 일부 문장에서 '了₂'를 삭제하면 문장이 성립하지 않는다. 아래의 몇 가지 상황에서는 반드시 '了₂'가 있어야만 문장이 성립한다.

(1) 일부 단순 명사와 동사는 반드시 '了₂'를 추가해야 문장이 성립한다.

① 秋天了。
가을이 되었다.
② 放假了。
방학을 했다.

(2) 동사와 형용사가 단독으로 서술어가 될 때는 반드시 '了₂'를 추가해야 문장이 성립한다.

① 她走了。
그녀가 떠났다.
② 你胖了。
당신은 살이 쪘다.

(3) 동사 앞에 '已经, 快, 该' 등이 있을 때는 반드시 '了₂'를 추가해야 문장이 성립한다.

① 他已经懂了。
그는 이미 이해했다.
② 快下课了。
곧 수업이 끝난다.

(4) '동사+了₁+단순목적어'는 반드시 '了₂'를 추가해야 문장이 성립한다.

① 我吃了饭了。
　　나는 밥을 먹었다.
② 他到了北京了。
　　그는 北京에 도착했다.

(5) '동사+결과보어'는 반드시 '了₂'를 추가해야 문장이 성립한다.

① 他喝醉了。
　　그가 취했다.
② 孩子吓哭了。
　　아이가 놀라서 울었다.

(6) '把', '被' 구문에서 동사 뒤에 추가 성분이나 결과보어가 없을 때는 반드시 '了₂'를 추가해야만 문장이 성립한다.

① 把这些东西扔了。
　　이 물건들을 버렸다.
② 衣服被雨淋了。
　　옷이 비에 젖었다.

(7) 정도부사가 보어가 된 경우 '了₂'를 추가해야 문장이 성립한다.

① 好极了!
　　너무 좋다.
② 烦透了。
　　너무 짜증 난다.

(8) '太'를 사용한 감탄문인 경우 '了₂'를 추가해야 문장이 성립한다.

① 太好了!
너무 잘됐다!
② 太棒了!
너무 잘했다!

(9) 권고를 나타낼 때는 '别+동사+了'의 구조를 사용한다.

① 别喝了, 再喝就站不起来了。
그만 마셔요, 더 마시면 일어나지 못할 거예요.
② 别说了, 说也没有用。
그만 말해요. 말해도 소용이 없어요.

(10) '어떤 동작을 할 시간이 이미 다 되었다'를 나타낼 때 '동사(목적어)+了'의 구조를 사용한다.

① 上课了, 快进来吧。
수업 시작해요. 빨리 들어오세요.
② 出发了, 出发了, 快上车!
출발요, 출발요, 빨리 차에 올라타세요.

(11) '앞으로 특정 동작을 하지 않겠다'는 의미를 나타낼 때 '再也不+동사+了'의 구조를 사용한다.

① 珠穆朗玛峰上太难受了, 我再也不去了, 但如果你没去过, 我劝你去一次。
에베레스트산 정상은 너무 힘들어서 다시는 안 갈래요. 근데 당신은 안 가봤다면 한 번 가보기를 권해요.
② 烤鸭太油了, 以后再也不吃了。
烤鸭는 너무 느끼해서, 앞으로 다시는 안 먹을 거예요.

이상은 반드시 '了₂'를 사용해야 하는 예이다. 교사는 이를 고정화된 구조로 알려주는 것이 가장 좋다.

1.2.3 "他走了一天了"와 "他走了一天"은 같을까?

이 두 문장은 '了' 하나 차이지만 의미 차이는 큰데, 이것이 학습자가 어려워하는 부분 중 하나이다. "他走了一天了" 뒤에 있는 '了'는 변화를 나타내는 '了₂'로, 전체 문장은 그가 떠나고 발화시간까지 이미 하루가 되었음을 나타내며 '그 시간이 짧지 않다'라는 의미를 포함한다.

동일한 예를 다시 들면,

① 我已经学了两年了, 还是跳不好。
　　나는 2년이나 배웠지만, 잘 못 뛴다.
② 这本书我看了一个星期了, 还没看完。
　　이 책 일주일이나 봤지만, 다 보지 못했다.

그러나 "他走了一天"은 변화를 나타내는 '了₂'가 없기 때문에 전체 문장이 나타내는 의미가 발화시간과 무관하다. 즉, 객관적인 진술로서 그가 걷는 데 걸린 시간이 하루임을 나타낸다. 상태가 발화시간까지 지속되는 가의 여부는 맥락을 근거로 판단해야 하는데, 대부분 그 상태가 발화시간까지 지속되지는 않는다. 동일한 예를 다시 들면,

① 我学了两年, 但没坚持下来。
　　나는 2년을 배웠는데, 꾸준히 하지 못했다.
② 那本书我看了一个星期, 实在是看不下去了。
　　그 책은 내가 일주일을 봤는데, 정말로 더는 못 보겠다.

1.3 '的, 了, 呢, 嘛, 罢了, 着呢'는 어떤 차이가 있을까?

'的'는 '확실히 그러하다'의 의미를 나타낸다(하권 CHAPTER 6. Ⅳ. '是……的'구문 참고).

① 我昨天到的。
나는 어제 도착했다.
② 放心吧, 她会来的。
안심하세요, 그녀는 올 거예요.

'了'는 상황이 변했음을 나타낸다.

① 外面下雨了。
밖에 비가 온다.
② 她生气了。
그녀가 화가 났다.

'嘛'는 화자의 태도를 나타내는데, 실제 상황이 아주 명확함을 강조한다.

① 你这么说本来就不对嘛。
당신이 이렇게 말하는 것은 원래가 잘못된 거예요.
② 这就是不应该嘛。
이러면 안 되는 거잖아요.

'呢'는 과장의 의미를 가진다.

① 她考了95呢。
그녀는 95점이나 받았다.

② 他根本就不矮，一米七几呢。
　　그는 전혀 키가 작지 않아요, 170 몇 센티는 돼요.

'啊'는 화자의 태도를 나타내지만, 환기의 의미도 가진다.

① 你记忆力不错啊。
　　당신은 기억력이 좋네요.
② 你够有眼光的啊!
　　당신은 충분히 안목이 있어요.

'罢了'는 '겨우 이 정도이다'는 의미를 나타내는데, 사건을 별일 아닌 듯 작게 축소해서 가볍게 말할 때 사용한다.

① 我不过说说罢了。
　　나는 단지 말해본 것뿐이다.
② 她只是粗心罢了，并不是不会。
　　그녀는 덜렁대는 것일 뿐, 할 줄 모르는 것은 아니다.

'着呢'는 '정도가 심하다'는 의미를 나타낸다. 과장의 뉘앙스이며, 목적은 타인을 설득시키기 위함이다.

① 去看看吧，那儿热闹着呢!
　　가서 좀 봐봐, 거기는 아주 떠들썩해.
② 他女朋友漂亮着呢。
　　그의 여자 친구는 예쁘잖아.

유의해야 할 점은 '着呢'는 형용사구 뒤에 사용할 수 없다는 것이다.

*我很累着呢。　　*他累极着呢。

1.4 의문 어기사 '吗, 呢, 吧, 啊'는 어떤 차이가 있을까?

'吗', '呢', '吧', '啊'는 모두 문미에서 의문을 나타내나 의미상 큰 차이가 있다. 그 차이는 어디에서 드러날까(하권 CHAPTER 5. Ⅲ. 의문문 참고)? 먼저 몇 개의 예를 살펴보자.

① 你是韩国人吗?　　　她是哪国人呢?
　　당신은 한국인입니까?　그녀는 어느 나라 사람인가요?
　　你是韩国人吧?　　　你是韩国人啊?
　　당신은 한국인이지요?　당신은 한국인이었군요?

'吗'를 사용한 의문문은 화자가 청자에게 질문에 대한 긍정 혹은 부정의 답을 요구한다. 예를 들어, "你是韩国人吗?"의 실제 의미는 "你是不是韩国人?"으로 청자가 긍정 혹은 부정으로 대답할 것을 요구한다.

'呢'는 자주 특지의문문 혹은 선택의문, 정반의문문의 문장 끝에 사용되는데, '呢'를 사용한 특지의문문은 화자의 의혹이 해결되지 않았음을 나타낸다. '呢'를 사용한 선택의문문, 정반의문문은 주저하면서 어떤 상황에 대한 걱정이나 불확실함 등의 뉘앙스를 나타낸다.

'吧'를 사용한 의문문은 화자가 질문에 대해서 이미 어떤 예측, 추측, 판단을 하였다는 것을 의미하나 확실하다는 것은 아니며, 질문을 통해 상대방에게 사실을 증명하고자 함이다. 예를 들어 "你是韩国人吧?"는 "당신은 한국인 맞지요?"라는 의미이다.

'啊'를 사용한 의문문은 놀람, 생각지도 못함을 나타낸다. 예를 들어 "你是韩国人啊?"는 "나는 당신이 한국인이 아니고 다른 나라 사람인 줄 알았는데, 알고 보니 당신은 한국인이었군요?"라는 의미이다. 때로는 일종의 완곡의 뉘앙스를 나타내기도 한다(胡明扬 1981).

2. 감탄사

감탄사는 강한 감정 혹은 호소에 응함을 표현하는 단어이다. 다른 품사와 비교했을 때 감탄사는 뚜렷한 어휘, 문법 의미가 없으며, 실사도 허사도 아니기 때문에 독특한 범주이다.

감탄사는 구조상 문장에서 독립적으로 존재하며, 다른 성분과 어떠한 관계도 맺지 않고 문장 성분의 기능도 수행하지 않는다. 일반적으로 감탄사는 문두에 위치하며, 그 뒤에는 쉼표나 감탄 부호가 따라온다. 경우에 따라 문장 중간에 위치하기도 한다.

① 哦! 我懂了.
　오! 이해가 됐어요.
② 嗯, 就这样吧.
　응, 그렇게 해요.

감탄사는 다양한 감정을 나타낼 수 있는데, 하나의 감탄사가 각각 다른 맥락에서 다른 억양으로 여러 감정을 나타낸다.

기쁨, 의기양양함을 나타냄: 哈哈, 呵呵, 嘿嘿 등
실망, 탄식, 슬픔을 나타냄: 哎, 咳, 嗨 등
찬미, 찬사, 부러움을 나타냄: 嗬, 啊, 啧啧 등
놀라움, 경악을 나타냄: 哎呀, 咦, 嚯 등
부동의, 원망, 불평을 나타냄: 哎呀, 哼 등
경시, 불만, 분노를 나타냄: 呸, 哼 등
이해, 깨달음을 나타냄: 哦, 唔 등
호응, 응대를 나타냄: 喂, 嗳, 嗯等 등

3. 의성사

소리의 실제 느낌과 언어적 생동감을 불러 일으키기 위해서 일부 단어를 사용해서 사물이나 대자연의 소리를 모사하는데, 예를 들면 '轰轰, 叮咚, 呜呜, 劈劈啪啪, 叮叮当当' 등이 있다. 이와 같이 사물 혹은 자연계의 소리 및 사물의 형태를 모사하는 데 쓰이는 단어를 '의성사'라고 한다.
의성사의 문법 기능은 다음과 같다.

(1) 의성사의 주요 문법 기능은 부사어로 사용되는데, 통상 '地'를 수반하고, 인용 부호를 추가할 수 있다.

① 听到这话, 他<u>霍地</u>站了起来。
　이 말을 듣고, 그는 벌떡 일어났다.
② 我的心"<u>咚咚</u>"<u>地</u>跳个不停。
　내 마음이 콩콩 쉬지 않고 뛴다.

(2) 의성사는 관형어도 될 수 있는데, 자주 소리를 나타내는 명사를 수식한다. 이때 보통 '的'를 수반하고 인용 부호를 추가하여, 문장에서는 인용 성분이 된다.

① 大家发出了"<u>哈哈哈</u>"<u>的</u>笑声。
　모두 하하하 소리를 내며 웃었다.
② "<u>叮当</u>"一声, 原来是钥匙掉在地上了。
　탁 하는 소리가 나서 보니, 열쇠가 바닥에 떨어져 있었다.

(3) 의성사는 보어가 될 수 있는데, 보어가 되면 통상 '的'를 수반한다.

① 外面下得<u>哗哗的</u>。
　밖에 주룩주룩 (비가) 온다.

② 他饿得<u>叽里咕噜</u>的, 但也不敢说。
　　그는 배고파서 꼬르륵 소리가 났지만 말하지 못했다.

(4) 의성사는 독립적으로 문장을 구성할 수 있는데, 예를 들면 다음과 같다.

① <u>劈劈啪啪</u>, 外边响起了一阵鞭炮声。
　　펑펑, 하고 밖에서 폭죽 소리가 한동안 울려 퍼졌다.
② "<u>丁零零……</u>", 电话响了。
　　따르릉, 전화가 울렸다.

XV. 겹품사

> 1. 겹품사란?
> 2. 겹품사와 동음사: '很方便', '方便群众'에서 '方便'은 겹품사일까?
> 3. '红花', '花钱'에서 '花'는 겹품사일까?
> 4. 상용 겹품사에는 어떤 단어가 있을까?
> 5. '去香港', "你这样太香港了"에서 '香港'은 겹품사일까?

1. 겹품사란?

 품사는 단어의 문법 기능을 근거로 구분한 것으로 품사가 동일한 단어는 문법 기능이 동일하며, 품사가 다른 단어는 문법 기능이 다르다. 대다수 단어는 문법 기능의 차이로 품사가 달라지는데, 일부 단어는 두 가지 품사의 문법 기능을 모두 가지며, 의미상 서로 관련이 있다. 이런 단어를 '겹품사'라고 하고, 관련 현상을 '겹품사 현상'이라고 한다. 예를 들어 '科学'는 명사이면서 형용사이다. 명사는 사물을 지칭하고 수량사의 수식을 받고(예: 一门科学), 직접 다른 명사의 수식을 받거나(예: 自然科学), 명사를 수식할 수 있다(예: 科学知识). 또 주어, 목적어도 될 수 있다(예: 科学很重要/学习科学). 형용사는 일종의 성질을 서술하는 것으로 정도부사의 수식을 받을 수 있고(예: 很科学), '不'의 수식을 받을 수 있는데(예: 不科学) 이러한 기능은 명사에는 없는 형용사의 문법 기능이다. 또 다른 예는 아래와 같다.

编辑	(1)	她是校报的<u>编辑</u>。	[명사]
		그는 교내 신문사의 편집자이다.	
	(2)	她在<u>编辑</u>稿子。	[동사]
		그녀는 원고를 편집 중이다.	
革命	(1)	无产阶级<u>革命</u>	[명사] 프롤레타리아 혁명
	(2)	最<u>革命</u>的阶级	[형용사] 가장 혁명적인 계급
冰	(1)	井水很<u>冰</u>	[형용사] 우물이 매우 차다.
	(2)	把西瓜放冰箱里<u>冰</u>一下。	[동사] 수박을 냉장고에 넣어 얼리세요.

2. 겹품사와 동음사: '很方便', '方便群众'에서 '方便'은 겹품사일까?

'겹품사'와 '동음사'는 모두 독음이 동일한 단어이나, 이 둘은 다르다. 겹품사는 한 단어가 두 개 혹은 여러 개의 관련 의미를 가지는 것이고, 동음사는 독음만 동일한 두 단어로 문법 기능과 의미가 모두 다르다. 예를 들어 '白花'에서 '白'와 '白说'에서 '白'는 독음은 같으나, 의미상 연관은 없기에 두 개의 동음사일 뿐 겹품사는 아니다.

"这儿生活很方便"에서 '方便'은 형용사이고, "为了方便群众, 我们打算建座超市"에서 '方便'은 동사로, 이 둘은 의미상 관련이 있다. 따라서 이 둘은 독음도 같고 의미도 서로 관련이 있는데 문법 기능만 다른 겹품사이다.

3. '红花', '花钱'에서 '花'는 겹품사일까?

'红花'의 '花'와 '花钱'의 '花'는 겹품사가 아니다. 이 두 개의 '花'는 독음과 한자가 같다는 것을 제외하고는, 문법 기능이 다르고 의미도 달라서 서로 관련이 없다.

红花: "种子植物的有性繁殖器官" [명사]
　　　 씨앗식물의 유성번식기관
花钱: "用, 耗费" [동사]
　　　 쓰다, 소비하다

두 개의 별개 단어로 보아야 하는 동형동음사는 겸품사가 아닌데, 이러한 예는 또 있다.

会唱歌 [동사]　　　　开个会 [명사]
把着门不让进 [동사]　把门关好 [전치사]　　一把伞 [양사]
一张白纸 [형용사]　　白来一趟 [부사]
买米做饭 [명사]　　　走了十米 [양사]

겸품사는 의미상 서로 관련이 있지만 품사적 성격이 다른 반면에, 동음사는 독음은 같으나 문법 기능이 다르고 의미상 관련이 없는 두 개 혹은 그 이상의 단어이다.

4. 상용 겸품사에는 어떤 단어가 있을까?

겸품사는 소수인데, 대략 아래의 몇 가지가 있다.

동사, 명사 겸품사는 동작 행위도 가리키고 구체적인 사물도 가리키는 것으로, '包, 保管, 报道, 报告, 病, 裁判, 参谋, 代表, 翻译, 导演, 雕塑, 规划, 合唱, 贿赂, 计划, 记录, 练习, 领导, 命令, 设计, 说明, 通知, 统计, 展览, 证明, 指挥, 主编, 组织' 등이 있다.

동사, 형용사 겸품사에는 '端正, 明确, 丰富, 破' 등이 있다.

명사, 형용사 겸품사에는 '科学, 标准, 经济, 道德, 困难, 理想' 등이 있다.

명사, 동사, 형용사 겸품사에는 '麻烦, 方便, 便宜' 등이 있다.

5. '去香港', "你这样太香港了"에서 '香港'은 겸품사일까?

"你这身打扮太香港了"에서 '香港'은 정도부사의 수식을 받을 수 있으나 겸품사는 아니다. 이러한 현상은 단어의 활용에 속하는 일종의 특수 용법이다. 특정한 조건에서 표현상의 필요에 의해서 임시로 한 번 빌려 쓰는 것이다. 즉, 하나의 단어는 본래 하나의 품사에 속하는데 특수한 경우에 표현상 필요에 의해 다른 품사로 사용된 것이다.

① 你别太近视眼了。
   당신 너무 근시안적으로 굴지 마세요. [명사 '近视眼'이 형용사로 활용]
② 他很女人。
   그는 너무 여자 같아요. [명사 '女人'이 형용사로 활용]

CHAPTER 3

구

┃주요 내용┃

이 장에서는 구의 구조 유형과 기능 유형, 특히 가장 기본적인 5개 구의 유형 및 특징을 살펴본다. 구체적으로 수식구, 술목구, 술보구, 주술구와 연합구를 살펴볼 것이며, 층위분석법도 간단하게 살펴본다.

I. 구의 유형

구는 몇 개의 유형으로 나누어질 수 있을까? 구는 단어가 일정한 통사규칙 결합에 따라 결합된, 단어보다 상위 층위의 문법단위로 예를 들어 '买东西', '快走', '黄头发'와 '北京上海' 등이 있다. 단어와 단어는 통사 관계에 따라 다르게 결합하여 다양한 유형의 구를 만든다.

통사 구조에 따라, 구는 수식구, 술목구, 술보구, 주술구, 연합구, 방위구, 수량구, 전치사구, '的'자구 등으로 나눌 수 있다. 그 중에서 수식구, 술목구, 술보구, 주술구와 연합구는 가장 기본적인 구조 유형으로 요약하면 다음과 같다.

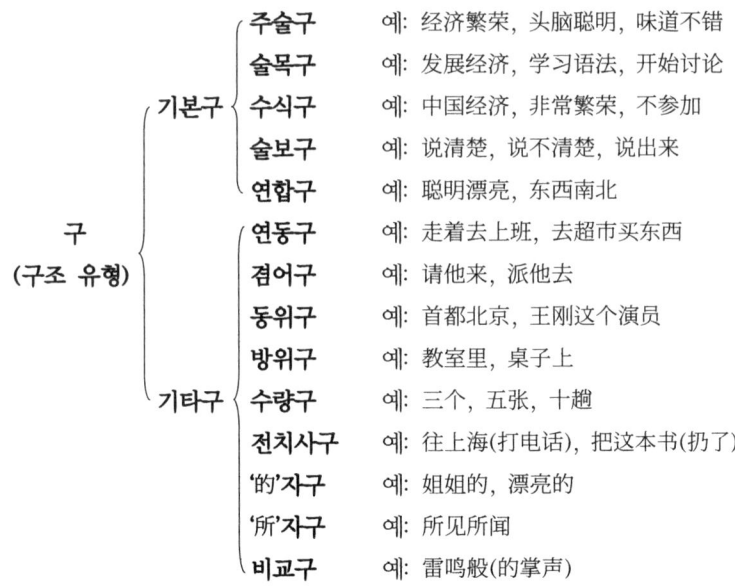

기능 의미에 따라, 구는 명사구, 동사구, 형용사구와 부사구로 나눌 수 있다. 명사구는 '체언구'라고도 하며, 동사구와 형용사구는 '용언구'가 된다. 간단히 정리하면 다음과 같다.

구 (기능 유형)	명사구	예: 新买的房子, 买饭的, 所需, 一个, 你的幸福 등
	동사구	예: 增加收入, 看清楚, 去上课, 劝他放弃 등
	형용사구	예: 活泼可爱, 非常聪明, 漂亮极了, 乞丐似的 등
	부사구	예: 从南京(出发), 一个劲的, 大规模 등

구조와 기능에 따른 유형 분류 외에 두 가지 다른 유형도 있는데, 대략 예를 들면 다음과 같다.

구 내부 단어 간의 긴밀한 정도에 따라 고정구와 비고정구로 나눌 수 있다.

구	고정구	성어	예: 鹤立鸡群
		관용어	예: 穿小鞋
	비고정구		예: 看书, 很好

구 내부 구성 성분의 많고 적음에 따라, 구를 단순구와 복잡구로 나눌 수 있다.

구	단순구	예: 吃西瓜
	복잡구	예: 吃一个大西瓜

마지막으로 구의 문장 구성 능력에 따라 자립구와 의존구로 나눌 수 있다.

구 { **자립구** 예: 走来走去, 总是哭, 爬起来, 吃了一顿饭
　　의존구 예: 想来想去, 再漂亮, 看起来, 吃了饭, 怪可怜

II. 기본구의 유형

> 1. 수식구란? 수식구의 구조적 특징은?
> 2. 복잡한 수식구란? 복잡한 수식구는 몇 개의 유형으로 나누어질까?
> 3. 술목구란? 술목구의 구조적 특징은?
> 4. 술보구란? 술보구의 구조적 특징은?
> 5. 술보구는 몇 개의 유형으로 나누어질까?
> 6. 주술구란? 주술구의 구조적 특징은?
> 7. 연합구란? 연합구의 구조적 특징은?
> 8. '努力学习'와 '学习努力'는 같은 구조일까?
> 9. '仔细看'과 '看仔细'는 같은 구조일까?
> 10. '浙江杭州'와 '苏州杭州'는 같은 구조일까?
> 11. '今天下雨'는 수식구일까 주술구일까?

1. 수식구란? 수식구의 구조적 특징은?

먼저 아래 예문을 보자.

① 红苹果　　　　木头桌子
　 붉은 사과　　　나무 테이블
② 我的衣服　　　大大的操场
　 내 옷　　　　　큰 운동장
③ 认真复习　　　马上去
　 열심히 복습하다　즉시 가다
④ 非常高兴　　　很干净
　 매우 기쁘다　　아주 깨끗하다

위 예들은 모두 두 부분으로 구성되어 있다. 뒷부분이 사물, 동작 행위 또는 성질을 가리키고 전체 구의 중심이 되며, 앞부분은 뒷부분을 수식, 한정, 설명한다. 예를 들어 '红苹果'에서 '苹果'가 구의 중심이며 '红'은 '苹果'라는 사물의 색상을 설명한다. 다른 예로 '认真复习'에서 '复习'가 구의 중심이며, '认真'은 '复习'라는 동작 행위의 양태 방식을 설명한다. 앞부분을 '수식어', 뒷부분을 '중심어'라고 한다.

구체적으로 보면 수식어와 중심어는 의미상으로 완전히 같지 않다. 예를 들어 예문①의 수식어는 사물의 성질이나 재질을 설명하고, 예문②의 수식어는 사물의 소속이나 상태를 나타내며, 예문③의 수식어는 동작 행위의 양태 방식 또는 시간을 설명한다. 예문④의 수식어는 성질의 정도를 설명한다. 수식 구조가 출현할 수 있는 통사 위치를 보면 ①, ②가 동일한 유형인데, 전체 구조가 명사성으로 주어, 목적어를 담당한다. ③, ④가 하나의 유형으로 전체 구조는 동사, 형용사성으로 서술어를 담당한다. 전자의 수식어를 '관형어'라고 하고 구 전체를 '명사 수식구'라고 한다. 후자의 수식어는 '부사어'라고 하고 구 전체를 '부사 수식구'라고 한다.

관형어과 중심어 사이에 '的'를 삽입할 수 있으며, 부사어와 중심어 사이에는 '地'를 삽입할 수 있다.

① 红苹果 → 红的苹果
　 붉은 사과
② 认真复习 → 认真地复习
　 열심히 공부하다

木头桌子 → 木头的桌子
나무 테이블
非常高兴 → 非常地高兴
매우 기쁘다

2. 복잡한 수식구란? 복잡한 수식구는 몇 개의 유형으로 나누어질까?

복잡한 수식구는 수식어 또는 중심어 자체가 수식구인 구조를 말한다. 세 가지로 나누어 예를 들어 설명해보자.

(1) 수식어가 수식구인 경우.

① 我妈妈的头发　　　女朋友的相片
　우리 엄마의 머리카락　여자 친구의 사진
② 尽早赶回来　　　　不自觉地犯了错误
　최대한 빨리 돌아오다　무의식적으로 잘못을 저질렀다

예문①은 관형어 자체가 수식구가 되는 예이며, 예문②는 부사어 자체가 수식구가 되는 예이다. 이 두 예에서 '我妈妈的头发'와 '尽早赶回来'는 구조적으로 다음과 같이 분석할 수 있다.

```
我   妈妈   的   头发            尽   早   赶回来
└─1─┘ ( ) └─2─┘               └─1─┘ └─2─┘
└3┘ └4┘                        └3┘ └4┘
```

1—2 '관형어—중심어' 수식 관계　　1—2 '부사어—중심어' 수식 관계
3—4 '관형어—중심어' 수식 관계　　3—4 '부사어—중심어' 수식 관계

(2) 중심어가 수식구인 경우. 이와 같은 복잡한 수식구는 자주 사용된다.

① 他们的工作情况　　　新的语文课本
　그들의 업무 상황　　　새로운 국어 교과서
② 都十分精巧　　　　　已经渐渐地亮了
　모두 매우 정교하다　이미 점점 밝아지다

예문①은 '관형어-중심어'의 수식구이며 예문②는 '부사어-중심어'의 수식구이다. 그 중에서 '他们的工作情况'과 '都十分精巧'는 구조적으로 아래와 같이 분석할 수 있다.

```
他们的    工作    情况              都      十分    精巧
└─1─┘   └──2──┘                 └1┘    └─2─┘
        └─3─┘ └─4─┘                    └3┘  └4┘
```

1—2 '관형어—중심어' 수식 관계   1—2 '부사어—중심어' 수식 관계
3—4 '관형어—중심어' 수식 관계   3—4 '부사어—중심어' 수식 관계

(3) 수식어와 중심어가 각각 수식구인 경우. 이 유형의 복잡 수식구는 '관형어-중심어'의 수식구가 많으며 '부사어-중심어' 수식구는 적은 편이다.

　① <u>中国乒乓球队整体素质</u>很高。
　　 중국 탁구대표팀 전체 실력은 매우 높다.
　② 他<u>很快向经理作了汇报</u>。
　　 그는 빠르게 사장에게 보고를 했다.

예문①은 복잡한 '관형어-중심어' 수식구이며, 예문②는 복잡한 '부사어-중심어' 수식구이다. 이 두 수식구는 구조적으로 아래와 같이 분석할 수 있다.

```
① 中国   乒乓球队   整体   素质       ② 很   快   向经理   作了汇报
   └────1────┘  └───2───┘          └──1──┘  └────2────┘
   └3┘  └─4─┘   └5┘  └6┘            └3┘└4┘  └─5─┘  └──6──┘
```

1—2 '관형어—중심어' 수식 관계   1—2 '부사어—중심어' 수식 관계
3—4 '관형어—중심어' 수식 관계   3—4 '부사어—중심어' 수식 관계
5—6 '관형어—중심어' 수식 관계   5—6 '부사어—중심어' 수식 관계

3. 술목구란? 술목구의 구조적 특징은?

'红苹果'는 수식구로 '红'이 '苹果'를 수식 한정한다. 그러나 '吃苹果'에서 '吃'는 '苹果'를 수식 한정하지 않는다. '吃'는 동작을 나타내며 '苹果'는 '먹다' 동작의 영향을 받는 사물이다. '吃苹果'와 같은 구를 '술목구'라고 한다.

술목구도 두 부분으로 구성된다. 앞부분은 특정 동작 행위를 서술하며 뒷부분은 동작 행위의 영향, 지배 대상을 가리킨다. 앞부분을 서술어라고 하며 이 구의 중점이 되고, 뒷부분을 목적어라고 하며, 서술어와 목적어는 지배 관계이다.

① 洗衣服　　　看书
　　옷을 빨다　　책을 보다
② 盖房子　　　写信
　　집을 짓다　　편지를 쓰다
③ 洗凉水　　　吃大碗
　　찬물로 씻다　큰 그릇으로 먹다
④ 坐地上　　　去北京
　　바닥에 앉다　北京에 가다
⑤ 住一个人　　来客人
　　혼자 산다　　손님이 오다

서술어와 목적어 사이에 '了', '着', '过'가 출현해도 구조가 변하지 않는다. 예:

　　洗衣服　　洗了衣服　　洗着衣服　　洗过衣服
　　盖房子　　盖了房子　　盖着房子　　盖过房子

서술어와 목적어의 의미 관계는 다양하다. 위 예에서 서술어는 동작 행위를 나타내나 예문①의 목적어는 동작 행위의 대상, 예문②의 목적어는 동작 행위의 결과, 예문③의 목적어는 동작 행위에 쓰인 도구, 예문④의 목적어는 장소, 방위, 예문⑤의 목적어는 동작 행위의 주체자를 나타낸다.

4. 술보구란? 술보구의 구조적 특징은?

'吃苹果'는 위에서 말한 술목구인데 '苹果'를 '饱'로 바꿨을 때 '吃饱'는 술보구가 된다. '饱'는 '吃'의 결과를 보충 설명한다.

술보구는 두 부분으로 구성된다. 앞부분은 서술어로 전체 구의 중점이 되며, 뒷부분은 보어로 서술어와 서로 보충 관계이다.

① 写完　　　　　洗干净
　　다 쓰다　　　　깨끗이 씻다
② 拿出来　　　　走出去
　　꺼내 들다　　　걸어 나가다
③ 干得很高兴　　洗得很干净
　　기쁘게 하다　　깨끗이 씻다
④ 好极了　　　　辣得很
　　너무 좋다　　　아주 맵다
⑤ 吃得饱　　　　写不好
　　배부르게 먹다　잘 못 쓰다

서술어는 동작 행위나 성질을 나타내며 보어는 동작 행위의 결과를 설명하거나(①), 동작 행위의 방향을 설명하거나(②), 동작 행위의 상태를 설명하거나(③), 성질의 정도를 설명하거나(④), 동작 행위의 가능한 결과 또는 상태를 설명한다(⑤).

위의 예에서 일부 서술어에는 '得'가 있는데(③) 또 일부는 '得'가 없다 (①, ②). '得'를 수반하지 않은 서술어와 보어 사이에는 '得', '不'를 삽입할 수 있다. 예:

写完   写<u>得</u>完   写<u>不</u>完
拿出来 拿<u>得</u>出来 拿<u>不</u>出来

5. 술보구는 몇 개의 유형으로 나누어질까?

보어가 나타내는 문법 의미에 따라, 술보구는 몇 개 유형으로 나눌 수 있다.

(1) **서술어+결과보어**: 吃完, 洗干净, 做对, 来早, 收拾干净 등
(2) **서술어+가능보어**: 吃不完, 听不懂, 看得见, 看不见, 记不住, 记得住 등
(3) **서술어+방향보어**: 走出来, 跑出去, 挤进来, 热起来, 爬上去, 爬下来 등
(4) **서술어+정도보어**: 好极了, 热得不得了, 挤得很, 憋得慌, 烦死了 등
(5) **서술어+수량보어**: 去一次, 来两回, 睡两个小时, 等一会儿 등
(6) **서술어+상태보어**: 兴奋得睡不着, 高兴得跳起来, 激动得双手发颤 등
(7) **서술어+전치사목적보어**: 走到前台, 放在桌子上, 生于1881年 등

6. 주술구란? 주술구의 구조적 특징은?

주술구는 두 부분으로 구성된다. 주어는 진술 대상으로 '화제'라고도 한다. 서술어는 주어에서 언급한 대상에 대한 진술이나 주어가 무엇을 하는지, 어떠한지, 누구인지, 무엇인지를 설명한다. 주어와 서술어는 진술 관계이다.

① 他不去　　　　作业做完了
　　그는 안 간다　　숙제는 다 했다
② 成绩不错　　　　风景优美
　　성적이 좋다　　　풍경이 아름답다
③ 今天星期一　　　他北京人
　　오늘은 월요일이다　그는 北京 사람이다

주어와 서술어 사이에는 휴지가 있을 때 쉼표로 표시하고, 주어 뒤에 '啊, 呢' 등 어기사를 붙일 수도 있다. 예:

他是我好朋友　→　他，是我好朋友　→　他啊，是我好朋友
客人也不多　　→　客人，也不多　　→　客人呢，也不多

주어와 서술어 사이에 '是不是'를 삽입하여 의문 형식으로 바꿀 수 있다. 예:

他不去　　　→　他是不是不去?
成绩不错　　→　成绩是不是不错?
今天星期一　→　今天是不是星期一?

7. 연합구란? 연합구의 구조적 특징은?

아래는 연합구의 예이다.

  长江黄河   北京, 上海, 天津
  장강 황하   베이징, 상하이, 톈진
  听说读写   聪明漂亮
  듣기 말하기 읽기 쓰기 똑똑하고 예쁘다

연합구는 세 가지 특징이 있다.
(1) 구성 성분이 2개에서 3개 이상일 수 있다.
(2) 각 구성 성분의 지위가 동등해서 주된 것과 부차적인 것의 구분이 없다.
(3) 각 구성 성분은 보통 동일한 성격을 지닌다.

연합구의 각 성분 사이에 일부는 음성적 쉼표가 없는데, 예로 '长江黄河'이다. 일부는 음성적 쉼표가 있어 글에서도 쉼표(,)로 나타내는데 '北京, 上海, 天津'이 그 예이다. 연합구의 구성 성분 사이에도 일부 접속사를 사용할 수 있다. 예:

  老师<u>或</u>学生   去<u>还是</u>不去   朴素<u>而</u>大方

8. '努力学习'와 '学习努力'는 같은 구조일까?

'努力学习'와 '学习努力'는 모두 '努力' '学习'의 두 단어로 이루어져 있지만 어순도 다르고 구조 유형도 다르다. 아래에서 이들의 통사적 실현을 비교해보자.

(1) '努力学习' 사이에는 '地'를 삽입할 수 있으며(努力地学习) 의미 관계

가 변하지 않는다. '学习努力' 사이에는 '地'를 넣을 수 없다(예 *学习地努力).

(2) '学习努力' 사이에는 '是不是'를 넣어 의문 형식으로 바꿀 수 있으나, '努力学习'는 불가능하다. 예:

学习努力 → 学习<u>是不是</u>努力?
努力学习 → *努力是不是学习?

구성 성분 사이에 '地'를 추가하는 것은 부사어－중심어 수식구의 특징이며, 구성 성분 사이에 '是不是'를 넣어 의문 형식으로 바꾸는 것은 주술구의 특징이다. 의미상으로 봤을 때 '努力学习'에서 '努力'는 '学习'를 수식하는 것이며, '学习努力'에서 '努力'는 '学习'에 대한 진술이다. 따라서 '努力学习'는 부사어－중심어 수식구이며, '学习努力'는 주술구이다.

9. '仔细看'과 '看仔细'는 같은 구조일까?

'仔细看'과 '看仔细'는 같은 단어로 이루어져 있다. '仔细'는 의미상으로 '看'이라는 동작 행위의 양태 방식이다. 하지만 어순이 다르기 때문에 구조 유형도 다르다. 이들의 통사적 실현을 비교해보자.

(1) '仔细看' 중간에는 '地'를 넣을 수 있고(仔细地看), 의미 관계도 변하지 않는다. 반면 '看仔细' 중간에는 '地'를 넣을 수 없다(*看地仔细).

(2) '看仔细' 중간에 '得' 혹은 '不'를 삽입할 수 있다('看得仔细', '看不仔细'). 구조적 성격이 변하지 않으며 이때 '仔细'는 모두 동작 '看'의 결과를 보충 설명한다. '仔细看'은 그렇지 않다.

구성 성분 사이에 '地'를 삽입하는 것은 부사어－중심어 수식구의 특징이며 성분 사이에 '得'나 '不'를 삽입하는 것은 술보구의 특징이다. 따라서

'仔细看'은 부사어 – 중심어 수식구이며, '看仔细'는 술보구이다.

10. '浙江杭州'와 '苏州杭州'는 같은 구조일까?

'浙江杭州'와 '苏州杭州'의 구성 성분은 모두 지명이며 뒷부분이 동일한 지명인 '杭州'이므로 같은 구조처럼 보인다. 그러나 통사적으로 봤을 때 '浙江杭州' 중간에는 '的'를 삽입할 수 있으나 '和'는 삽입할 수 없고, '苏州杭州' 중간에는 '和'를 삽입할 수 있지만 '的'는 삽입할 수 없다. 예:

浙江杭州 → 浙江的杭州 → *浙江和杭州
苏州杭州 → *苏州的杭州 → 苏州和杭州

구성 성분 사이에 '的'를 삽입하는 것은 관형어 – 중심어 수식구의 특징이며, 구성 성분 사이에 '和'를 삽입하는 것은 연합구의 특징이다. 따라서 '浙江杭州'는 수식구, '苏州杭州'는 연합구이다.

11. '今天下雨'는 수식구일까 주술구일까?

'今天下雨'와 '墙上挂着地图'와 같은 구조는 일부 문법 교재는 부사어 – 중심어 수식구로 보고 '今天'과 '墙上'를 부사어라고 한다. 또 다른 문법 교재는 주술구로 보고 '今天'과 '墙上'을 주어라고 한다. '今天下雨'와 '墙上挂着地图'는 어떤 구일까?

이들을 전형적인 수식구, 주술구와 통사적 실현 측면에서 비교해보자. 앞에서 말했듯이 부사어 – 중심어 수식구의 구성 성분 사이에는 '地'을 삽입할 수 있고 '是不是'를 넣어 의문 형식으로 만들 수 없다. 주술구는 이와 반대로 구성 성분 사이에 '是不是'를 넣어 의문 형식을 만들 수 있으나,

'地'를 삽입할 수는 없다.

① 慢慢走　　→ 慢慢地走　　　*慢慢是不是走?
② 今天下雨　→ *今天地下雨　　今天是不是下雨?
③ 墙上挂着地图 → *墙上地挂着地图　墙上是不是挂着地图?

　위의 분석에서 알 수 있듯이, 통사적 실현에서 '今天下雨'와 '墙上挂着地图'는 주술 구조와 동일하며 부사어-중심어 수식 구조와는 다르다. 의미상으로 봤을 때 '今天下雨'와 '墙上挂着地图'의 앞부분은 시간 혹은 장소를 나타내며 뒷부분은 그 시간/장소에서 사건이나 상태가 출현했는지를 진술한다. 이 역시 주술구와 의미가 유사하다. 따라서 '今天下雨'와 '墙上挂着地图'를 주술구로 분석하는 것이 적합하다.

III. 기타 구 유형

1. 수량구란? 수량구의 문법 기능은?
2. 방위구란? 방위구 교육에서 유의할 점은?
3. 전치사구란?
4. '的'자구란? '的'자구 교육에서 유의할 점은?
5. 왜 '吃饭的人'과 '吃饭的'의 의미는 같은데 '吃饭的地方'과 '吃饭的'는 다를까?
6. 동위구란?
7. 왜 '『英雄』电影'은 맞는 표현인데 '电影『英雄』'은 잘못된 표현일까?
8. '女王伊丽莎白' = '伊丽莎白女王'의 의미는 같을까?
9. '小明哥哥'는 왜 중의가 있을까?
10. 비유구란?
11. 다중동사구란? 다중동사구는 몇 개의 유형으로 나누어질까?
12. 연동구는 몇 개의 유형으로 나누어질까?
13. '去超市买东西'는 연합구일까?
14. '躺着看书'는 수식구일까?
15. 겸어구란? 겸어구는 몇 개의 유형으로 나누어질까?
16. '请他来'와 '希望他来'는 같을까?
17. 연쇄구란?
18. 복잡한 다중동사구란? 복잡한 다중동사구는 몇 개 유형으로 나눌 수 있을까?

1. 수량구란? 수량구의 문법 기능은?

　수량구는 수사, 지시대체사, 의문대체사에 양사가 더해진 구로 단독으로 사용할 수 있으며, 명사 용법에 해당한다.

① 吃了<u>三个</u>　　<u>两个</u>都吃了
　　3개를 먹었다　　2개 모두 먹었다
② 买<u>这个</u>　　<u>这个</u>不好
　　이것을 사다　　이것은 좋지 않다
③ 去<u>几年</u>　　<u>一年</u>过去了
　　몇 년 가다　　일 년이 갔다

수량구는 주어, 목적어, 관형어를 담당할 수 있다.

① 这个学期我们有三门课，<u>一门</u>是汉语，<u>一门</u>是阅读，<u>一门</u>是听力。[주어]
　이번 학기 우리는 세 과목인데 한 과목은 중국어, 한 과목은 독해, 한 과목은 듣기이다
② 我喜欢<u>这本</u>。[목적어]
　나는 이 책을 좋아한다
③ <u>第一排</u>桌子都被占领了。[관형어]
　첫 줄의 책상은 모두 자리가 찼다

서술어, 부사어와 보어를 담당할 수도 있다.

④ 今天<u>5月1日</u>。[서술어]
　오늘은 5월 1일이다.
⑤ 我<u>第一次</u>去泰山时，简直是被震撼了。[부사어]
　내가 처음 泰山에 갔을 때 그야말로 압도당했다.
⑥ 那道题我看了<u>五分钟</u>。[보어]
　그 문제를 나는 5분간 봤다.

2. 방위구란? 방위구 교육에서 유의할 점은?

방위구는 두 부분으로 이루어져 있다. 앞부분은 단어 또는 구이며 뒷부분은 방위사이다.

실사+방위사: 院子里, 操场上, 考试后, 小河边
시간사/장소사+방위사: 两个月以前, 十年以内, 图书馆旁边, 北京以西
구+방위사: 我退休之后, 放假之前, 高高的鼻梁上

학습자가 방위사를 학습하는 과정에서 출현할 수 있는 오류는 두 가지이다(상권 CHAPTER 2.Ⅱ.방위명사 참조).
첫째, '방위사'의 누락 오류.

① *请把水杯放在桌子。(请把水杯放在桌子上。)
(물컵을 테이블 위에 놓아 주세요.)

둘째, '방위사'의 어순 오류.

② *我打算以后放假去云南。(我打算放假以后去云南。)
(나는 방학한 후에 云南에 갈 예정이다.)

교사는 이 두 가지를 특별히 신경 써야 하는데, 좋은 교육 방법은 구조화하는 것이다.

3. 전치사구란?

전치사구는 전치사에 장소, 시간, 도구, 방식, 대상 등 명사 혹은 대체사

를 더해 만들어진 구이다. 전치사구는 부사어, 관형어와 보어를 담당할 수 있다. 예:

전치사+단어:	对教材(提意见)
	为她(找工作)
전치사+구:	在雪白的墙壁上(写下了……)
	对改善学习条件的(要求)
	送到上海

4. '的'자구란? '的'자구 교육에서 유의할 점은?

'的'자구는 'X+的'와 같은 구를 말하며 'X'는 명사, 동사, 형용사, 구별사, 대체사 등 실사가 될 수 있는데 예를 들어 '学校的, 买的, 红的, 他们的, 走的'이다. 구가 될 수도 있는데 '我看的, 卖衣服的, 弄破的'이다. 'X'는 단독 사용이 가능하며 사람이나 사물을 대체 지시할 수 있어 대략 명사에 해당한다. '的'자구는 아래 몇 가지 상황에 쓰인다.

첫째, 단문에 쓰일 때는 비교의 의미를 지니며, 대구 형식에도 쓰일 수 있다.

① 我们的辅导员是<u>女的</u>, 二班的是<u>男的</u>。
우리 교관은 여자이고, 2반은 남자이다.

둘째, 병렬 사용으로 묘사에 쓰이며, 열거된 사물을 요약하는 기능이 있다.

② 别看那超市小, 但<u>吃的</u>, <u>喝的</u>, <u>穿的</u>, <u>用的</u>什么都有。
그 슈퍼가 작다고 보지 마. 먹는 것, 마시는 것, 입는 것, 쓸 것 모든

게 다 있어.

셋째, 동일한 동사구 사이에 쓰여 나열된 대상에 대해 포괄적 요약을 한다.

③ 下课后大家聊天的聊天, 吃东西的吃东西。
수업 후에 사람들은 이야기할 사람은 하고, 먹는 사람은 먹는다.

'的'자구를 사용할 때는 아래 세 가지에 유의해야 한다.
(1) '的'자구가 지시하는 사람/사물이 상위 맥락에 출현했거나, 혹은 지시할 필요 없이 청자가 이미 아는 정보여야 한다. 그 외의 상황에서는 '的'자구를 쓸 수 없다.

① 妈妈让我们去买西瓜, 我想买大的, 姐姐想买小的。
엄마는 우리에게 수박을 사러 가라고 했는데, 나는 큰 것을 사고 싶었으나, 언니는 작은 것을 사고 싶어했다.

갑자기 "我想买大的"라고 하면 청자와의 의사소통이 제대로 진행될 수 없다. 물론 상식에 의해 일부 정보가 보완될 수도 있다. 예를 들어 '吃的, 穿的' 등은 청자가 지시 대상을 알고 있는 것이다.
(2) '的'자구는 구체적인 사람/사물만 가리킬 수 있으며, 추상적 사물은 가리킬 수 없다.

① *哥哥的品质非常好, 而弟弟的却非常差。

(3) 모든 명사성 성분이 생략을 통해 '的'자구가 될 수 있는 것은 아니다.

① 开车的人——开车的　　　　开车的技术——*开车的
　운전하는 사람 – 운전하는 사람　　운전 기술

5. 왜 '吃饭的人'과 '吃饭的'의 의미는 같은데 '吃饭的地方'과 '吃饭的'는 다를까?

'동사구+的+명사'가 뒤의 명사를 생략하고 '的'자구를 만들 수 있는가 하는 문제는 주로 동사의 결합과 수에 의해 결정된다. 즉 동사가 몇 개의 명사 성분과 관계가 있는가와 출현한 명사의 개수이다. 일반적으로 동사가 나타내는 동작은 모두 관련되는 명사 성분을 지니는데, 어떤 것은 1개이다. 예를 들어, '休息'는 휴식하는 사람이 반드시 출현한다. 2개는 예를 들어 '吃'의 경우로 반드시 2개 대상, 즉 음식을 먹는 사람과 먹는 대상이 관련된다. 일부 동사는 3개 대상과 관련되는데 예를 들어 '送'의 경우 물건을 보내는 사람, 보내지는 물건과 물건을 받는 사람이다. 이들을 각각 '일가동사', '이가동사', '삼가동사'라고 한다. 그렇다면 어떤 단어들이 뒤의 명사를 생략하여 '的자구'를 형성하는가? 아래 몇 가지 예를 보자.

① 休息的人　　　　　休息的
　 쉬는 사람　　　　　쉬는 사람
　 她休息的时间　　　*休息的
　 그녀가 쉬는 시간
　 她休息的地方　　　*休息的
　 그녀가 쉬는 곳
② 吃饭的人　　　　　吃饭的
　 밥 먹는 사람　　　 밥 먹는 사람
　 她吃的饭　　　　　她吃的
　 그녀가 먹는 밥　　 그녀가 먹는 밥
　 她吃饭的时间　　　*她吃饭的

그녀가 먹는 시간
她吃饭的地方　　　　　*她吃饭的
그녀가 먹는 곳
她吃饭的样子　　　　　*她吃饭的
그녀가 먹는 모습

위의 예에서 알 수 있듯이 '동사구+的+명사'에서 동사와 관련되는 명사 성분만이 생략될 수 있다. 반대로 동사와 관련된 명사 성분이 아닌 경우는 생략될 수 없는데, 예를 들어 '시간, 장소, 모양' 등이다.

6. 동위구란?

동위구는 동일한 사람/사물을 가리키는 2개 성분으로 구성된 구로 '중복 지시구'라고도 한다. 예를 들어 '同仁堂这家药店', '首都北京'이다. 의미 상으로 동위구 구성 성분은 각각 어떤 측면에서 동일한 사람/사물을 서술하는 것으로 상호 해석 또는 지칭의 기능을 한다. 구조적으로 보면 앞뒤 성분의 위계가 동등하다. 예:

① 伟大的作家鲁迅　　　　中国总理温家宝
　　위대한 작가 鲁迅　　　　중국 총리 温家宝
② 慢跑这种运动　　　　　国庆节那天
　　조깅과 같은 운동　　　　국경절 그 날
③ 你们大家　　　　　　　张明明他
　　너희들　　　　　　　　张明明 그 사람

동위구는 수식구와 다르게 구성 성분 사이에 '的'를 넣을 수 없다. 동위구는 연합구와도 달라 구성 성분 사이에 '和'를 삽입할 수 없으며 위치를

바꿔쓸 수 없다. 예:

　　*伟大作家的鲁迅　　　*慢跑的这种运动
　　*鲁迅伟大作家　　　　*这种运动慢跑

7. 왜 '『英雄』电影'은 맞는 표현인데 '电影『英雄』'은 잘못된 표현일까?

　동위구의 앞뒤 구성 성분은 지시 대상은 동일하나, 출현 위치를 바꿔쓸 수 없다. 순서는 보통 다음과 같다.

(1) 일반명사가 앞, 고유명사가 뒤에 위치한다. 예:

　　电影『英雄』　　　　　首都北京
　　영화『英雄』　　　　　수도 北京

(2) 지시대체사 '这, 那'나 수량구를 포함한 성분은 보통 뒤에 위치한다. 예:

　　『红楼梦』这本小说　　他们三个人
　　『红楼梦』이 소설　　　그들 세 사람

(3) 복잡한 성분은 앞에, 단순 성분은 뒤에 위치한다. 예:

　　英国女王伊丽莎白　　　『西游记』的作者吴承恩
　　영국 여왕 엘리자베스　『西游记』의 작가 吴承恩

8. '女王伊丽莎白'와 '伊丽莎白女王'의 의미는 같을까?

위에서 동위구조는 앞과 뒤 구성 성분의 위치를 바꿀 수 없다고 했으나, '女王伊丽莎白'는 '伊丽莎白女王'으로 쓸 수도 있다. 이러한 예는 또 다음과 같다.

A조:	总理周恩来	周恩来总理
	총리 周恩来	周恩来 총리
B조:	男同学他们	他们男同学
	남학생 그들	그들 남학생

A조는 사람을 지시하는 일반명사와 고유명사로 이루어지는데, 일반명사는 그 사람의 신분, 직업 등을 나타내며 그 사람을 호칭하는 데 쓰일 수 있다. B조는 사람을 가리키는 명사에 인칭대체사를 삽입하여 이루어진 것이다.

A, B조의 앞뒤 두 구성 성분만 서로 바꿀 수 있으며, 다른 경우는 바꿀 수 없다. 예:

*这本小说『红楼梦』
*吴承恩『西游记』的作者

9. '小明哥哥'는 왜 중의가 있을까?

'小明哥哥'는 '小明'을 가리키는 동위구일 수 있고 '小明의 오빠'를 가리키는 수식구일 수도 있다.

① 阿姨: 小雪, 这是小明, 你要叫"哥哥"。
　　　　小雪, 여기는 小明이야, '오빠'라고 불러야 해.
　小雪: 小明哥哥, 你好。
　　　　小明 오빠, 안녕하세요.
② 小红: 小明哥哥, 我来找小明玩儿。
　　　　小明 오빠, 저는 小明과 놀려고 왔어요.

일반적으로 '인명+가족 호칭'으로 이루어진 구는 모두 유사한 중의성이 있다. 예:

　张玲阿姨　　　　李明叔叔
　张玲 이모　　　　李明 삼촌

10. 비유구란?

비유구는 단어나 구에 조사 '似的, 一般, 一样, 般' 등을 붙여 만든 구이다. 비유구에서 '似的, 一般, 一样, 般' 등의 비교조사가 이 구조의 표지가 된다. 비유구는 관형어, 부사어와 보어를 담당할 수 있다. 예:

　木头人似的站着　　　雷鸣般的掌声
　목석같이 서 있다　　　우레와 같은 박수 소리

11. 다중동사구란? 다중동사구는 몇 개의 유형으로 나누어질까?

앞에서 말한 5개의 기본 통사 구조는 직접 구성 성분이 모두 동사성일 수 있다.

① 努力学习 [수식]
   열심히 공부하다
② 同意离开 [술목]
   떠나는 것을 동의하다
③ 洗干净 [술보]
   깨끗이 씻다
④ 去比较好 [주술]
   가는 것이 좀 좋겠다
⑤ 分析讨论 [연합]
   분석하고 토론하다

일부 구조의 2개 직접 성분도 동사성이나, 위 5개 구조에는 속하지 않는다. 예:

上街买菜   叫他进来
거리에 나가서 장을 보다   그에게 들어오라고 하다

2개 혹은 그 이상의 동사성 성분으로 이루어지지만 수식, 술목, 술보, 주술, 연합의 5개 기본 구조에 속하지 않는 구를 '다중동사구'라고 한다. 다중동사구의 직접 성분들 사이에는 쉼표가 없으며, 만일 있으면 복문이 된다.

① a. 不努力不能成功 [다중동사구]
      노력하지 않으면 성공할 수 없다.
   b. 不努力，不能成功。 [복문]
      노력하지 않는다면, 성공할 수 없다.

다중동사구는 주로 서술어를 담당한다.

② 他去图书馆借书。
그는 도서관에 가서 책을 빌린다.
③ 你叫他进来。
네가 그를 들어오라고 해라.

다중동사구는 서술어에만 한정되지 않고, 다른 통사 성분을 담당할 수도 있다.

④ 骑自行车去香山挺锻炼身体的。[주어]
자전거를 타고 香山에 가는 것은 운동이 많이 된다.
⑤ 他答应买蛋糕回家。[목적어]
그는 케이크를 사서 귀가하겠다고 약속했다.
⑥ 他累得躺在地上不想起来。[보어]
그는 힘들어서 바닥에 누워 일어나고 싶지 않았다.

다중동사구는 보통 연동구, 겸어구와 연쇄구의 3개 유형으로 나눌 수 있는데, 아래에서 자세히 살펴보자.

12. 연동구는 몇 개의 유형으로 나누어질까?

연동구에서 구성 성분 사이의 의미 관계는 복잡한데, 다음의 몇 개 유형으로 나누어진다.
(1) 뒤의 동사성 성분이 어떤 동작을 나타내고, 앞의 동사성 성분은 동작의 방식을 나타낸다. 예:

开着门看电视
문을 열고 TV를 보다

(2) 두 동사성 성분이 시간적 선후 발생 사건을 나타낸다. 예:

<u>下</u>了课<u>去</u>商店
수업을 마치고 가게에 가다

(3) 뒤의 동사성 성분이 목적을 나타낸다. 예:

<u>打</u>电话<u>问</u>清楚
전화해서 제대로 물어보다

(4) 뒤의 동사성 성분이 결과를 나타낸다. 예:

<u>拿</u>着<u>挺累</u>的
들고 있으니 힘들다

(5) 앞의 동사성 성분이 원인 혹은 가정을 나타낸다. 예:

<u>病</u>了<u>没来</u>
병이 나서 못 오다

(6) 앞뒤 동사성 성분 중 하나는 긍정 형식, 하나는 부정 형식으로 동일한 사실을 설명한다. 예:

<u>抓</u>住<u>不放</u>
붙잡고 안 놓는다

(7) 뒤의 동사성 성분은 느낌을 나타내고, 앞 동작은 그 느낌의 근원을

나타낸다. 연동구의 뒷부분은 보통 동사성 성분이나 형용사 성분일 수 있다. 예:

坐着很舒服
앉으니 편안하다

13. '去超市买东西'는 연합구일까?

연동구와 연합구는 모두 2개 혹은 그 이상의 동사성 성분으로 구성되어 유사해 보이나 이 둘은 아주 다르다.

연합구가 나타내는 의미는 병렬 관계나 선택 관계로 '分析研究', '去不去' 등이나 연동구가 나타내는 의미는 매우 다양한데 위에서는 상용 의미 몇 가지만 제시한 것이다. '去超市买东西'의 구성 성분 사이에는 시간적 선후 발생 순서가 있으며, 뒤의 '买东西'가 앞 성분인 '去超市'의 목적이 된다.

구조상 연합구의 구성 성분은 순서를 교체할 수 있으며, 교체 후에도 구조 관계와 의미에 변화가 생기지 않고 중간에 연합 관계를 나타내는 접속사를 추가할 수 있다. 반면 연동구에서 앞뒤 성분은 위치를 바꿀 수 없는데, 위치를 바꾸게 되면 문법 관계나 의미에 변화가 발생한다.

① 读书写字——写字读书
   책을 읽고 글씨를 쓰다——글씨를 쓰고 책을 읽다
   又读书又写字
   책도 읽고 글씨도 쓴다
② 结婚生孩子——生孩子结婚 [의미 변화]
   결혼해서 아이를 낳다——아이를 낳고 결혼하다
③ 有机会出国——出国有机会 [문법 구조, 의미 모두 변화]
   기회가 생겨 출국하다——출국해서 기회가 생기다

14. '躺着看书'는 수식구일까?

'동사+着+목적어+동사구'가 수식 구조이며 이때 '着'를 동사가 부사어를 담당하는 표지라고 보는 경우도 있다. 비교를 해보자.

A조	B조
躺在床上看书	躺着看书
침대에 누워 책을 보다	누운 채로 책을 보다
坐车去	跑着去
차를 타고 가다	뛰어 가다

A조와 B조에서 앞의 동사가 목적어를 수반하는 것과 관계 없이, 모두 뒤 동작의 수단을 나타낸다. 앞의 경우를 모두 연동구로 보면 뒤의 경우도 연동구로 봐야지 부사어-중심어의 수식 구조로 분류해선 안 된다.

15. 겸어구란? 겸어구는 몇 개의 유형으로 나누어질까?

다중동사구에서 앞의 동사성 성분의 구성 성분이 술목구이고, 이 술목구의 목적어와 뒤의 동사가 직접적인 의미적 연결이 있는 경우, 예를 들어 '叫他进来'에서 '他'가 '进来'의 행위 주체일 때 이러한 다중동사구를 '겸어구'라고 한다.

구체적으로 겸어구는 세 가지 상황이 있다.

(1) 술목구의 목적어가 뒤 동사성 성분의 행위자이거나 다른 주체인 경우. 예:

让他出去	给你吃
그에게 나가게 하다	네게 먹으라고 줄게

(2) 술목구의 목적어가 뒤 동사의 피행위자인 경우. 예:

借书看　　　　　　　　盖房子卖
책을 빌려 보다　　　　　집을 지어 팔다

(3) 술목구의 목적어가 이중목적어로 앞의 목적어가 뒤 동사의 행위자이며, 다른 하나는 뒤 동사의 피행위자인 경우. 예:

给你一件衣服穿　　　　　借她一本书看
입을 옷 한 벌을 줄게요　　그녀에게 책 한 권을 보도록 빌려주다

16. '请他来'와 '希望他来'는 같을까?

'请他来'와 '希望他来'는 '동사₁+체언+동사₂'로 형식이 같으나 이들은 같은 구조가 아니다. 아래 몇 가지를 통해 비교해보자.

첫째, 쉼표의 위치가 다르다. '请他来'는 동사 '请' 뒤에 쉼표가 올 수 없고 '他' 뒤에 올 수 있지만, '希望他来'는 동사 '希望' 뒤에 쉼표가 놓인다.

둘째, '동사₁+체언'이 독립 구조가 될 수 있는지의 여부. '请他'는 독립적이나 '希望他'는 성립하지 않는다. 왜냐하면 '希望'은 목적어가 동사성 성분일 것을 요구하기 때문이다.

셋째, '동사₁+체언' 사이에 기타 성분의 삽입 여부. '希望他来'는 '希望明天他来'라고 말할 수 있지만, '我请他来'는 '我请明天他来'라고 말할 수 없다.

따라서 전자는 겸어구이고 후자는 주술 구조가 목적어인 술목구이다.

17. 연쇄구란?

연쇄구란 2개 동사성 단어가 접속 기능의 허사로 연결된 다중동사 구조를 말한다. 예:

一下课就走　　　　　　边听边记
수업을 마치자마자 간다　들으면서 적는다
非去不行　　　　　　　越走越快
가지 않으면 안 된다　　걸을수록 빨라진다

연쇄구 혹은 2개 사건의 시간적 관계(예를 들어 '一⋯⋯就⋯⋯'는 뒤의 사건이 앞 사건에 연이어 발생함을 나타내고, '边⋯⋯边⋯⋯'은 2개 사건의 동시 진행을 나타냄) 혹은 2개 사건의 논리적 관계(예를 들어 '不⋯⋯不⋯⋯'는 가정 관계를, '非⋯⋯不⋯⋯'는 조건 관계를 나타냄) 혹은 정도의 심화('越⋯⋯越⋯⋯') 등을 나타낸다.

일부 문법교재는 이 구조를 긴축문이라고 해서 복문의 압축 형식으로 보았다. 그러나 복문이 아니면 복문이라고 부를 수 없다. 유의할 점은 연쇄구에는 서법상의 쉼표가 없다는 것이다. 쉼표가 있으면 복문이 되므로 더 이상 다중동사구라고 할 수 없다.

① 她不把事儿做完，不休息。
그녀는 일을 다 하지 않으면, 쉬지 않는다.
② 他越不说，别人越着急。
그가 말을 안 할수록, 다른 사람은 더 조급해진다.

연쇄구 교육의 가장 좋은 방법은 구조화된 형식을 제시하여 학습자에게 통채로 기억하게 하는 것이다.

18. 복잡한 다중동사구란? 복잡한 다중동사구는 몇 개 유형으로 나눌 수 있을까?

위에서 제시한 예는 모두 간단하다. 다중동사구의 성분 자체가 또 하나의 다중동사구라면 복잡한 다중동사구를 형성하게 된다. 예:

叫他去图书馆借书
그에게 도서관에 가서 책을 빌리라고 한다.

이 다중동사구는 '叫他'와 '去图书馆借书'의 두 부분으로 이루어진다. 뒤의 성분이 또 다중동사구이다. 구조적으로 복잡한 다중동사구는 2개 유형이 있다.

하나는 동일한 유형의 다중동사구가 중첩된 것으로 연동구에 연동구가 내포된 형태이거나 겸어구에 겸어구가 내포된 형태이다. 예:

```
有空    来这儿   玩儿
└──┘   └────┘          (연동구)
        └───┘ └──┘     (연동구)
```
시간 되면 여기 와서 놀아요

```
借两本书    给她    看
└─────┘   └────┘         (겸어구)
          └───┘ └──┘     (겸어구)
```
책을 두 권 빌려 그녀에게 보여주다

다른 하나는 다른 유형의 다중동사구가 겹쳐진 것으로 연동구와 겸어구가 결합한 다층 구조이다.

没时间　陪你们　玩儿
　└──┘　└────┘　　（연동구）
　　　　└──────┘　（겸어구）

너희를 데리고 놀 시간이 없다

叫她　写信　通知我　（겸어구）
└─┘　　　　　　　　
　└────┘　　　　　　（연동구）
　　　　└────┘　　　

그녀에게 편지를 써서 제게 알려주라고 하세요

IV. 복잡구의 층위분석법

1. 복잡구
2. 층위분석법
   2.1 층위분석법이란?
   2.2 층위분석법의 기능은?
   2.3 '很有能力'는 어떻게 잘라야 할까?
   2.4 특수 구조는 어떻게 잘라야 할까?

1. 복잡구

위에서 예로 든 여러 구의 구성 성분은 모두 단어이다. 예를 들어 '红裙子', '吃苹果', '写完', '北京、上海和天津' 등이다. 구의 구성 성분이 그 자체로 구이거나 혹은 구성 성분이 또 구를 포함하는 경우에, 이들을 '복잡구'라고 한다. 예를 들어, '我孩子喜欢看电影'은 주술구로 주어 '我孩子'는 관형어-중심어의 수식 구조이고 서술어 '喜欢看电影'은 술목구이며, 목적어 '看电影'도 술목구이다.

2. 층위분석법

2.1 층위분석법이란?

구가 2개 단어로 구성되어 내부 구조가 단순하다면 분석이 편하겠지만, 복잡한 구의 경우는 어떻게 분석해야 할까? 복잡한 구의 단어들은 연쇄적으로 배열된 것처럼 보이나 내부 구조를 보면 층위가 있어 인접한 단어간에 직접적인 구조 관계가 없을 수도 있다. 다시 말해, 한 단어가 우선 다른 단어와 간단한 구로 결합되고, 그 구가 또 다른 단어 또는 구와 결합되는 식의 층위별 결합을 통해 최종적으로 복잡한 구가 된다.

예를 들어 '看电影的小女孩'이라는 구는 '看', '电影', '的', '小', '女孩'의 5개 단어를 포함하지만 순서대로 구조 관계가 발생하지 않는다. '看'과 '电影'이 우선 결합하고, '小'와 '女孩'가 결합한 후에 다시 '看电影'과 '的'가 합쳐져 최종적으로 '看电影的'와 '小女孩'가 복잡한 관형어-중심어의 수식구를 이루는 구조 층위를 형성하는데, 아래 그림과 같다.

```
看   电影   的   小   女孩
└────┘        └────┘
└─────────┘
```

따라서 복잡한 구를 분석할 때는 내부의 층위 구조에 따라 층위별로 진행해야 하며, 단어로 쪼개질 때까지 각 구조 층위의 직접 구성 성분을 계속 찾아내야 한다. 이러한 분석법을 층위분석법 또는 직접 구성 성분 분석법이라고 한다.

2.2 층위분석법의 기능은?

층위분석법은 복잡한 구의 구조 층위를 밝힐 수 있을 뿐 아니라, 복잡한 단어와 복문의 내부 구조에도 쓰일 수 있다.

```
碎   纸   机
└─1─┘ └2┘      1—2 수식 관계
└3┘  └4┘       3—4 지배 관계
```

종이 부수는 기계(문서세절기)

층위분석법으로 중의 구문도 더 잘 해소할 수 있다. 구체적인 문장이나 통사 구조가 여러 개의 의미를 나타낼 수 있는데, 특정 단어의 다의성으로 인한 것(예를 들어 '菜不热了'는 두 개 의미가 있는데, 이것은 '热'가 자체로 '온도 높음'과 '가열'의 두 의미 항목을 가지기 때문)이 아닐 때, 그 문장 또는 통사 구조를 통칭하여 '중의 구문'이라고 한다. 예를 들어 "咬死了猎人的狗"는 '(1) 사냥꾼의 개를 물어 죽였다'와 '(2) 사냥꾼을 물어 죽인 개'를 의미한다. 이러한 중의가 발생하는 이유는 이 구조의 구조 층위가 두 가지 가능성이 있기 때문이다. 아래 그림을 보자.

① a. 咬死了　猎人的　狗
　　　└─1─┘└─2─┘　　　1—2 술목 관계
　　　　　　└─3─┘└4┘　3—4 수식 관계

b. 咬死了　猎人的　狗
　└──1──┘（的）└2┘　1—2 수식 관계
　└─3─┘└─4─┘　　　3—4 술목 관계

2.3 '很有能力'는 어떻게 잘라야 할까?

층위분석법으로 복잡한 구를 분석할 때, 어디서 잘라야 하는지의 문제가 생길 수 있다. 예를 들어 '很有能力'의 내부 구조는 '很有/能力'일까 '很/有能力'일까? '刚来的客人'은 '刚来的/客人'일까 '刚/来的客人'일까? '北京最繁华的街道'는 '北京/最繁华的结构'일까 '北京最繁华的/街道'일까? 왜 그럴까? 이 문제에 대한 답의 핵심은 층위분석법이 일부 원칙들을 따라야 한다는 데 있다(陆俭明 2005a).

(1) 각 층위에서 자른 직접 구성 성분 중 하나가 복합 통사형식(단어가 아닌 것)이면 그 형식 고유의 것이 아니라 반드시 다른 유형의 통사 구조에서도 재현될 수 있어야 한다.

① a. 很　有能力　　　b. 很有　能力

'很有能力'를 a와 같이 자르면 '有能力'는 다른 통사 구조에도 출현할 수 있는데 '有能力的人', '他有能力' 등이다. 만일 b 방식으로 자르면 '很有'는 다른 통사 구조에 출현할 수 없으며, '很有……' 구조에만 출현할 수 있다. 다시 말해 '我很有', '我很有书'라고 말할 수 없으므로, '很有能力'는 a방식으로 자르는 것이 합리적이다.

(2) 각 층위에서 분절된 직접 구성 성분은 일정한 문법규칙에 따라 적합한 통사 구조를 만들 수 있어야 한다.

② a. 刚来的　客人　　　b. 刚　来的客人

첫째 원칙에 따르면 '刚来的客人'은 a와 b방식 모두 합리적인데, '刚来的', '来的客人'이 모두 다른 통사 구조에 출현할 수 있기 때문이다. 예를 들어, "他是刚来的", "来的客人很多"와 "介绍一下来的客人" 등이다. 그러나 b방식으로 자르면 '来的客人'은 관형어－중심어의 수식 구조가 되어 '刚'이 명사를 수식하는 게 되는데, '刚客人', '刚学生' 등의 표현은 쓰지 않는다. 따라서 '刚来的客人'은 a방식으로 잘라야 한다.

(3) 각 층위에서 분절된 직접 구성 성분은 통사규칙으로 결합되면 의미상으로 기존 구조가 나타내는 의미와 일치해야 한다.

③ a. 北京　最繁华的　街道　　　b. 北京　最繁华的　街道

a방식으로 나누면 '最繁华的'는 의미상으로 '北京'을 설명하지만, 기존 구조에서 '最繁华的'는 의미상으로 '街道'를 설명하는 것이기 때문에 '北京

最繁华的街道'는 b의 방식으로 나누어야 한다.

예문③의 '街道'를 '时期'로 바꾸면 '北京最繁华的时期'와 '北京最繁华的街道'의 품사 배열이 동일함에도 예문④는 a방식으로 나누어야 한다. 왜냐하면 '北京最繁华的时期'에서 '最繁华的'는 의미상으로 '北京'을 설명하기 때문이다.

④ a. 北京　　最繁华的　　时期　　　b. 北京　　最繁华的　　时期

2.4 특수 구조는 어떻게 잘라야 할까?

(1) 이중목적어의 분절: "送她一本书"는 어떻게 잘라야 할까? 층위분석법의 원칙과 조건으로 봤을 때, 이중목적어는 아래와 같이 잘라야 한다.

送　她　一本新书
　술　　　목
술 목

(2) 겸어구의 분절: '请他参加'는 어떻게 잘라야 할까?

겸어구의 분절은 겸어 성분이 지닌 이중 신분의 특징을 나타내어야 하므로, 아래와 같이 자르는 것이 좋다.

请　他　参加
술　목
　　주　술

V. 중의 현상

1. 중의 현상이란? 중의 발생의 원인은?
2. 통사적 중의 현상이 발생하는 요인은?
3. 통사적 중의 구조는 어떤 방법으로 해소할 수 있을까?

1. 중의 현상이란? 중의 발생의 원인은?

위에서 말했듯이 문법단위는 모두 음성과 의미의 결합체로, 단어가 독립적으로 운용할 수 있는 최소한의 음성-의미 결합체라고 할 수 있다. 일부 단어는 하나의 의미만 나타내지 않는데 예를 들어 '刀口'는 '베는 데 쓰는 칼의 한 면'을 뜻할 수도 있고(你把刀口朝上), '가장 역할을 잘 발휘할 수 있는 곳'을 의미하기도 한다(把钱花在刀口上). '刀口'와 같은 단어를 '다의어'라고 한다. 구나 문장도 유사하게 중의 현상이 있는데, 예를 들어 "咬死猎人的狗"는 "사냥꾼의 개를 물어 죽였다"로 이해할 수도 있고 '사냥꾼이 물어 죽인 그 개를 가리킬 수도 있다. 또 예를 들어 "这个字有意思, 那个字没有意思"는 "이 글자는 뜻이 있고 저 글자가 뜻이 없다"를 의미할 수도 있고, "이 글자는 재밌는데 저 글자는 재미있지 않다"를 의미할 수도 있다. 이를 통해 알 수 있듯이, 단어, 구, 혹은 문장이 2개 혹은 그 이상의 의미와 대응될 때 중의가 발생할 수 있는데, 이를 중의 현상이라고 한다.

일부 문장은 2개 혹은 그 이상의 의미를 나타내는데, 구체적으로 문장의 중의는 아래의 세 가지 상황이 존재한다.

첫째, 문장의 다의어로 인한 것.

① 我把书送图书馆了。

예문①은 "내가 책을 도서관에 기증했다"와 "내가 책을 도서관으로 운반했다"로 이해할 수 있다. 이러한 의미 차이는 다의어 '送' 때문이다. '送'은 기증과 운송의 의미를 지닌다. 유사한 예는 "饭不热了", "我就管他" 등이 있다.

둘째, 문법적인 이유로 중의가 발생한 것. 위에서 말한 "咬死猎人的狗"가 해당하며 또 다른 예를 보자.

② 我们需要进口水果。

예문②는 "우리는 해외에서 과일을 수입할 필요가 있다"와 "우리는 수입 과일이 필요하다"로 해석될 수 있다. 이 문장이 중의적인 것은 문장에 다의어가 있기 때문이 아니라 '进口'와 '水果'가 2개의 다른 구조 관계, 즉 술목 관계와 수식 관계로 해석될 수 있기 때문이다.

셋째, 화용적 원인으로 발생한 것.

③ 他这么做有什么意义呢?

예문③은 '그가 그렇게 한 의미'를 묻는 것일 수도 있고, "그가 그렇게 하는 것은 의미가 없다"를 의미할 수도 있다. 왜냐하면 이 문장은 특지의 문문으로도 반어문으로도 이해할 수 있기 때문이다.

2. 통사적 중의 현상이 발생하는 요인은?

통사적 중의 현상은 문법적 원인으로 발생한 중의 현상을 가리킨다. 상술한 몇 가지 문장 중의 가운데 둘째 상황이 통사적 중의 현상이며 첫째와 셋째는 통사적 중의 현상이 아니다.

통사적 측면으로 봤을 때 통사적 중의 현상을 일으키는 원인으로는 주로 아래 세 가지가 있다.

첫째, 층위 구조가 달라서 생기는 통사적 중의 현상.

복잡구를 이야기할 때 이미 통사 구조는 구조적으로 층위성을 지니고 있음을 언급했다. 일부 중의 구조가 내부의 층위 구조가 달라 발생한 것이다. 위 예인 '咬死了猎人的狗'가 이 유형에 속한다.

① 我们四个人坐一辆车　(A)
　　　　　　　　　　　(B)

①은 (A)이거나 (B)이거나 모두 주술 구조이지만, 의미가 다르다. (A)의 해석은 '우리 네 명이 한차에 탄 것'이고 (B)의 해석은 '우리가 네 명씩 한 차에 탄 것'이다.

② 对领导的批评意见(, 你们应该好好考虑。)
　　　　　　　　　　(A)
　　　　　　　　　　(B)

②는 (A)로 보면 전치사 구조로 "그 비판 의견은 지도자가 제시한 것이다"로 해석되고, (B)는 관형어-중심어 수식 구조로 "그 비판 의견은 지도자를 향해 제기된 것이다"로 해석된다.

③ 爸爸和妈妈的朋友
   └─┘ └────┘ (A)
   └──────┘└─┘ (B)

③은 (A)로 보면 병렬 구조로 '아빠'와 '엄마의 친구'로 해석되고, (B)는 관형어-중심어 수식 구조로 '아빠 엄마의 친구'로 해석된다.

둘째, 문법 구조 관계가 달라 생기는 중의 현상.

문법 구조 관계는 주어와 서술어의 관계, 서술어와 목적어의 관계, 관형어 또는 부사어와 중심어의 관계 등을 가리킨다. 통사 구조에 중의가 있으면 내부 구조 층위가 하나더라도 직접 구성 성분들의 관계에 두 가지 해석이 있을 수 있다. 다시 말해 A구조로도 해석될 수 있고 B구조로도 해석될 수 있어 중의가 생겨나는 것이다. 예를 들어 위에서 제시한 '进口水果'는 관형어-중심의 수식 구조로 해석되어 특정 과일(수입 과일)을 의미할 수 있다. 또 술목 구조로 해석되어 일종의 행위(과일을 수입하는 것)를 나타낼 수 있다. 이렇게 '进口水果'가 2개의 다른 문법 구조 관계로 해석되기 때문에 중의가 있는 것이다. '동사+명사'로 구성된 많은 구조에 유사한 중의 현상이 있다. 예를 들어 '学习文件', '补充材料', '研究资料', '指挥人员' 등이다. 또 예를 들어,

④ 包裹寄去了
⑤ 鲁迅写的杂文

예문④의 '寄去'는 술보 구조로 '寄走'를 의미할 수도 있고 연동 구조로 '去寄'로 해석할 수도 있다. 다수의 동사에 '来'나 '去'가 추가되어도 유사한 중의가 발생하는데, 예를 들어 '我拿来了', '他送去了' 등이다. 예문⑤의 내부 구조는 아래와 같다. 예:

鲁迅写的杂文
└──┘ └──┘

즉 관형어-중심어 수식 구조로 어떤 유의 '잡문(杂文)'을 뜻할 수도 있고, 주술 구조로 "鲁迅이 쓴 글이 잡문이다"를 의미할 수도 있다. 유사한 예를 보면,

⑥ 他买的毛衣
⑦ 小张画的竹子
⑧ 妈妈织的手套

위에서 언급한 첫째 상황(구조 층위가 달라 생기는 중의 구조)의 일부 중의 구조도 문법 구조 관계를 다르게 해석할 수 있다. ②의 "对领导的批评意见"은 전치사 구조(对/领导的批评意见)로 해석될 수도, 관형어-중심어 수식 구조(对领导的/批评意见)로 해석될 수도 있다. 이러한 중의 현상은 우선적으로 구조 층위가 달라서 발생한다.

셋째, 의미 구조 관계가 달라 생기는 중의 현상.

의미 구조 관계는 통사 구조에서 실사와 실사간의 의미 관계를 뜻하는 것으로, 행위자와 동작의 관계, 동작과 피행위자의 관계, 사물과 속성의 관계, 소유자와 피소유자의 관계 등을 말한다.

일부 통사 구조의 중의는 구조 내부의 두 실사 사이에 의미 연결이 다를 수 있기 때문에 발생한다. 아래 3개 예를 비교해 보자.

⑨ 妈妈不吃了
⑩ 白菜不吃了
⑪ 鸡不吃了

내부 구조 층위로 봤을 때 이들은 모두 하나의 구조 층위를 갖는다.

문법 구조 관계로 보면 모두 주술 구조이지만 의미 관계로 보면 ⑨의 '妈妈'와 '吃'는 행위자－동작이고 ⑩의 '白菜'와 '吃'는 피행위자－동작이며 ⑪의 '鸡'와 '吃'는 행위자와 동작, 또는 피행위자－동작으로 해석될 수 있다. 따라서 예문⑨, ⑩은 모두 중의가 없으며 ⑪은 중의가 있어 "닭이 먹이를 먹지 않는다"나 "어떤 사람이 닭을 먹지 않는다"로도 해석될 수 있다. 또 예를 들어,

⑫ 在汽车上画米老鼠

위 예는 a. "미키마우스를 자동차에 그리다"로도 해석되고 b. "차에 타서 종이에 미키마우스를 그린다"로도 해석될 수 있다. 이 같은 중의 현상은 의미 구조 관계가 달라서 발생한 것이다. a의 해석에 따라 '자동차에서'는 미키마우스를 그린 후에 존재하는 위치를 나타낼 수도 있고, b의 해석에 따라 '자동차에서'가 '미키마우스를 그리는' 동작 행위의 장소를 나타낸 것일 수도 있다.

3. 통사 중의 구조는 어떤 방법으로 해소할 수 있을까?

구조 층위가 다르거나 문법 구조 관계가 달라서 발생한 중의 구조는 모두 층위분석법으로 해소할 수 있는데, 전자를 해소하는 방법은 구조 층위 분석이며 후자는 구조 관계 분석이다. 위에서 예를 제시하였으므로 여기에서는 설명하지 않겠다.

한편, 의미 구조 관계로 인한 중의 구조는 층위분석법이 아닌 변환분석법으로 해소할 것이다. 변환은 의미 구조 관계가 동일하나 문법 구조가 다른 2개 구문의 의존 관계를 말한다. 처치(处置) 의미의 '把'구문과 피행위자 주어문에는 일종의 의존 관계가 있다고 보는데, 처치 의미의 '把'구문

과 피행위자 주어문은 변환 관계가 있기 때문이다.

① a. 把衣服洗了 → b. 衣服洗了
   옷을 빨았다
② a. 把桌子搬出去 → b. 桌子搬出去
   탁자를 들고 나갔다

위의 예에서 왼쪽은 '把'구문이고 오른쪽은 피행위자 주어문인데 문법 구조는 다르지만 의미 구조는 동일하다.

예문①의 a, b에서 '衣服'와 '洗'는 모두 피행위자-동작 관계를 나타내므로 a식과 b식은 변환 관계이다. 의미 구조 관계가 달라 발생한 중의 구조의 특징은 실사 사이에 2개 혹은 그 이상의 다른 의미 구조 관계가 있기 때문으로, 의미 구조 관계가 동일하지만 문법 구조가 다른 통사 형식을 각각 찾아내어 중의를 해소할 수 있다.

③ 这个人连张三都不了解

예문③은 '这个人'이 '了解'의 행위자이며 '张三'이 '了解'의 피행위자(a의미)일 수도 있고, '这个人'이 '了解'의 피행위자이며 '张三'이 '了解'의 행위자(b의미)일 수도 있다. 변환을 통해 이 분석을 검증할 수 있는데, a의미에 따르면 예문③은 다음과 같이 변환된다.

这个人连张三都不了解 → 这个人不了解张三
이 사람은 张三도 알지 못한다   이 사람은 张三을 알지 못한다

b의미에 따르면 예문③은 다음과 같이 변환된다.

  这个人连张三都不了解   → 连张三都不了解这个人
  이 사람을 张三도 알지 못한다   张三조차도 이 사람을 알지 못한다

이렇게 되면 예문③과 같은 중의 구조가 해소된다.

参考文献

奥田宽(1982) 论现代汉语形容词的强制性联系和非强制性联系,『南开学报』第3期.

北京大学中文系1955, 1957级语言班编(1996)『现代汉语虚词例释』, 商务印书馆.

北京大学中文系现代汉语教研室(2005)『现代汉语』(重排本), 商务印书馆.

陈保亚(1997) 对剩余语素提取方法的限制,『汉语学习』第3期.

崔希亮(1992) 汉语"连"字句的语用分析,『中国语文』第2期.

邓守信(1999) The acquisition of "了·le"in L2 Chinese,『世界汉语教学』第1期.

房玉清(2008)『实用汉语语法』(第3版), 北京语言大学出版社.

傅雨贤等(1997)『现代汉语介词研究』, 中山大学出版社.

高顺全(2001) 试谈"被"字句的教学,『暨南大学大学化文学院学报』, 第1期.

高永奇(1999) 感叹句中"多(么)""太"的语义, 句法, 语用分析,『殷都学刊』第1期.

国家对外汉语教学领导小组办公室汉语水平考试部(1996)『汉语水平等级标准与语法等级大纲』, 高等教育出版社.

国家汉语办公室汉语水平考试中心编(2001)『汉语水平词汇与汉字等级大纲』, 经济科学出版社.

郭 锐(2002)『现代汉语词类研究』, 商务印书馆.

贺阳(1994) "程度副词+有+名"浅析,『汉语学习』, 第2期.

洪波(2003) 对外汉语成语教学探论,『中山大学学报论丛』, 第23卷第2期.

侯学超(1998)『现代汉语虚词词典』, 北京大学出版社.

胡明扬(1981) 北京话的语气助词和叹词,『中国语文』第5, 6期; 又见『北京话初探』, 胡明扬, 商务印书馆, 1987年.

黄伯荣·廖序东(2002)『现代汉语』(增订二版), 高等教育出版社.

黄南松(1992) 论对外汉语基础阶段的语法教学, 中国对外汉语教学学会第四届年会论文.

郎大地(1987) 受副词"多么, 真"强制的感叹句,『语言研究』第1期.

李大忠(1984) 不能重叠的双音节形容词,『语法研究和探索』(二), 北京大学出版社.

李大忠(1997) 『外国人学汉语语法偏误分析』, 北京语言文化大学出版社.

李小荣(1997) 谈对外汉语虚词教学,『世界汉语教学』第4期.

李行健(2000) 『现代汉语成语规范词典』, 长春出版社.

李晓琪(2005) 『现代汉语虚词讲义』, 北京大学出版社.

李英哲等(1990) 『实用汉语参考语法』, 熊文华译, 北京语言学院出版社.

刘丹青(1987) 形名同现及形容词的向,『南京师范大学学报』第3期.

刘德联·刘晓雨(2005) 『汉语口语常用句式例解』, 北京大学出版社.

刘叔新(1984) 『词汇学和词典学研究』, 天津人民出版社.

刘月华·潘文娱等(2004) 『实用现代汉语语法』(增订本), 商务印书馆.

刘月华主编(1998) 『趋向补语通释』, 北京语言文化大学出版社.

卢福波(1996) 『对外汉语教学实用语法』, 北京语言文化大学出版社.

卢福波(2004) 『对外汉语教学语法研究』, 北京语言大学出版社.

陆俭明(1980) 关于汉语副词教学,『语言教学与研究』第4期.

陆俭明(1982) 现代汉语副词独用刍议,『语言教学与研究』第2期.

陆俭明(1987) 说"年, 月, 日",『世界汉语教学』第1期.

陆俭明(1990) 表疑问的"多少""几",『王力先生纪念论文集』, 商务印书馆.

陆俭明(1991) 现代汉语时量词说略,『语言教学与研究』第1期.

陆俭明(1993) 『陆俭明自选集』, 河南教育出版社.

陆俭明(2000) "对外汉语教学"中的语法教学,『语言教学与研究』第3期.

陆俭明(2002) 英汉回答是非问句的认知差异,『暨南大学华文学院学报』第1期.

陆俭明(2004) 词语句法, 语义的多功能性: 对"构式语法"理论的解释,『外国语』, 第2期.

陆俭明(2005a)『现代汉语语法研究教程』(第三版), 北京大学出版社.

陆俭明(2005b)『作为第二语言的汉语本体研究』, 外语教学与研究出版社.

陆俭明(2005c) 要重视讲解词语和句法格式的使用环境,『对外汉语研究』第1期.

陆俭明(2005d) 汉语教员应有的意识,『世界汉语教学』第1期.

陆俭明·郭锐(1998) 汉语语法研究所面临的挑战,『世界汉语教学』第4期.

陆俭明·马真(1985)『现代汉语虚词散论』, 北京大学出版社.

陆俭明·沈阳(2002)『汉语和汉语研究十五讲』，北京大学出版社．
陆庆和 (2008)『基础汉语教学(二)·词类教学』，台北新学林出版股份有限公司．
陆庆和(2006)『实用对外汉语教学语法』，北京大学出版社．
吕明臣(1998) 汉语的情感指向和感叹句，『汉语学习』第6期．
吕叔湘(1983) 怎样学习语法，『吕叔湘论文论集』，商务印书馆．
吕叔湘(1984)『汉语语法分析问题』，商务印书馆．
吕叔湘主编(1996)『现代汉语八百词』，商务印书馆．
吕文华(1992) "了$_2$"语用功能初探，『语法研究与探索』(六)，语文出版社．
吕文华(1994)『对外汉语教学语法探索』，语文出版社．
吕文华(1999) 短语词的划分在对外汉语教学中的意义，『语言教学与研究』第3期．
马庆株(1992)『汉语动词和动词性结构』，北京语言学院出版社．
马 真(1982) 说"也"，『中国语文』第1期．
马 真(1983) 说"反而"，『中国语文』第3期．
马 真(1988) 程度副词在表示程度比较的句式中的分布情况考察，『世界汉语教学』第3期．
马 真(1997)『简明实用汉语语法教程』，北京大学出版社．
马 真(2001) 表加强否定语气的副词"并"和"又"——兼谈词语使用的语义背景，『世界汉语教学』第3期．
马 真(2004)『现代汉语虚词研究方法论』，商务印书馆．
聂文龙 (1989) 存在和存在句的分类，『中国语文』第2期．
彭小川·李守纪·王红(2004)『对外汉语教学语法释疑201例』，商务印书馆．
齐沪扬(2002)『语气和语气系统』，安徽教育出版社．
齐沪扬(2005)『对外汉语教学语法』，复旦大学出版社．
沈家煊(2001) 跟副词"还"有关的两个句式，『中国语文』第6期．
施家炜(1999) 外国留学生22类现代汉语句式的习得顺序研究，『世界汉语教学』第2期．
宋玉柱(1993) 对外汉语语法教学札记，『汉语学习』第4期．
孙德金(2002)『汉语语法教程』，北京语言大学出版社．
孙德金主编(2006)『对外汉语语法及语法教学研究』，商务印书馆．
佟慧君(1986)『外国人学汉语病句分析』，北京语言学院出版社．

王了一 (1953) 句子的分类,『语文学习』第1期.
汪小宁(1996) 实词·虚词·中词——现代汉语基本词类划分新探,『安庆师范学院学报』第3期.
吴门吉·周小兵(2004) "被"字句与"叫,让"被动句在教学语法中的分离,『云南师范大学学报』(对外汉语教学与研究版), 第4期.
肖奚强(2002)『现代汉语语法与对外汉语教学』, 学林出版社.
邢福义(1984) 说"NP了"句式,『语文研究』第3期.
邢红兵(2005)『基于统计的汉语字词研究』, 语文出版社.
徐晶凝(1998) 语气助词的语气义及其教学探讨,『世界汉语教学』第2期.
薛凤生(1994) "把"字句和"被"字句的结构意义, 戴浩一, 薛凤生主编『功能主义与汉语语法』, 北京语言学院出版社.
杨寄洲(2005)『1700对近义词用法对比词典』, 北京语言大学出版社.
杨寄洲·崔永华(1991) 课堂教学技巧说略,『语言教学与研究』第2期.
杨庆蕙主编(1995)『现代汉语离合词用法词典』, 北京师范大学出版社.
杨庆蕙主编(1996)『对外汉语教学中的语法难点剖析』, 北京师范大学出版社.
杨玉玲(2004) "还NP呢",『修辞学习』第6期.
杨玉玲(2006) "单个'这'和'那'篇章不对称研究",『世界汉语教学』第4期.
杨玉玲(2007) 认知凸显性和带"有"的相关格式,『修辞学习』第5期.
杨玉玲(2011)『国际汉语教师语法教学手册』, 高等教育出版社.
叶盼云·吴中伟(2006)『外国人学汉语难点释疑』, 北京语言大学出版社.
袁毓林(1993)『现代汉语祈使句研究』, 北京大学出版社.
袁毓林(1999)『袁毓林自选集』, 广西师范大学出版社.
张旺熹(1991) "把字结构"的语义及其语用分析,『语言教学与研究』第3期.
张旺熹(1993) 主谓谓语结构的语义模式,『世界汉语教学』第3期.
张旺熹(2005) 连字句的序位框架及其对条件成分的映现,『汉语学习』第2期.
张谊生(2000)『现代汉语副词研究』, 学林出版社.
赵金铭(1996) 对外汉语语法教学的三个阶段及其教学主旨,『世界汉语教学』第3期.
赵金铭(1997)『汉语研究与对外汉语教学』, 语文出版社.
赵金铭主编(1997)『新视角汉语语法研究』, 北京语言文化大学出版社.
赵淑华等(1995) 关于北京语言学院现代汉语精读教材主课文句型统计结果报

告,『语言教学与研究』第2期.
周小兵(1995) 谈汉语时间词,『语言教学与研究』第3期.
周小兵·赵新(2002)『对外汉语教学中的副词研究』,中国社会科学出版社.
周小兵·朱其智·邓小宁等(2007)『外国人学汉语语法偏误研究』,北京语言大学出版社.
朱德熙(1982)『语法讲义』,商务印书馆.
朱德熙(1985)『语法答问』,商务印书馆.

한국문화사 중국어학 시리즈

질문으로 배우는 중국어 문법 上

1판 1쇄 발행 2025년 9월 9일

원 제	|	现代汉语语法答问 上
편 찬 자	|	陆俭明
지 은 이	|	杨玉玲·应晨锦
편 역 자	|	김미순·정인정·고은미
펴 낸 이	|	김진수
펴 낸 곳	|	한국문화사
등 록	|	제1994-9호
주 소	|	서울시 성동구 아차산로49, 404호(성수동1가, 서울숲코오롱디지털타워3차)
전 화	|	02-464-7708
팩 스	|	02-499-0846
이 메 일	|	hkm7708@daum.net
홈페이지	|	http://hph.co.kr

ISBN 979-11-6919-324-5 94720
ISBN 979-11-6919-323-8 (세트)

· 이 책의 내용은 저작권법에 따라 보호받고 있습니다.
· 잘못된 책은 구매처에서 바꾸어 드립니다.
· 책값은 뒤표지에 있습니다.

오류를 발견하셨다면 이메일이나 홈페이지를 통해 제보해 주세요.
소중한 의견을 모아 더 좋은 책을 만들겠습니다.